创新的逻辑

公司价值
与
商业模式重塑

刘圻 ◎ 编著

清华大学出版社

创新的逻辑

公司价值与商业模式重塑

刘圻 ◎ 编著

清华大学出版社
北京

本书封面贴有清华大学出版社防伪标签，无标签者不得销售。

版权所有，侵权必究。举报：010-62782989，beiqinquan@tup.tsinghua.edu.cn。

图书在版编目（CIP）数据

创新的逻辑：公司价值与商业模式重塑 / 刘圻编著 . — 北京：清华大学出版社，2018（2023.6重印）
ISBN 978-7-302-51297-4

Ⅰ.①创… Ⅱ.①刘… Ⅲ.①企业管理－商业模式－研究 Ⅳ.① F272

中国版本图书馆 CIP 数据核字（2018）第 220023 号

责任编辑：吴　雷
封面设计：汉风唐韵
版式设计：方加青
责任校对：王荣静
责任印制：朱雨萌

出版发行：清华大学出版社
网　　址：http://www.tup.com.cn，http://www.wqbook.com
地　　址：北京清华大学学研大厦 A 座　　邮　编：100084
社 总 机：010-83470000　　邮　购：010-62786544
投稿与读者服务：010-62776969，c-service@tup.tsinghua.edu.cn
质 量 反 馈：010-62772015，zhiliang@tup.tsinghua.edu.cn

印 装 者：三河市东方印刷有限公司
经　　销：全国新华书店
开　　本：170mm×240mm　　印　张：16　　字　数：260 千字
版　　次：2018 年 12 月第 1 版　　印　次：2023 年 6 月第 9 次印刷
定　　价：59.00 元

产品编号：078981-02

前言

创新是一家公司持续创造价值的基础。企业要对创新活动的管理有章可循,需要融入商业模式设计、管理模式构建和资本模式协同等各个方面。商业模式关注的是企业赚钱的方式,管理模式关注的是企业如何更有序地去赚钱,而资本模式则关注于企业赚没赚钱以及如何更迅速地赚钱。

以上三者之间在逻辑上环环相扣,缺少任何一环,企业的创新效果都将会大打折扣。企业今天可以不赚钱,但要有**一个值钱的商业模式,一个值得信赖的管理团队和一个充满遐想的资本路径**。商业模式设计是基于市场需求的感知,然后整合资源、构建系统的过程,这是一个从"0"到"1"的逻辑。管理模式是在治理结构的安排下,通过合适的激励机制推动公司流程持续创造价值,这是一个从"1"到"n"的逻辑。资本模式则是通过管理预期将公司的未来"打包"在今天充分变现的过程,它将企业对价值"n"的预期转化为现在(now)的估值,化"n"为"n"。公司价值最终源于其创造的未来自由现金流量的贴现值。从某种意义上来说,公司价值在本质上源于一种对未来预期的估算。

由此可见,企业家最重要的工作就是要在今天创造公司利润的同时管理好投资人的未来预期。这就需要企业家和创业者既要有干实业的能力,还要有做金融的意识。本书就是希望为企业领导者构建一个有益的管理框架,使之能够服务于企业的实践活动和领导者的思想迭代。

我们分析问题的起点更多是以初创的新兴企业和成熟企业的新兴项目为对象,其往往是在过去经典管理著作中被淡化的方面,但这也是当前创业者和企业家都会面对的场景,即如何动态地管理未来的不确定性并从中捕获机会创造价值。

本书力求聚焦增量知识,尽力避免宽泛的常识性介绍。每一个板块都能具备独立的价值,而连接在一起之后则会构成一个更宏大的分析框架。读者在阅读整本书的内容时,会发现行文风格有时会比较跳跃,这主要是因为各章的内容都是在不同的时期和语境中积累所成,既有源于撰写博士论文时的深入分析,也有近几年撰写微信公众号(yxjx2016)自媒体短文的点滴思考,它们都是一粒粒闪光的珍珠,在这里将它们全部串联成一个整体,呈现给广大读者。

编　者

敬请关注公众号（yxjx2016）：公司价值与商业模式创新研习践行

扫描此码　深度学习

目 录

第一章
文明进化与商业创新

一、文明进化的内在逻辑与共享原则 / 2
  （一）陆地文明的博弈：连接的效率革命 / 2
  （二）海洋文明的崛起：连接的渠道革命 / 3
  （三）工业文明的进化：连接的对象革命 / 4
  （四）文明进化的共享原则：低成本的破坏性创新 / 5

二、商业创新的再定义 / 7
  （一）如何理解创新 / 7
  （二）创新的逻辑 / 8

三、商业创新的框架 / 9
  （一）商业模式子系统 / 10
  （二）管理模式子系统 / 11
  （三）资本模式子系统 / 12
  （四）公司估值与融资协议 / 12

本章彩蛋：大航海时代与创新精神 / 13

本章思考 / 18

第二章
商业模式创新：战略定位+系统设计+精益实施

一、战略定位：选择比努力更重要 / 20
  （一）战略定位说的思想梳理 / 20
  （二）战略能力说的思想梳理 / 26
  （三）战略结构说的思想梳理 / 28
  （四）战略创新说的思想梳理 / 30
  （五）从理论梳理到场景应用 / 32

二、系统设计：与其更好不如不同 / 33
  （一）系统设计工具箱 / 34
  （二）系统设计9要素模型：分析框架 / 36
  （三）系统设计9要素模型：演进优化 / 44

三、精益实施：小规模试错与大规模投放 / 48

（一）精致创业、经验创业与精益创业 / 48

（二）理论基石与学习工具 / 50

（三）小规模试错（Minimum Viable Product，MVP）与认知循环 / 53

（四）MVP与三大测度工具 / 55

本章彩蛋：小规模试错（MVP）的3大行动特征 / 57

本章思考 / 63

第三章
管理模式创新：治理结构+激励机制+流程程序

一、治理结构：决定了你到底能够走多远 / 66

（一）股权结构设计：切蛋糕 / 66

（二）投融资决策安排：防陷阱 / 83

二、激励机制：决定了你到底能够跑多快 / 87

（一）关于激励的2个基础问题 / 87

（二）关于激励的1个产权模型 / 90

（三）显性激励：合同设计 / 94

（四）隐性激励：行动氛围 / 95

（五）显性激励与隐性激励的互动 / 99

（六）自动实施合同 / 101

三、流程程序：决定了你到底能够走多稳 / 108

（一）平衡计分卡的能力演进 / 108

（二）平衡计分卡战略地图的内在逻辑 / 112

（三）平衡计分卡战略地图的应用框架 / 114

本章彩蛋：游戏化思维与绩效管理 / 122

本章思考 / 127

第四章
资本模式创新：财务结构+金融结构+增长结构

一、财务结构：会计循环与结构安排 / 130
　　（一）会计钩稽：资产·负债·权益·利润·现金流 / 130
　　（二）财务分析：杜邦分析体系与财务战略矩阵 / 138

二、金融结构：公司未来价值的及时变现 / 152
　　（一）价值管理："上楼梯"与"坐电梯" / 152
　　（二）财富童话："同福客栈"的金融演绎 / 153

三、增长结构：公司生命周期的迭代跨越 / 162
　　（一）"对数增长"与"指数增长" / 162
　　（二）对数增长＋指数增长＝S形曲线 / 164
　　（三）S形曲线＋S形曲线＝双S形曲线 / 165
　　（四）如何跨越不连续性 / 166

本章彩蛋：企业经营的保守主义与创新精神 / 169
本章思考 / 173

第五章
公司价值重塑：一个多维的评估视角

一、公司估值的艺术和技术 / 176
　　（一）预期现金流量估值模型 / 176
　　（二）市场乘数效应估值模型 / 190
　　（三）客户终生价值估算模型 / 199

二、核心投资条款解读 / 209
　　（一）投资意向书模板 / 209
　　（二）投资意向书核心条款解读 / 214

三、公司价值与融资策略　/　235
　　（一）公司融资规模的确定　/　236
　　（二）公司融资节奏的安排　/　239
本章彩蛋：公司创新管理全局图　/　242
本章思考　/　244

主要参考文献　/　245

第一章

文明进化与商业创新

人类文明的进化史展开来看就是一部万物连接史。人类社会的发展是通过各种连接来推动的。连接效率的改进和连接对象的变迁，揭示了人类文明进步的逻辑。本章试图从连接的视角切入，对人类文明和商业文明交相辉映的过去、现在和未来进行全新的解读，也为后续章节的商业阐述奠定一个思想基调。

一、文明进化的内在逻辑与共享原则

今天的商业竞争延续于人类最早的生存竞争。纵观整个人类的发展史，凡竞争，都需遵循相同的原则。当一种低成本的方式能够获取能量，竞争的优势就会建立起来。这种优势会因为先发而得到有效的巩固，常常使后来者望尘莫及，但先行的模式一旦达至资源的极限，破坏性创新便会自然产生。我们可以从远古时代人类的生存模式到今天人类商业模式的进化史中看到，同样的规则发挥着恒久的作用，旧结构中的价值颠覆与新系统的价值创造交互出现，**超越从来就是一种必然。**

（一）陆地文明的博弈：连接的效率革命

人类文明的起源几乎产生于同一"幸运纬度带"，合适的气候条件让人类在不同地域陆续从采摘、狩猎文明进化到农耕文明，碎片化的搜寻模式让位于集约化的驯化模式。人、植物、动物从不确定的连接发展至稳定的连接，构成了一个相互驯化的生态圈，这也使得人类难以及时迁移。稳定的连接带来了人口的增长，也导致了社会压力的集聚。农耕文明带来了固化阶级，阶级压迫便会带来反抗，当更高级别的游牧运动模式冲击农耕模式时，农耕文明则备受侵扰与践踏，随着时代的发展，东西方的驯化模式都受到了前所未有的挑战。然而，增量的创造与存量的盘活一直会相互博弈，游牧文明运动模式在增量的创造上无与伦比，但在存量的盘活上却力所不及，疆域的扩张只能在运动中创造，但难以在停歇时融合。农耕文明沉淀的伦理智慧与游牧文明张扬的性格在欧亚大陆上相互碰撞。由于缺乏足够的组织能力和信息能力，以及运动迁徙所遭遇的未曾预料的病菌流窜，使"黑天鹅事件"增大了生态的不确定性。瘟疫加重了欧洲中世纪的黑暗，也加速了元朝的衰败。东西方文明都在寻求着涅槃重生。

农耕文明垂青中华大地的原因，与其说是炎黄子孙的勤勉与温顺，不如说是中华大地的平整与肥沃比欧洲割据与狭小的状态更适于中央集权的统治。在农耕文明时期，中华文明凭借相对优越的经济地理环境，收获了丰硕的成果。虽然蒙古人的游牧文明挫败了中华大地的农耕文明，但对中华文明的仰望是显而易见的。忽必烈征服了广阔疆域，东方的富饶也被马可·波罗记录在了游记中，并就此点燃了欧洲人的创业梦想。

东方财富带给了欧洲人商业的梦想，由此催生了伟大的"大航海时代"，欧洲在农耕文明时期糟糕的地理位置一跃演变成了"眺望世界的甲板"。与此同时，明朝的统治者将臣民禁锢在了土地上，失去了扬帆起航、连接世界的机会，中华文明也由此暗淡。

（二）海洋文明的崛起：连接的渠道革命

生物学解释了人类演化的内在逻辑，社会学解释了人类进化的外在规则，二者一同揭示了人类的进步其实都是时间的函数。虽然竞争的一方有可能会超出另一方半个身位，但要想一路领先，上帝却不会持续偏爱任何一方。然而，一旦加入对地理因素的考量，文明的差异就会十分明显。

从采摘文明到农耕文明再到游牧文明，这都是基于陆地文明的渐进式创新，而当人类纵身一跃迈向海洋时，便开始了文明的第一次颠覆性创新。创新带来创新的动力，让欧洲从海洋文明跨越到第一次工业革命的爆发。当欧洲人不堪忍受狭小的地域限制进而全面进军海洋的时候，从明朝到清朝的统治者大多都拒绝海洋。中国本身地大物博、自给自足，加之太平洋的辽阔在客观上也的确减少了探索海洋在经济上的必要性，地理位置决定了历史发展的轨迹。经济学上经典的成本收益原则时常成为跨越式进化的诅咒。

当分享东方财富的欲望超越了恐惧，欧洲人的海洋文明颠覆了基于陆地的前期文明。无论是采摘文明还是农耕文明或者是游牧文明，都是基于陆地载体的演化，其连接的范畴是有限的，而一旦人类系统性地跨入海洋，存量的陆地文明价值便因与海洋的连接被渠道激活。人类的懒惰、贪婪和恐惧在一定程度上推动了世界的发展，驱使人类连接未知。欧洲的航海文明推动了科技的发展，无论是对自然地理还是对星象天文了解的迫切程度，都远远超越中华大地在应付边疆冲突所需的科技压力。欧洲人在航海时代对科技创新的迫切需求加速了文明积累的步伐，从而为工业革命奠定了基础。

在渐进式的文明博弈之间，强大与脆弱是周期性的，一旦谁更早进行颠覆性文明创新，并积累起悄无声息的先发优势时，在人性的驱动下文明就可能会转化为暴力的工具。中国因缺席第一次工业革命而遭受了巨大的屈辱，其根源在于古代中国错过了海洋文明。痛定思痛，中国过去艰难地推动了基于煤炭的工业革命1.0，基于石油的工业革命2.0，幸运地赶上了基于信息技术的工业革命3.0，也正面临着基于智慧的工业革命4.0的挑战。

（三）工业文明的进化：连接的对象革命

工业革命1.0是人与过去植物之间的连接所带来的价值创造，这是基于煤炭的革命。工业革命2.0是人与过去动植物之间的连接所带来的价值创造，这是基于石油的革命。至此，人、植物、动物，这种有形资产之间的连接交换所带来的价值创造在空间和时间两个维度上已经完成。工业革命3.0是人与信息之间的连接与价值创造，人既是信息的受用者也是信息的生产者。信息革命抹平了地理的差异，让所有人不再仅仅站在地理的制高点上，而是站在了数据的制高点中。在信息革命时代，人是基于信息驱动机器完成工作的。工业革命4.0是机器与信息之间的连接与价值创造，人赋予机器连接信息并进行学习的能力，人要做的只是创造新需求和提出新问题。在迎面而来的工业革命4.0的时代，所有的变化与发展都将被系统所记录并形成数据的自然沉淀，然后数据通过机器连接数据进而产生全新的信息来驱动人的行为发生或改变。

当数据替代地理成为导致文明进化差异的基础元素之后，数据就是当前一切竞争的土壤。过去人类依赖化石、矿藏推动文明飞跃，现在则需要数据矿藏。过去，人类文明在演进的过程中曾经改变过地理元素的经济意义，从靠近河流到靠近海洋再到靠近矿藏；未来，人类文明的进化也会改变不同类型数据矿藏的经济意义，从结构化数据到非结构化数据，从系统数据到离散数据，所有的经济活动都将围绕着数据产生。**谁靠近数据，谁就占据了竞争的制高点；谁能有效地连接数据，谁就拥有了竞争的话语权；谁能有效地挖掘数据，谁就可以真正创造价值；而谁能管理数据创造，谁就能占据数据、连接数据、进而挖掘数据**。那么，谁是数据创造的源头呢？答案是"人及其周边的一切物质"。显然，在这样的数据源头中，人处于中心地位。人不但创造数据从而构建起经济的土壤，而且还不经意地埋下了数据的矿藏，甚至在自身都不甚明了的情况下留给商业无穷的创新机会。真正的创新是难以被设计的，它是不受精致控制的自发秩序，而要推动这一自发秩序的产生，我们要做的就是让数据之间进行连接。

（四）文明进化的共享原则：低成本的破坏性创新

采摘文明、农耕文明和游牧文明都是基于人、植物、动物之间的跨区域连接所构成的陆地文明演化。农耕时代人类的生存成本低于采摘狩猎，而游牧的生存成本低于农耕。文明间的博弈基于连接效率的变迁。海洋文明是渠道革命，跨越大陆的连接盘活了人与植物、动物之间空间连接的商业价值，在更大范围内对财富进行了重新分配，这在本质上仍然是从整体上降低人类的生存成本，提升文明的价值。海洋文明改变了经济地理的意义并奠定了工业革命的科技基础，紧随其后的工业革命1.0到当前呼之欲出的工业革命4.0，其连接对象在发生着变化：从有形到无形，从机械到智慧。工业文明进一步提升了人类的文明价值，也降低了整体生态成本。

文明的进化是时间跨度很大的命题。在一个更小的时间跨度视角下，商业竞争与文明的冲突有很多类似之处，模式的进化对价值的影响往往都遵循相似的原则，这里的模式可以是文明进化模式也可以是商业模式，这里的价值可以是文明的价值也可以是公司价值。但无论是文明进化模式，还是商业模式，先发优势与后发优势的重复博弈使超越成为一种常态。有时候，超越是通过暴力来实现的，而有时候超越则是悄无声息的演变，前者更多的是在文明的更迭中出现，而后者往往是商业模式创新的颠覆性策略。商业模式和文明进化模式对结构的影响和秩序的重构往往遵循同一共性原则，二者之间的差别只是时间跨度的大小不同。

我们将这一共性原则归纳为：低成本的破坏性创新。

人类在农耕文明时期的生存成本低于采摘文明时期，而游牧文明时期的运营成本又低于农耕文明时期，海洋文明则再一次降低了人类整体的生活成本，到了工业文明时期，普通人的生活品质可能都是过去帝王将相难以企及的。因此，更低的成本可以说是文明更迭的基础力量，如果我们将其细化到商业竞争的视角，低成本的破坏性创新有以下三个维度的内涵：

第一个维度，它让今天贵且繁的产品或服务变得廉且简；

第二个维度，它可以昂贵，但能改善与之相关的客户体验，让客户总成本更低或价值更高；

第三个维度，它可以昂贵，但会导致未来整个商业活动的成本降低且（或）效率提高。

第一个维度强调的是降低产品成本；第二个维度强调的是降低客户成本；第三个维度强调的是降低生态成本。中国制造强调的就是用更低成本且足够好的产品品质低端切入市场边缘，最终颠覆主流产品市场的格局，这属于第一层次的低成本破坏性创新。从这个意义上来说，"山寨"的学名应该叫**"低成本的破坏性创新"**。当中国制造模仿到一定程度之后（模仿是所有商业进化的必经之路），不甘平庸的诉求就会自发点燃，目前"中国创造"更多强调的就是通过技术创新降低客户的成本，让客户觉得爽，客户对价格就不会太敏感。中国的"互联网+"强调的则是降低整个商业生态的成本，其实质就是增加客户的转移成本：在这个闭环里面运行，便捷又不贵，而一旦离开这个闭环，烦琐就会接踵而至。我们会发现，今天众多企业的商业路线图都是从做产品到提供服务再到构建平台。这其实就是从降低产品成本到降低客户进入成本或使用成本再到增加客户的转移成本。我们环顾四周的商业生态，每一条"商业护城河"莫不源于此。

一旦低成本的优势体现出来，现存结构就会遭到破坏性渗透、攻击进而被颠覆，我们将带来这种变化的产品（服务）或模式定义为创新。

梳理文明的发展历程可知，一个有益的逻辑就是将大时空跨度下的显著性借鉴到混沌的小时空跨度中来。人类文明进化中所体现出的通过创造性连接带来的低成本破坏性创新这一内在原则，完全可以共享到今天的商业竞争中来，这样可以让创新创业者在一个混沌的小的时间跨度中更加明确自身的变革方向。

二、商业创新的再定义

我们借鉴《创新十型》一书的观点来重新梳理创新的定义。

（一）如何理解创新

1. 创新不仅是发明

创新可能带来发明，但是创新所涉及的范围更为广泛。商业创新需要对客户进行深度理解，探寻其内在需求与背后的逻辑，思考如何有效地传递创新，以及随着时间的推移，如何让这种创新转变成商业价值。我们在本章彩蛋里阐述的《大航海时代与创新精神》一文中提到，哥伦布基于地球是圆的这一理念，从而提出往西航行也能够连接东方的想法，并将其付诸实践，这就是创新。虽然，他并没有发明任何先进技术。

2. 创新需要产生回报

简单地说，如果某天你希望获得再次创新的特权，那么你需要确保所做的创新对你或你的企业有所回报。通常我们定义创新的可行性，需要达到两项标准：创新必须能够自我维持，并能够取得资本回报。因此，创新需要戴着资本的"镣铐"。没有财务约束的创新要么是笑话，要么是灾难。

3. 创新并非全新

正如一位生物学家的格言：每个生物都来源于其他生物。然而，我们往往忽略了一个事实，即大多数的创新都是基于以往的经验而出现的。创新只需对于一个市场或者行业而言是全新的即可。福特汽车是最早运用流水线的工业企业，而这一创举其实是受美国屠宰行业的启发，因为在屠宰行业，将动物尸体挂在流水线上进行切割和分包早就司空见惯。因此，创新已来，只是分布得不均匀。

4. 创新需要超越产品层面的思考

创新应该超越产品本身，可以是开展业务和赚钱的新方法、产品和服务的新体系，甚至还可以是你所在的组织与客户之间互动的新模式。超越产品层面去思考，可以让自身获得一种超然的思维，这是一种全新的商业逻辑。

总之，创新可以精简的定义为：创造出可行的、崭新的提供形式；它不仅是发明，还得有回报，这样才能可行；它也并非全新，但需要通过超越产品层面来思考。

（二）创新的逻辑

为了提高创新的成功概率，创新不仅需要辨识关键性问题，还需要系统深入地理解问题并提供简明的解决方案。因此，我们需要意识到以下几个方面。

1. 定位选择很重要

知道在何处创新与知道如何创新同样重要。无论是开采锂矿还是钻探石油，成功与否，取决于你是否知道应该在何处挖掘，而不是怎样挖掘。在项目开始之前，你需要辨识合适的创新风口。未来在人工智能、大健康和区块链领域投入资本和时间将大概率战胜在传统行业的投资回报。

2. 痛点识别很重要

好的创新应该优先解决最困难的问题，不要去寻找唾手可得的答案，而应该着眼于远大的目标，去处理那些不能轻而易举就可解决的难题。这并不是单纯地判断问题的难易程度，重要的是你应该清楚如何帮助客户解决深层次的问题。当你准备开始着手创新工作时，你需要专注于概念中最难的部分，容易的部分可以留待以后来解决。微信首先是通过基于流量的免费文字短消息，解决了人与人之间昂贵的沟通成本的问题。在免费的微信面前，一毛钱的短信就是天价。

3. 模式系统很重要

在接受巨大挑战之后，你需要耐心地创建全面的解决方案，不要为了权衡或取舍而默认一个方案。这要求你能够适应各种不确定性，并通过迭代试错等待最终答案的出现。这个过程中首先需要构建一个合理的商业模式，然后匹配管理模式的支撑，随后才是借助资本模式来推动未来的增长，这其实也是本书构建的完整分析框架。

4. 市场检验很重要

创新项目只有投入市场后才能体现其价值。如果你未能将创新成果投入市场以获得收益，那么你就没有完成创新的过程。换句话说，从社会或政府层面来看，如果随着时间的推移，你以新的、更好的方式帮助了利益相关者，而且这种方式能够持续，才能算作完成了创新。亚马逊的贝索斯最初打算在互联网上卖书时，全世界没有人在互联网上卖过书，于是他通过小规模试错来检验市场的真实需求，这一整套最小可行性产品模式（minimum viable product，MVP）的商业逻辑已经成为今天创新创业的标准做法，我们将在第二章对其进行全面阐述。

5. 化繁为简很重要

凡事由简入繁易，专注发表学术文章的管理学教授往往精于此道。但是很少有商业创新是因为其复杂性而受到追捧的。大多数知名的创新是以提供优雅、简洁的方案取胜，即使是应对最棘手的问题。你的底层架构或技术可以复杂，但是客户端必须简洁，化繁为简其实也就是聚焦。还记得我们第一次看到 iPhone 时的惊讶吗？那没有键盘的触摸屏。

创新是试错的副产品，创新难以精致设计。企业需要新发现和新战略来驱动成长和生存，但效率显然不够，因为效率是解决机械层面的问题，而创新所带来的有机增长对企业取得突破性结果更加重要。

三、商业创新的框架

企业的价值创新活动需要建立在一个大的系统框架中来讨论。

我们在理论研究中发现，不同的书籍、文献往往都是从某一个侧面在讨论商业的价值创新，试图用某一个理论模型来解读商业的现实，但是实践需要的指导是整体而综合的，企业家需要的不是精彩的理论珍宝，也不是纷繁复杂的理论知识，更不是自相矛盾的理论逻辑，实践中的领导者和管理者需要的是一个能不断迭代的分析框架。这个框架的组成部分应该是相对稳定的，但是其组成部分的内涵思想一定是不断更新的，它可以解释过去，也可以分析现状，还能够适应未来。

本书的一个核心认知就是：公司的价值来源于持续创新，而创新的逻辑则在于公司的商业模式、管理模式和资本模式的高效协同。商业模式关注的是企业赚钱的方式，管理模式关注的是企业如何更有序地去赚钱，而资本模式则关注于企业赚没有赚钱以及如何更迅速地赚钱。公司价值最终源于其创造的未来自由现金流量的贴现值。

正是基于以上的理解，我们构建了四章内容来讨论公司价值及其创新的问题，整个分析系统如图 1-1 所示。

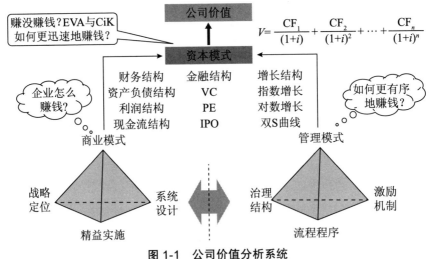

图 1-1　公司价值分析系统

（一）商业模式子系统

在本书的第二章我们将专门讨论公司商业模式。

商业模式关注的是企业赚钱的方式。有时候一个人出发了太久，就会忘记自己从哪里来，又将到哪里去。企业总是习惯在一个惯性的道路上赚着毫不经意的现金流，组织总是喜欢麻木地赚钱。但若谁都知道你怎么赚钱，你就会越来越难赚钱，最令人细思极恐的是：**你一直都在赚钱，但可能变得越来越不值钱。**

组织对商业模式的关注时常提醒着自己，我们的初心在哪里？也就是客户的需求到底是什么？

在商业模式的研究中，我们提出三大核心要素：战略定位、系统设计、精益实施。

创业者或企业家最重要的天赋就是机会感知能力，对好的和坏的机会的感知都很重要。所谓的战略定位，就是找到一个据为己有的细分市场，然后生根发芽，这需要直觉，更需要眼界，借助我们提供的战略管理工具可以让企业自身的思考获得有益的支撑。

同样的定位有完全不同的做法。麦当劳和肯德基看上去都是在卖相似的食品，但是它们背后的商业逻辑却大相径庭。麦当劳更多的具有商业地产的基因，而肯德基则更像一家传统的餐饮企业。因此，**在商业世界中，与其更好不如不同。**在系统设计板块，我们会带领大家借助可视化的系统设计工具，高效且有趣地来绘制我们的商业逻辑。

如何让商业想法落地实施，这是当前非常吸引人的研究领域。小规模试错然后再大规模投放是一个合理的策略。企业最大的损失可能是高效率、大规模地生产客户根本不需要的东西。因此，应最小化可行产品，先从"0"到"1"，然后再从"1"到"n"，这就需要公司的管理模式能够进一步支撑起组织的成长。

（二）管理模式子系统

在本书的第三章我们将专门讨论公司管理模式。管理模式研究的是如何让企业更有序地去赚钱。**我们在管理模式中也提出了三大核心要素：治理结构、激励机制和流程程序。**

治理结构决定了一个企业到底能够走多远，这是公司的顶层设计，我们会重点讨论两个问题：股权设计和投融资决策的安排。公司股权设计一旦出了问题，好的项目也走不远，合伙人之间从同甘共苦到同舟共济、到同床异梦再到同室操戈最后到同归于尽，这是中国很多民营企业的宿命。如何用动态的股权策略来应对不确定的未来利益结构是一个有趣的话题，而股权确定之后的投融资决策则需要注意如何避免一系列的心理陷阱。

激励机制决定了一个企业到底能够跑多快，它更多关注的是中低层员工的动力问题。每个人都有自私的一面，但是自私在一定程度上也起到了推动人类社会发展的作用。组织的管理不是要去消灭人的私心，而是应该懂得如何去点燃员工的热情，让员工在为自己谋利益的时候却一不小心地为公司创造了价值。这里的显性激励和隐性激励策略都非常重要。

流程程序是公司的骨骼，它决定了企业到底能够走多稳。卡普兰和诺顿的平衡计分卡是一个非常好的组织管理体系。我们则进一步将平衡计分卡与战略分析工具、商业模式分析工具、战略的落地实施及财务估值模型建立起紧密的逻辑联系，打通了不同理论体系的边界。

（三）资本模式子系统

在本书的第四章我们将专门讨论公司资本模式。

商业模式的构想和管理模式的施行最终都要体现为财务业绩。资本模式研究的是公司到底赚没赚钱及如何更迅速地去赚钱。**我们也提出了资本模式的三大核心元素：财务结构、金融结构和增长结构。**

财务结构讨论的是企业到底赚没赚钱的问题。过去很多企业家总认为有了利润就叫赚钱，其实，今天我们更应该从经济增加值（economic value added，EVA）的角度来理解企业的财富创造，这个板块我们特别为不太懂财务的企业家和创业者们简单阐述了会计循环和财务分析的基本逻辑。

金融结构讨论的是企业如何能够更迅速地赚钱。企业的实际经营就像上楼梯，而资本的金融运作则像坐电梯。今天的企业需要有干实业的耐心，也要有做金融的野心，二者一同推进公司价值的增长。

增长结构讨论的是企业赚钱的节奏和步调。我们把企业的成长抽象为两类，一类是对数增长，另一类是指数增长。对数增长模型和指数增长模型交织在一起可以解读所有企业的成长逻辑，这两类增长的组合会形成 S 形曲线，而双 S 形曲线则揭示了企业为何难以跨越不连续性。

（四）公司估值与融资协议

公司的商业模式、管理模式和资本模式最终决定了公司价值。对公司价值的估算可以有很多方法，包括现金流的未来折现法、市场乘数法和客户终生价值法等，这些方法是技术性和艺术性的叠加。我们需要理解公司估值的基本原理，这才可以在进行股权交易和拟定融资协议时保持清醒。

公司价值本质上是源于一种对未来的预期。企业家最重要的工作就是要在创造公司业绩的同时管理好投资人的预期。甚至你今天可以不赚钱，但你得有一个值钱的商业模式，一个值得信赖的管理团队和一个充满遐想的资本路径。商业模式的构建是基于细分客户需求、协同核心资源并组织能力、精益实施的过程，这是从"0"到"1"的成长。管理模式则是在治理结构的安排下通过合适的激励机制推动公司流程持续创造价值，这是一个从"1"到"n"的过程。资本模式则是通过管理预期将公司的未来打包成一个产品在今天变现的过程，它将对价值"n"的预期转化为今天（now）的估值，化"n"为"n"。

本书的每一章都可以视为一个独立的内容体系，但是将其组合在一起则会构建一个更加宏大的分析体系，后面的章节我们就来一一展开。

本章彩蛋
大航海时代与创新精神

人类从采摘文明到农耕文明再到游牧文明，都是基于人、植物、动物之间连接效率的革命。

农耕文明用人、植物、动物之间稳定的连接打败了采摘、狩猎文明构建的碎片化连接；游牧文明则通过人、植物、动物之间高效的移动连接，打一枪换一个地方，打败了农耕文明连接的钙化，相当于"用移动端打败了PC端"，用轻资产模式逆袭了重资产模式，用速度打败了规模，用今天的互联网语言来表达就是：天下武功，唯快不破。

不过，打江山是从"0"到"1"的创业，但坐江山需要管理模式的高效，才能从"1"到"n"。

中华大地农耕文明的灿烂即使被成吉思汗征服，也仍然被忽必烈仰望，在中华文化的滋养下，马可·波罗将东方的财富魅力传播到了西方。

欧洲人为了摆脱陆地通路上奥斯曼土耳其人的盘剥，迫不得已跃入海洋，寻找新的通路连接于东方，这就是始于600年前的渠道革命——人、植物、动物之间跨越大陆的连接。这就如同我们今天的企业要从线下走到线上，实现O2O。大航海时代某种程度上就是在人类的贪婪、恐惧和懒惰的本性驱使下开始的，这如同我们今天面临从"线下到线上"的渠道革命一样，是一个波澜壮阔的时代。

大航海时代是西方文明超越东方文明的窗口期，也是一个重要的历史节点，这里专门为大家梳理了一下大航海时代的几个重要的创业者，我们一起"打捞"其中蕴含的创新精神。

第一位出场的是葡萄牙的亨利王子（1394—1460）。他一生痴迷于航海事业，举国家财政之力资助远洋事业，比如用皇家森林的大树建造大船。1415年，葡萄牙的亨利王子就率领军队占领了摩洛哥港口休达，随后还赞助了一系列在非洲西海岸的探险活动。从那以后，欧洲人的探险脚步随之加快，即使亨利死后，葡萄牙的探险事业也没有停止。

由此可见，创新创业作为一个高风险的事业，国家力量的支持是至关重要的，它奠定了一个民族的创新气质。我们同时也注意到，全球最大的创新科技输出方之一，就包括美国国防部（代表美国政府）。

根据经济学家马祖卡托（Mriana Mazzucato）的一项研究，iPhone的诞生需要12个关键技术的储备，包括微处理器、存储芯片、固态硬盘、液晶显示、锂电池、快速傅里叶变换算法、互联网、HTTP协议和HTML网页语言、手机通信网络、GPS、触摸屏、人工智能语音助手Siri。这些技术里面几乎都有美国国防部的身影。连智能语音助手Siri，最早也是美国国防部资助的。在所有民用智能手机出现之前，美国军方就想给军事人员提供人工智能助手，其赞助了20个大学的研究者共同研究这个项目。该项目进行了7年并逐步成型后，就被一些研究者拿出来成立了一家创业公司，公司的名字就叫"Siri"。这时候民间风险投资才开始进入，包括李嘉诚也投资了该项目。等技术已经差不多做成了，苹果公司才收购了Siri。因此，最早种下Siri这个技术种子的，还是美国国防部。而美国国防部赞助基础研究是有计划、有步骤的。它有一个专门的机构，叫"国防部高级研究计划署（Defense Advanced Research Projects Agency，DARPA）。而中国也正在借鉴美国的模式，要搞自己的DARPA！也就是"军委科技委"。要知道，在没有直接和眼前的利益挂钩前，政府扮演着重要的创新孵化器的角色，而日后技术上的开枝散叶也都是未曾预料的结果。大航海时代也是始于这样的起点。

第二位出场的是葡萄牙人迪亚士（1450—1500）。1488年，迪亚士从葡萄牙的里斯本出发，率领两只武装舰船和一艘补给船，绕过好望角进入印度洋，由于遇到暴风雨，水手们筋疲力尽，没有继续，但通往印度、中国和盛产香料的东南亚诸岛的航路已经开启。欧洲人有了从产地直接购买丝绸、香料和胡椒的机会，不再借助中间商，就可以连接马可·波罗所描绘的东方财富。相对于陆上商道，海路的贯通无疑是一种破坏性创新。

第三位出场的也是葡萄牙人，他就是达伽马（1460—1524）。借助迪亚士的经验积累，1497年，达伽马带领四艘武装商船组成的船队离开里斯本前往印度，路途艰辛但利润丰厚，这一点继续刺激葡萄牙商人随后着手组织全面的远洋探险。

从以上创业者的身上我们可以意识到：任何成功创业都不是一蹴而就的，

它是连续性的积累，我们既要懂得量力而行，也要懂得借势而为。迪亚士的航行可以说是破坏性创新，它构建了从边缘切入核心商业生态的可能，而达伽马的航行则已经是延续性创新了，他沿着破坏性创新的路径在持续改进，奠定了海路抗衡陆路的可能性。

但是市场的竞争从来都不是单行线，破坏者被破坏，颠覆者被颠覆。

第四位出场的是意大利人哥伦布（1451—1506）。当葡萄牙人已经构建了从海路到达印度的可能性时，哥伦布提出："如果地球是圆的，为什么一定要像迪亚士一样绕行非洲的最南端连接东方呢？向西航行，绕一圈也能到达印度，到达中国。"

这个"idea"确实惊世骇俗。

当时的中国还沉浸在天圆地方的基础概念框架中，即使是西方，地圆说也是前沿理论，而且并未得到有效验证（最有效的验证是后面要出场的葡萄牙人麦哲伦进行的人类第一次环球航行）。

然而，哥伦布计算错了距离，虽然他坚信地球是圆的，但是他把这个圆想象得过于小巧。当然，错误的计算也可能是故意的，不然，怎么能融得到资呢？因此，创业者都是偏乐观的，而投资人必须更谨慎。但改变世界的从来不是严谨理性者，多是无知无畏者。

哥伦布带着他的想法和商业计划书寻找王室赞助他的远洋计划，然而当时最大的行业基金投资天团——葡萄牙宫廷婉拒了他的提议，一方面是怀疑他的地理学说；另一方面迪亚士已经找到去往印度洋的航路，葡萄牙为什么要开辟两条产品线，自己跟自己竞争呢？

葡萄牙宫廷的这个商业逻辑并无不妥，但值得反思。商业上的路径依赖让决策者都更倾向于选择可预见的高回报项目，但当你依赖优质项目一路狂奔时，你也失去了轻巧转身的能力。**你的成功可能是你再次成功的最大障碍。**

最终，在葡萄牙宫廷碰壁之后的哥伦布找到了西班牙的皇室。面对哥伦布的商业计划书，西班牙女王伊莎贝拉也是疑虑重重，但是面临"隔壁邻居"的崛起，西班牙的心态是完全不一样的。

经过考虑，西班牙皇室还是决定投资哥伦布的探险计划，不过，女王虽然同意赞助哥伦布的探险活动，但钱最终是意大利热那亚的银行家众筹的，王室只是做了担保。

女王与哥伦布签下了一个非常不错的投资协议——《圣塔菲协议》，该协议规定：

(1) 女王封哥伦布为海军元帅；

(2) 探险中发现和占领的岛屿和陆地，哥伦布可以担任当地的总督；

(3) 哥伦布获得航海探险收益的10%，并一概免税；

(4) 有权对一切开往那些占领地的船只收取八分之一的权益；

(5) 哥伦布所有的爵位、职位和权利都可由他的继承人世袭。

今天看来，这是一个非常精巧的有限合伙的商业结构。意大利热那亚的银行家们充当有限合伙人（limited partner，LP），承担有限责任，而哥伦布是普通合伙人（general partner，GP），按理说承担无限责任，并获得整体投资收益中一个相当高的比例，但由于有西班牙皇室做担保，承担无限责任的"GP"就获得了"LP"的信任。

1492年8月，载重量60吨的尼尼亚号和平塔号及载重量120吨的圣玛利亚号组成的一个小规模的武装船队，载着87名船员离开了西班牙南部的帕洛斯角向西驶去，计划绕地球一圈连接东方。

1492年的10月12号，船队在巴哈马的一个岛上登陆。哥伦布兴奋地认为他到了东方的香料群岛，并且绕着加勒比海晃了三个月，结果却一无所获，但还是回去硬着头皮告诉国王到达了印度和中国，且遍地财富。这是一次载入史册的伟大探险，可以说是人类文明进程中最激动人心的未曾设计的成功。西班牙通过这次成功的风险投资，收益惊人。据统计，从1502年到1660年，西班牙从美洲得到了18 600吨白银和200吨黄金。到16世纪末，世界金银总产量的83%被西班牙占有，并且更为重要的是，西班牙女王的投资得到了一个新世界——美洲大陆。

更为重要的是，美洲的发现开创了哥伦布生态大交换，也直接奠定了工业革命的基础。它也告诉我们：伟大的创新多是由偏执狂带来的，有时甚至是愚蠢的想法带来的。

遥想1405年，郑和第一次下西洋，郑和的宝船是一百年后哥伦布圣玛利亚号的近30倍大，整个舰队有300条船，2万名水手，随船的医生都有200位，拖淡水的船有几十艘，郑和手上的航海地图据说有20英尺长，对整个印度洋了如指掌。但是中国的航海文明却在15世纪中叶戛然而止。从某种意义上说，正是东方中国有别于西方国家的海洋探索模式，摧毁了中国当时征服海洋的可能。

西方的海洋探索模式，是典型的最小可行性产品模式（minimum

viable product，MVP），也就是小规模试错，而东方中国的海洋探索模式，是典型的规模经济模式，在没有形成有效商业价值之前就开始进行重资产规模化运作，即使带来了表面的繁荣，如万国来朝，但是没有产生实质的商业性收益，一旦国库亏空，资金链出现问题，这种看不到回报的投资行为，只能被叫停。

当然，地理因素也给东方国家开了一个玩笑，从某种意义上来说，美洲天然地应该被欧洲人发现。因为欧洲人发现美洲只需要跨过狭窄的大西洋，而中国人要发现美洲，则需要跨过辽阔的太平洋。正是明朝的皇帝和大臣太精于成本收益原则，认为探索浩渺的太平洋无利可图，所以错失了大航海时代，进一步退缩于精致的农耕文明。因此，成本收益的原则是一个需要反思的商业原则。

第五位出场的是葡萄牙人麦哲伦（1480—1521）。1513年，西班牙军官巴尔博亚在巴拿马寻找黄金时又一次不经意地发现了太平洋。这片大洋是那么浩瀚，覆盖了三分之一的地球表面，这是欧洲人第一次用自己的眼睛看到了太平洋，不过对太平洋的勘探是由葡萄牙航海家麦哲伦开启的。

麦哲伦相信香料群岛和亚洲大陆距离美洲西海岸很近，于是决定追寻哥伦布的目标，建立一条通向亚洲海域的西方商路。这再一次将哥伦布的破坏性创新演变成了延续性创新。

由于葡萄牙水手已经通过印度洋到达了亚洲市场，他们对麦哲伦提出的西方商路没有什么兴趣，因此，麦哲伦对太平洋的探险仍然是在西班牙的支持下进行的。由此，你会发现，所有的投资都有着天然的路径依赖，当葡萄牙沿着非洲的西海岸绕行好望角连接东方的时候，西班牙被迫选择了另一条财富道路。这里没有对错，都是历史不经意的选择。

麦哲伦带领他的船队开始沿着南美洲的东海岸探索，最终，发现了位于南美洲最南端附近的麦哲伦海峡。驶过海峡，四个月后船队在关岛上补给。1521年3月，船队离开关岛前往菲律宾群岛，在与当地土著的冲突中麦哲伦丧命，其他人则继续到达马鲁古香料群岛，然后从印度洋返回西班牙。3年的环球航行，去时5艘船，280名水手，回时只有一艘满载香料的船，18名水手。水手们的存活率跟今天创业者的成功率非常接近，都是九死一生。

第六位出场的是英国人库克船长（1728—1779），他在1768—1779年领导了三次对太平洋的探险，勘绘了澳大利亚和新西兰，但他最终在夏威夷与土著的战斗中失去了生命。当库克的航海接近尾声时，欧洲地理学者已经对世界各大洋海域，以及那里的地理和人文有了相当准确的了解。**世界已经在延续性地积累创新中变得越来越清晰。**

从这些创业者身上我们可以发现什么叫"精益创业"：用最小的成本搜寻成功的路径，不断试错，快速迭代，在强大的精神力量下努力前行。当然，这个故事也告诉我们，创业者也可能会失败甚至丧命，创业成功的概率非常之低。

我们今天的时代，其伟大性绝不会亚于600年前的大航海时代，那也是个大众创业，万众创新的时代。正是在大航海时代，西方超越了东方，今天我们希望借助航海时代的创新精神，为我们这个时代的创业者提供创新创业的精神精粹：

第一，在一定程度上，人类的贪婪、恐惧和懒惰是创新的助手；

第二，创新需要借助国家资本，孕育民族的创新气质；

第三，创新源于对资源的连接和积累，循序渐进，自有规律；

第四，创新也源于"与其更好、不如不同"的差异化，颠覆式的创新往往是不经意的结果；

第五，成本收益原则的悖论告诉我们，用小的组织应对未知领域的创新是最合适的，它可以用非货币的梦想对冲得不偿失的算计；

第六，先发优势带来路径依赖，后发优势带来破坏性创新，最终重构市场秩序。

本章思考

1. 你觉得推动企业进行创新活动的基本动力是什么？
2. 你觉得企业创新需要哪些支持和坚持？
3. 你觉得企业的成功是来源于精心设计还是不经意的结果？

第二章

商业模式创新：战略定位 + 系统设计 + 精益实施

一、战略定位：选择比努力更重要

《战争论》(1832)描述拿破仑只在能够打胜仗的地点战斗，这是典型的定位理论。"定位说"认为：选择在哪里钻井比拥有钻井的能力对一家石油勘探企业更重要。如果要攀登一座经营的高峰，找到一条容易登顶的道路无疑是事半功倍的。而中国的孙武在他的《孙子兵法》中阐述得更加全面，他提倡的"五事七计"（五事即"道、天、地、将、法"，分别指政治、天时、地利、将帅素质、军事体制五个方面；"七计"是由"五事"演绎而来，是指从双方政治清明、将帅高明、天时地利、法纪严明、武器优良、士卒训练有素、赏罚公正七个方面来分析敌我双方的情况），不仅强调定位也强调能力。其实，整个战略管理思想的脉络是从"定位说""能力说"到二者结合的"结构说"，直到今天的"创新说"渐次交织展开的，这里将依照时间轴和理论演进来为大家勾勒出一幅战略管理的百年简史，其中所提及的管理工具及其背后的思想都将浮现在我们后面的章节中。

（一）战略定位说的思想梳理

泰勒（1856—1915）首先关注到工厂的效率，他把生产现场的经营提升到了科学管理的层次，在提高生产率的同时，也追求从业人员劳动价值的提高。这也被视作科学管理的源头，但他将人视为机器的管理逻辑，虽然提高了效率，但激化了矛盾。《摩登时代》里的卓别林就是机械主义的经典代表。然而，人的机械性倒逼出了人的社会性的重要。梅奥（1880—1949）的霍桑试验随后提出了"人际关系论"，工人的生产率不仅取决于劳动条件和流程，劳动热情和有效沟通也很重要。

法约尔（1841—1925）认为企业活动的核心是流程管理，同时他也在20世纪初明确地提出了各种活动的定义。法约尔的《工业管理与一般管理》开始是以法语出版发行的，所以没能在欧美管理学界产生影响，直到1949年这本著作的英文版才姗姗来迟。法约尔将企业不可或缺的活动分类整理为6

个种类，这隐约可见波特在 70 年后提倡的价值链管理的影子。可以说，泰勒管理工厂，法约尔统治企业，他们的注意力更多地聚焦于企业的内部。

1929 年的经济危机让所有企业深刻感受到经营的重要和环境的不可预知。巴纳德（1886—1961）在 1938 年出版了《经理人员的职能》，他将企业定义为一个整体系统以应对外部环境的变化，提出组织顺利运转需要有共同目标、贡献欲望和信息交流，从偏向内部控制环境转向努力适应外部环境。经营者的首要责任就是为自己的系统制定共同目标，这个理念在当时是一个划时代的产物，它连接了经营学的古典理论（泰勒、法约尔）和新古典理论（梅奥），也一并连接起近代经营战略理论。而在那个年代最具代表性的学者，当属彼得·德鲁克。

彼得·德鲁克（1909—2005）出生于 20 世纪初的维也纳，22 岁取得法学博士学位，28 岁移居美国，他一边在各个大学授课，一边执笔撰文，是一位高产的学者，2005 年他以 95 岁高龄辞世，整个管理学界为之叹息。德鲁克在《公司的概念》（1946）中揭示了通用汽车公司的危机，并由此奠定了分权化管理的思想；他在《管理的实践》（1954）中揭示了企业与经理人员存在的意义。德鲁克的思想非常超前，在那个时代，他就意识到**企业的本质就是创造客户**，企业是为给客户创造价值而存在（以客户为目的）的；企业存在的目的是发挥人的生产性（人的自发性组织）；企业存在的价值是达成社会性的公益目标（企业的社会责任）。这些洞见即使现在看起来也充满活力，很难想象这是在半个世纪以前提出的观点。

战争让资源向美国集中，这里的资源不仅是金融资源，更是智力资源。可以说，两次世界大战把全球"最顶级的大脑"都驱赶到了美国。梅奥在 1922 年从澳大利亚来到美国，德鲁克在 1937 年从维也纳来到美国，安索夫（1918—2002）则随家人于 1936 年从俄罗斯移居美国。安索夫是一位数学博士，并于 1950 年加盟美国海军，后来在兰德研究所供职 6 年，"战略"这个词就是在那个时期所为人熟知的。

安索夫（1918—2002）的**成长矢量矩阵（产品—市场矩阵），如图 2-1、图 2-2 所示**，其发表于 1957 年，包括四种类型：市场渗透战略、市场开拓战略、产品开发战略和多元化战略（在新的市场中投入新开发的产品），前三类也可以称作密集型战略，而成功的多元化需要具备四个要素：**明确产品市场的领域以及公司的自身能力；理解竞争环境的特性；追求协作；决定可成长矢

量。显然,这里的第四种类型是高风险的,需要对风险进行充分考虑,在实行时更要关注协同效应。多元化的视角被后来的学者进一步细化为相关多元和混合多元,至今这些都是公司战略的焦点话题。"安索夫矩阵"随后还被波士顿咨询公司与"销售增长率—相对市场份额矩阵"(**明星产品、现金牛产品、问题产品、瘦狗产品**)联系起来。你会发现二者之间的思想脉络相互交织,前者更多的是静态视角,而后者则是动态视角。如果在波士顿矩阵中把市场分为现存市场和新兴市场两种,则有更多讨论的空间。安索夫在这些思想基础上又提出"若要在竞争中取胜就必须有核心竞争力",这正符合了后来哈默与普拉哈拉德提出的核心能力理论(1994),也是巴尼发扬光大的资源基础理论(1991)的思想源头。

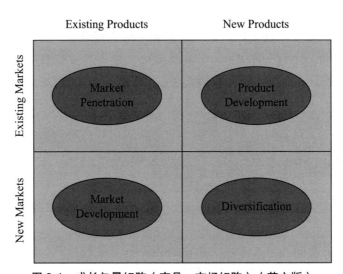

图 2-1 成长矢量矩阵(产品—市场矩阵)(英文版)

	现有产品	新产品
现存市场	市场渗透	产品开发
新兴市场	市场开拓	多元化

图 2-2 成长矢量矩阵(产品—市场矩阵)(中文版)

安索夫在1965年出版的《公司战略》中指出，商业战略计划并不是"维持现状"，企业需要懂得应该怎样做才能在这个复杂的多元化市场中得以生存，他也融入了钱德勒的研究，将企业决策分成3种模式：**战略**（strategy）、**组织**（structure）和**系统**（system）。彼得斯和沃特曼（1978）后来又将安索夫的这个概念（3S模式）细化并扩大，提出了7S模式。

钱德勒在《组织跟随战略》（1962）中指出，过去一直认为是组织的扩大推进了管理的分权，而实际上是业务的多样化促进了分权化的产生。经营与原有业务不同的新业务是一件困难的事情，集权型的组织管理结构很难做好，这与规模并没有显著的因果关系，多元化的企业战略最终催生了事业部制，这就是"组织跟随战略"的逻辑。由于钱德勒提出的"组织跟随战略"，20世纪五六十年代的美国公司迎来了结构大变革时期，业务多元化、地域多元化、组织分权化成了最迫切的要求。一般而言，企业进行战略调整相对于进行组织结构调整更加困难，它们二者之间相互影响，但组织的惰性可能更大。

安索夫在1979年出版的《战略管理》一书中指出，企业的管理决策不能只顺应外部环境，同时也应该重视内部因素。**企业应根据外部环境的动荡程度将组织结构与战略管控相协调，单纯的战略超前或组织结构超前都会导致经营失败**。这个洞见可以看作是给争论不休的定位学派和能力学派的一个答案。单纯的定位论或者单纯的能力论都是不科学的，只有两方面步调一致、相互协同才会有更好的经营业绩。当环境动荡且难以预测的时候，就应该使用创造性战略和试错法。令人遗憾的是，《战略管理》一书未能广泛传播，但毫无疑问安索夫也是一位超越那个时代的思想家。

巴纳德、德鲁克、安索夫、钱德勒等人创立了一系列概念，而将这些概念归纳整理的则是哈佛商学院的安德鲁斯。

安德鲁斯（1916—2005）大学时的专业是英语，后来在"二战"中为加入陆军而专门学习了统计学，战后又在哈佛大学求学，毕业后他去哈佛大学做了一名教授。安德鲁斯创立了SWOT矩阵（见图2-3），不过也有人说最早的SWOT矩阵是在《孙子兵法》中提出来的：知己知彼，百战不殆；知天知地，胜乃不穷。"知己知彼"就是要知道自己和竞争对手之间的优势和劣势，"知天知地"就是要知道外部环境中的机会和威胁。**SWOT虽是一个优良的整理工具**，但即使填完了表格，也不会立刻得出结论，因为不同的组合方案之间并没有给出重点和权重。然而，这种跳跃的连接思考确实能够给分析者带来意想不到的启迪。

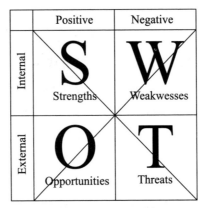

图 2-3　SWOT 矩阵

1960 年，一般的公司还无法将法约尔和巴纳德开辟、德鲁克发扬光大的经营战略理论当作"可使用的工具"。1960 年后，波士顿咨询公司对经营战略进行了商业化咨询，在亨德森（1915—1992）的带领下开创了**市场增长率—相对市场份额**矩阵（见图 2-4）、**经验曲线**（见图 2-5），**可持续成长方程**（见公式 2-1）等一系列可以将企业定位进行数值化分析的战略管理工具。在那个"石油危机"（1973）的年代，利用波士顿矩阵分析实施业务投资重组项目有了空前的需求。

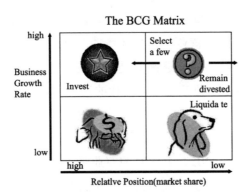

图 2-4　波士顿矩阵

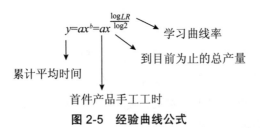

图 2-5　经验曲线公式

$$g(可持续增长率) = \frac{ROE(1-d)}{1 - ROE(1-d)} \tag{2-1}$$

式中：ROE 为权益净利率（Return of Equity）

d 为股利支付率；（1−d）即为利润留存率

在近 100 年的战略管理研究和实践领域，迈克尔·波特（1947—）的思想结晶是最让人津津乐道的。他可以称得上是**战略定位学说的集大成者**。

波特在普林斯顿大学学习航空工程学之后，就在哈佛商学院攻读 MBA 课程。他受到克里斯坦森和安德鲁斯两人的影响，决定继续学习商业知识，随后他选择了经济学博士课程，在学位论文中提出了著名的五力模型，这篇学位论文获得了经济学院的优秀奖但在商学院却遭到极差的评价，甚至在波特晋升副教授时，商学院的教授全体反对他的晋级，幸好下一任校长给了波特一次机会，决定留任观察一年。在此期间，波特开设了一门新课《产业与竞争分析》，该课程大受学生欢迎，其间他还出版了《竞争战略》（1980）。于是，波特在 35 岁时以不可阻挡之势晋升为正教授。

在波特的战略研究中，最显著的贡献是**五力模型**（见图 2-6）、**三大战略**（见**图 2-7）和价值链**（见图 2-8）。波特认为，定位的（以五力模型为工具）分析状况，其结果可以模式化为三大战略（低成本、差异化、集中），而企业若要成功，只有"优秀可盈利的定位"是不够的，还需要"优秀可盈利的企业能力"，这个出色的概念将企业各部门的活动与价值连接起来了。但波特一直觉得能力的定位具有限定性和从属性，能力提升才是实现定位的手段。

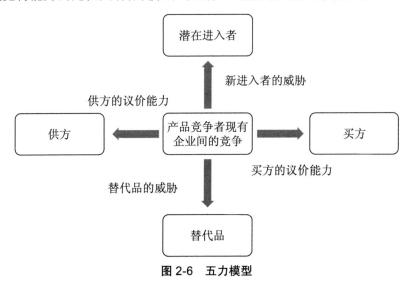

图 2-6　五力模型

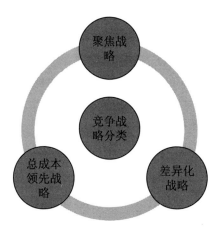

图 2-7　三大战略

支援活动	基层结构				利润
	人力资源管理				
	技术开发				
	财务体系				
主要活动	购入供应及入厂后勤	经营动作(生产计划和执行)	分销及出厂后勤	销售及市场营销	客户服务和售后市场	利润

图 2-8　价值链

（二）战略能力说的思想梳理

正在定位说成为显学之时，几家日本企业（本田、丰田、佳能等）鲁莽地挑战了美国企业（通用、克莱斯勒、施乐等），在看上去不可能成功的市场位置中获得了成功。这让人们意识到定位的优势会迅速消失，强化企业自身能力才是根本，竞争力的源泉不只是定位。

波士顿咨询公司的资深专家乔治·斯托克（1951—　）和菲利普·埃文斯（1950—　）对日本企业的研究及其后续的发展，创造了"时基竞争"这个概念，即更快地向客户提供更新、更多、更便宜的商品，缩短时间提高附加值，缩短从客户需求到对应完成的时间以提高附加值；缩短时间降低成本，所有流程耗费的时间缩短，成本就会下降。这一思想在1990年出版的《时基竞争战略》中全面展现，而在今天基于时间的竞争理念更加深入人心。

彼得斯（1942— ）在《追求卓越》一书提出了"7S 理论"（见图 2-9），即制度、结构、战略、共享价值观（shared value）、技能（skill）、人员（staff）、风格（style）。彼得斯认为，只有战略与组织并不能给企业带来成功，优秀企业往往是通过共享的价值观而不是战略或指令主导经营。

图 2-9　7S 理论

麦肯锡公司以"本田效应"和"7S"理论打开了能力论战略的大门，波士顿咨询公司则以"时基竞争战略"这种跨越能力论和定位论的形式穿过了这扇大门，并且还是以可测定、可分析的模式。伦敦商学院的哈默尔及其恩师密歇根大学的普拉哈拉德（1941—2010）则进一步提出《为未来而竞争》（1994）：既坚持基础业务，也提倡面向未来的成长战略。书中"**核心竞争力**"这一概念一下子变得炙手可热并为跌倒的人们指引出了未来的路径选择。企业的核心竞争力可以是技术、渠道，也可以是人才，它需要有这样一些特征：竞争对手很难模仿（你能够复制你自己，别人很难复制你），能为客户创造其认可的价值（精益思想），也可向其他业务发展（跨界）。

企业的竞争能力需要修炼但并不是无中生有。彼得·圣吉（1947— ）是一位工程师、哲学家、社会学家、管理学家，他创造了将企业看作一个系统的方法。他在《第五项修炼：学习型组织的艺术与实践》（1990）中提出：学习即一切，如图 2-10 所示。五项修炼包括：**心智模式**，摒弃旧有的思考方法；**自我超越**，学习如何对他人开放；**系统思考**，理解公司与社会的实际情况；**共同愿景**，创造全体都能接受的方向性；**团队学习**，为达成此愿景而协作。企业的竞争优势只有在个人与组织两方面的持续性学习中才能诞生。

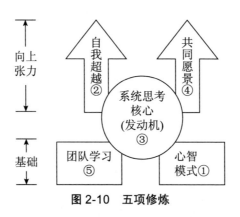

图 2-10　五项修炼

杰恩·巴尼在《获得与保持竞争优势》（1996）一书中进一步提炼了资源基础理论，对于经营资源是否能成为持续性竞争优势，巴尼提出了四个判断条件：经济价值、稀少性、模仿困难性、不可替代性。从某种意义上来说，一个企业的资源基础支撑了经营中的核心竞争力。

（三）战略结构说的思想梳理

1. 定位与能力的整合

加拿大麦吉尔大学的明茨伯格博学多才，他将战略定位说和能力说很好地进行了整合讨论。在其成名作《管理工作的本质》（1973）中，明茨伯格有着深刻的洞见：企业中最重要的不是领导者而是管理者，管理者们无数的决策与行动支配着企业活动；管理者们的工作是零碎的、瞬间性的、复杂的，其判断多依靠直觉。好的管理者无法在教室中培养出来，好的战略也不能在桌子上得以制定。

明茨伯格在《战略历程》（1998）中旗帜鲜明地认为定位与能力不可偏废任何一方。在发展期重视定位，在安定期需要重视能力的强化，在摸索期借助学习和试错来探索方向，变革期则应运用创业家理论，迅速进行变革。战略无法模式化，应根据情况进行组合思考。其实，早在1979年安索夫出版的《战略管理》一书中就强调单纯重视定位论或者单纯重视能力论都是不合时宜的。

美国诺顿研究所的大卫·诺顿认识到，现有的依靠财务指标的业绩管理方法是依赖于过去信息的方法,已不适用于环境急剧变化的 21 世纪,他与哈佛商学院的卡普兰(1940—)合作研究并在 1992 年发表了关于平衡计分卡(见图 2-11)的第一篇文章,这是一种组合了财务维度(过去)、客户维度(外部)、内部业务流程维度(内部)及创新与学习维度(将来)四个层面的企业管理与评价体系,进一步把企业的**战略定位与组织能力放到了一个框架中来讨论。**

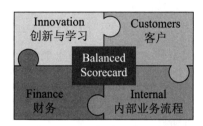

图 2-11　平衡计分卡四方图

卡普兰等人改变了企业过去偏重财务指标的传统,根据库兹曼的调查统计,在 1997 年的时候,已经有 64% 的美国企业采用了类似平衡计分卡的多维度业绩评价体系。该体系将定位(客户视角)与能力(业务与学习视角)结合,并进一步将各要素与财务指标连接起来。随后,卡普兰等人又推出了平衡计分卡战略地图(见图 2-12)。

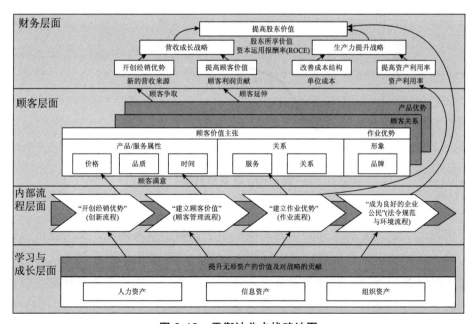

图 2-12　平衡计分卡战略地图

（四）战略创新说的思想梳理

战略创新说的思想源远流长。20世纪初期，熊彼特（1883—1950）提出，创新是经济发展的原动力，创新的核心力量既不是资本家也不是劳动者，而是创业家。将熊彼特的思想引入管理学的是德鲁克和麦肯锡公司的福斯特，在20世纪70年代之前，熊彼特的思想很难被模型化的经济学界所接纳。

熊彼特毕业于维也纳大学，导师是德鲁克的父亲。熊彼特65岁担任美国经济学会会长，他在《经济发展理论》（1912）中提出了创新4大主张：创新的非连续性、创新的类型化、金融功能的重要性、企业家的作用。由于这个创新的经济循环理论太过超前和重视人的作用，并且无法数字化和公式化，很快便在经济学的世界中消失，后来又在经营管理领域中得以复活，直到今天它仍然刺激着实践者的神经。

麦肯锡公司的福斯特借用了罗杰斯在《创新的扩散》（1962）中提出的S形曲线，创造出了双重S形曲线（见图2-13），用来表述熊彼特所说的"创新的非连续性"。"守中带攻"，在守住已有创新的基础上，积极进行下一次的创新投资，并为此培养组织的对话观察和思考能力，以避免"带头人变更"。

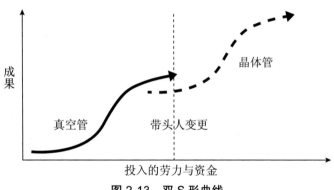

图 2-13 双 S 形曲线

哈佛商学院的克里斯坦森（1952— ）在《创新者的窘境》（1997）一书中提出了令人脑洞大开的研究发现：由于创新带有革命性，无法使用现有的能力，因此很容易失败。其中导致失败的一个重要因素可能就是优秀企业过于注重客户导向，特别是现有的大客户，将客户需求作为绝对标准，但可笑的是，有时连客户自己都不知道其未来的需要是什么。与此相对应的是，在远离现有市场的地方，因新技术和机制的诞生与迭代，之后的某一天，它们会被客户注意到，当客户发现它们竟然也能满足连自己都没有意识到的需求时，原有企业即使注意到了这个情况的发生，但为时已晚。克里斯坦森将这种创新定义为"破坏性创新"，如图 2-14 所示。

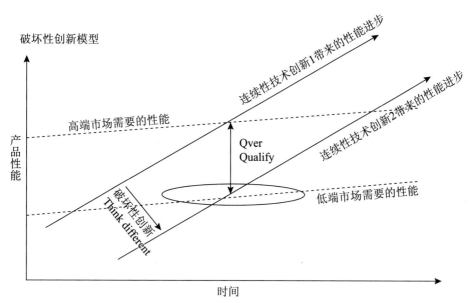

图 2-14　破坏性创新结构

破坏性创新理论告诉我们，仅仅用现有的经营逻辑应对现有的客户，绝对无法颠覆现有的市场格局。创造新的小组织，包括在组织内部创造"小组织"，树立不急于追求业绩结果的管理指标，不向现有主流客户推销，而是开发新的客户群，然后再进行渐进式创新，在捕获边缘客户之后，再向主流客户推销新产品，从而重构市场，这才是破坏性创新的经典路径。创新者往往需要具备五项优秀的能力：联系能力、疑问能力、观察能力、网络能力和实验能力，联系能力是认知性的技能，后四者是行动性的技能，改变行动才能提升创造力。克里斯坦森随后又推出了《创新者的解答》（2003）和《创新者的基因》（2011）。

创新就是开创蓝海

位于法国巴黎郊外枫丹白露的英仕国际商学院的金伟灿和莫博涅在《蓝海战略》（2005）中认为：优秀的战略应该是创造一个没有敌人的新兴市场，并不一定要要像波特所说"必须权衡高附加值和低成本"，企业完全有可能创造一个高附加值与低成本并存的新环境，战略其实是设计新的市场概念以及将其实现的能力。《蓝海战略》介绍了"四项行动战略"（见图 2-15），并提出了为实行战略而创造的工具。这些工具都是他们在实际的企业咨询过程中总结的成果，非常具有应用价值。

剔除	增加
你的行业里哪种长期受到竞争的因素可以被淘汰掉？	哪种因素应该被提升到行业标准之上？
减少	创造
哪种因素应该被降低到行业的标准之下？	哪种行业中没有的因素应该被创造出来？

图 2-15　四项行动战略

史蒂夫·布兰克（1953—　）参与过 8 次创业，其中 4 次成功发行股票。他也给出了一个《4步创业法》：客户探索、客户验证、客户培养和企业建设。布兰克认为，只要有两个团队就可以进行创业了，分别负责产品开发和客户开发，在第一步和第二步的过程中反复验证市场，而后再推进，这就可以去除创业中的"浪费"。

史蒂夫·布兰克的学生埃里克·莱斯（1979—　）撰写了《精益创业》（2011）。创业不可以想做就做，一切不能给客户提供价值的就是无用的，一切无法验证、无法学习的就是无用的，验证产品的商业价值可以通过最简化的可行产品（minimum viable product，MVP）来进行。

在这个试错的过程中，失败是正常的。但是如果不能接受失败并从失败中进行学习，就称不上是试错型经营，只能说是错误经营。在试错中要不断调整以适应，但适应性战略也并非一味地盲目顺从，它应该是指企业的进化，而进化不可能一蹴而就，是由变异与淘汰引起的非连续性的动态适应过程。

（五）从理论梳理到场景应用

我们用最粗糙的线条梳理了战略思想的发展简史，对于学术研究远远不够，但对于实践应用价值丰厚。因此，提炼出了以下几点意义。

企业的战略管理从来不可以只偏好定位说或能力说，它一定是一个动态适应的过程。找到一个据为己有的位置很重要，但盘踞下来也需要能力来跟进；

定位需要关注蓝海，然而蓝海并非要远离自己熟悉的市场，蓝海可能就隐藏在红海中；

蓝海可能是巨头看不见的边缘市场，也可能是巨头看不起的利基市场，还可能是巨头看不懂的跨界市场；

蓝海是暂时的，但创造蓝海是永恒的，创新不仅是创造产品和服务结构，也是创造新市场；

创新是试错的副产品，但不是"Just Do It"的鲁莽，创新在整体上可能需要突破成本收益原则，但在细节上需要精益思想，通过最小化可行产品来降低财务风险；

企业的战略定位是从 0 到 1 的价值选择，而企业的能力体现在从 1 到 n 的价值创造，定位之后是商业模式的构建，而能力则需要通过精益实施和管理模式来打造。

我们对企业进行战略分析时不是要穷尽所有的理论工具，而应该是将这些分析工具有机结合，为我所用。我们构建了一个完整的分析系统，将在本书最后一章的彩蛋部分呈现给大家。

二、系统设计：与其更好不如不同

我们在前面讨论了企业战略管理思想的学说脉络，其实企业战略的终极目标就是让自己在未来能够持续获得竞争优势。

无论是战略定位还是组织能力，最终都需要为企业创造一个优势空间。开创了斯坦福研究园区的"硅谷之父"弗雷德·特曼曾经说过："撼动这个世界的绝不是博古通今的学者，而是那些无知无畏的人。"但今天的我们更需要明白：无知者只能无畏，有知者则可以饱含敬畏地精益前行。

从企业的战略定位到能力协调再到创新，我们需要在战略选择之后构建商业系统，这就需要模型化的系统设计。

（一）系统设计工具箱

系统设计描述了企业如何创造价值、传递价值和获取价值的基本原理。对公司整体商业逻辑的描述需要借助有益的设计工具，以达到可视化、结构化和模块化的分析效果。

可视化强调的是用图形来代替乏味的文字描述；

结构化强调的是用来描述系统设计的图形应该有稳定的分析结构；

模块化强调的是组成分析图形的不同结构是可以拆卸组合的。

只有这样的设计工具才会让商业研究变得有趣且有效。按照这个要求，我们为大家介绍几个最有代表性的系统设计工具。

1. 商业模式 9 要素画布

在《商业模式时代》这本书中，亚历山大·奥斯特瓦尔德（Alexander Ostenwalder）和伊夫·皮尼厄（Yves Pigneur）提供了一个商业模式分析的结构框架。奥斯特瓦尔德和皮尼厄的"商业模式画布"既可以用来锤炼商业模式的想法，也可以从中梳理出各要素之间的关联性。在小组讨论或其他可以吸收更多创意的环境下，商业模式画布的应用效果令人惊喜。

图 2-16 简要介绍了这种模板，后面的系统设计的工具应用板块就是借鉴这个分析框架。当然，我们也对其做了一些差异化的调整，使之能够更好地融入整个分析系统。

重要合作	关键业务	价值主张	客户关系	客户细分
	核心资源		渠道通路	
成本结构			收入来源	

图 2-16　商业模式画布

2. 商业模式四核心板块

马克·约翰逊（Mark W. Johnson）在《抓住空白领域》这本书里提出了"四核心"商业模式。约翰逊关注的重点是帮助企业创新商业模式，进入利润更高且竞争更小的"空白领域"。创办一家新的企业和不断对企业现有的商业模式迭代创新，这两者之间是有共通之处的，所以这个方法同样可以成为构建和优化商业模式的有用工具。

很多人可能会偏爱如图 2-17 所示的"四核心"模式，因为这个方法比奥斯特瓦尔德和皮尼厄的"九区块"模式显得更简洁，并且各要素的内涵更广阔。在拆解分析商业模式时，"四核心"模式关注的是客户价值主张、盈利模式、关键资源和关键流程这四个要素之间的相互作用。

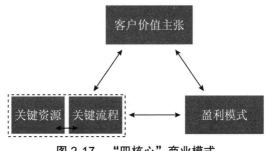

图 2-17　"四核心"商业模式

3. 商业模式轮式框架

商业模式机构（BMI）研究出了一种由八个部分组成的轮状分析框架来构建的商业模式。BMI 模板的核心认知是：所有伟大的商业模式都应该拥有一个出色的产品、将产品货币化的能力，以及持续改进的能力。这三个核心要素又可以进一步拆分成八个要件，如图 2-18 所示。

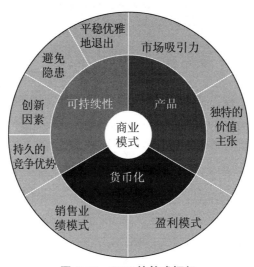

图 2-18　BMI 的轮式框架

4. 商业模式 6 要素体系

在国内将商业模式进行系统介绍并将其推到公众视野的当属北京大学魏炜和清华大学朱武祥两位教授。在《发现商业模式》等著作中，从定位、业务系统、盈利模式、关键资源能力、自由现金流结构及企业价值六个角度解析企业的商业模式，如图 2-19 所示。这六个要素是互相作用、互相决定的：相同的企业定位可以通过不一样的业务系统实现；同样的业务系统也可以有不同的关键资源能力、不同的盈利模式和不一样的现金流结构。这个分析体系无论是对传统行业还是对现代信息技术下的新兴行业都有借鉴价值。

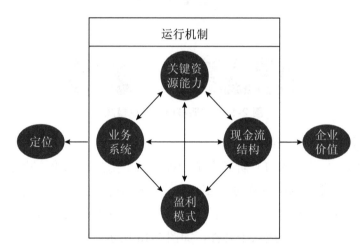

图 2-19　魏朱商业模式结构

（二）系统设计 9 要素模型：分析框架

我们一直把商业模式定义为企业赚钱的方式，怎么去描述这个方式就需要系统设计。系统设计可以勾勒出企业是如何创造价值、传递价值和获取价值的。不同的系统设计工具都有其自成一体的分析框架。我们在实践中的经验表明，任何一次基于战略选择之后的商业模式创新的讨论，如果希望取得良好的效果，都应该在开始时让每个人能理解战略选择的逻辑，以及随后进行的商业模式系统设计的框架内涵，这样可以方便参与者用同一种语言来描述和讨论。这里的挑战是这个分析工具必须直观易懂，但又不能过于简化企业运转职能的复杂性。鉴于此，我们最终对亚历山大·奥斯特瓦尔德和伊夫·皮尼厄的 9 要素分析模型进行了优化和演绎。

本书这里的 9 要素分析模型可以视为一种用来描述、评估和改进商业模式并使之可视化、结构化和模块化的通用语言。它使得你能够描述和思考你所在的企业和竞争对手的商业逻辑。

这个框架可以作为一种共同语言在不同参与方和不同场景下得以高效应用，它能让你方便地描述商业模式，并可以高效地构建新的战略性替代方案。如果没有这样一种共同语言，组织很难系统性地挑战某个商业模式的设想并创新成功。

1. 模型构建：从任何一个起点开始皆能创建系统

我们的分析模型包括以下 9 个要素：

（1）客户细分（customer segments，CS）：企业或组织所服务的一个或多个不同的客户群体。

（2）价值主张（value propositions，VP）：解决客户难题和满足客户需求的商业逻辑。

（3）客户关系（customer relationships，CR）：在每一个细分市场与客户建立联系和互动沟通的方式。

（4）核心资源（key resources，KR）：提供和交付先前描述要素所必备的重要资产。

（5）重要合作（key partnerships，KP）：为满足客户需求必须建立的内外部连接。

（6）渠道通路（channels，CH）：向客户传递价值主张并满足其需求的路径。

（7）关键业务（key activities，KA）：为了运转商业模式而必须做的事情。

（8）收入来源（revenue streams，RS）：在满足客户真实需求之后的副产品。

（9）成本结构（cost structure，CS）：为满足客户真实需求所耗费的资源。

我们把这 9 个要素，结构化到图 2-20 的分析框架中，建立一种可视化的分析模型。

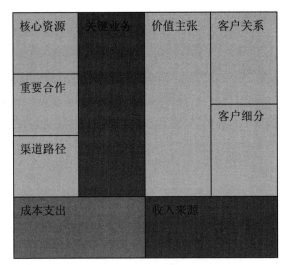

图 2-20　系统设计 9 要素模型

这个结构图可以划分为 4 个区域来理解。

右上角的区域是整个商业逻辑的思维起点,发现或注意到未曾满足的客户需求,而后提炼差异化的价值主张,思考如何构建动态互动且能自我成长的客户关系。

左上角的区域则是商业逻辑的实施框架,针对满足细分客户市场的价值主张来确定如何做事,这就是关键业务的设计,它需要核心资源的支撑,也需要连接外部合作,最终借助渠道路径与客户建立长期互益的客户关系。

下半部分分为左右两个区域,右侧设计整个商业逻辑的收入环节和趋势,左侧则分析整个商业逻辑的成本结构和规模。

在战略分析识别了内外部风险和机会之后,商业模式的系统设计则给出了更具体的行动想法。

2. 要素解读:每一个要素都是一个分析窗口

1)客户细分(customer segments,CS)

客户细分构造块用来描绘一个企业想要接触和服务的不同人群或组织。

客户是任何商业模式的核心。当然,我们也可以说用户是任何商业模式的核心,但是如果没有可以持续赚取收益的客户,企业就无法长久存活。为了更好地满足目标客户,企业可以把客户细分成不同的类别群体,在同一个类别群体中的客户往往具有类似的行为属性。我们在构建商业模式的时候,可以界定一个或多个或大或小的客户细分群体,但是企业必须明确,自己到底该服务哪些客户细分群体,又该忽略哪些客户细分群体,因为你不可能同时满足所有人。一旦做出决议，就可以凭借对特定客户群体需求的深刻理解，仔细设计相应的商业模式。

在界定客户细分群体时，我们需要拷问自己：我们正在为谁创造价值？谁是我们最重要的客户？他们是否需要明显不同的产品或服务来满足需求？他们是否需要通过不同的分销渠道来接触？他们是否需要不同类型的关系连接？他们的收益性是否有本质区别？他们是否愿意为产品或服务的不同方面来支付费用？

一个企业的客户细分可能是一个**大众市场**，如苹果手机；也可能是一个**利基市场**，如很多汽车零部件厂商严重依赖来自主要汽车生产工厂的采购；也可能是一个**多元化市场**，如 2006 年亚马逊决定通过销售云计算服务而使其零售业务多样化，即除了零售业务之外还开拓了在线存储空间业务与按需服务器使用业务；还可能是一个**多边市场**，即有些企业服务于两个或更多的相互依存的客户细分群体，如企业提供的免费报纸需要大范围的读者以便吸引广告。另外，它还需要广告商为其产品及分销提供资金，这需要双边细分群体才能让这个系统运转起来。

2）价值主张（value propositions，VP）

价值主张构造块用来描绘为特定客户群体创造价值的系列产品和服务。

价值主张是客户转向一家公司而非另一家公司的根本原因，它解决了客户困扰或者满足了客户需求，换句话说，它解决了客户的痛点和痒点并制造了爽点。每个价值主张都包含可供客户选择的系列产品或服务，它们可以满足特定客户细分群体的需求。在这个意义上，价值主张是公司提供给客户的受益集合或受益系列。

有些价值主张可能是创新的，并表现为一个全新的或颠覆性的产品或服务，而另一些可能与现存市场提供的产品或服务类似，只是增加了某些功能或特性。

在塑造自己的价值主张时，需要拷问企业自身这样一些问题，如**我们该向客户传递什么样的价值？我们正在帮助我们的客户解决哪一类难题？我们正在满足客户哪些需求？我们正在提供给客户群体哪些系列的产品和服务？**

价值主张通过迎合细分客户群体的独特需求来创造价值。这里的价值可以是定量的（如价格、服务速度），也可以是定性的（如设计新颖、品牌体验）。

3）客户关系（customer relationships，CR）

客户关系构造块用来描绘公司与特定客户细分群体建立的关系类型。

企业应该弄清楚希望和每个客户细分群体建立的关系类型。客户关系类型可以是个人助理型，如银行对贵宾客户的服务；也可以是自助服务型，如你取钱时面对的 ATM 机；还可以是共同创作型，如小米的粉丝社区。

在改善客户关系时，我们需要拷问自己的问题是：每个客户细分群体希望我们与之建立和保持何种关系？哪些关系我们已经建立了？这些关系成本如何？如何把它们与商业模式的其余部分进行整合？

客户关系可以被以下几个动机所驱动，如客户获取、客户维系和追加销售。例如，早期移动网络运营商的客户关系由积极的客户获取策略所驱动，包括免费移动电话。当市场饱和后，运营商转而聚焦客户保留及提升单位客户的平均收入。每一次与客户的接触都会深刻地影响着全面的客户体验，并最终渗透进客户关系。

4）核心资源（key resources，KR）

核心资源是用来描绘让商业模式有效运转所必需的最重要因素。

每个商业模式都需要核心资源，这些资源使得企业组织能够创造和提供价值主张、接触市场、与客户细分群体建立关系并赚取收入。不同的商业模式所需要的核心资源也有所不同。芯片制造商需要资本集约型的生产设施，而芯片设计商则需要更加关注人力资源。

在挖掘核心资源时，我们需要拷问自己：我们的价值主张需要什么样的核心资源？我们的渠道通路需要什么样的核心资源？我们是否拥有这些核心资源？我们是否能够从合作方获取核心资源？

核心资源可以是实体资产、金融资产、知识资产、人力资源或关系资源。核心资源既可以是自有的，也可以是公司租借的或从重要伙伴那里获得的。

5）关键合作（key partnerships，KP）

关键合作构造块用来描述让商业模式有效运转所需的伙伴网络。

企业会基于多种原因打造合作关系，合作关系正日益成为许多商业模式的基石。很多公司创建联盟来优化其商业模式、降低风险或获取资源，因为一家企业不可能拥有自身经营需要的一切资源和能力。

我们可以把合作关系分为以下四种类型：在非竞争者之间构建的战略联盟关系；在竞争者之间构建的战略合作关系；为开发新业务而构建的合资关系；为确保供应构建的产销合同关系。

在选择关键合作时，我们需要拷问自己：谁是我们的重要伙伴？谁是我

们的重要供应商？我们正在从伙伴那里获取哪些核心资源？合作伙伴都执行哪些关键业务？

由于公司难以拥有让商业模式有效运转的所有核心资源，于是，一个优化的伙伴关系通常可以降低整个系统的成本，这往往涉及外包或共享基础设施。例如，移动电话制造商可以为它的手机获得一套操作系统授权而不用自己开发。保险公司可以选择依靠独立经纪人销售其保险，而不是发展自己的销售队伍。然而，对所需核心资源如果过于依赖某一个不可替代的第三方，这将增加企业经营的黑天鹅风险，特别是，当这个第三方并不依赖我们企业自身的时候。商业模式的脆弱性需要我们高度警惕。

6）渠道通路（channels，CH）

渠道通路构造块用来描绘公司是如何沟通、接触其客户群体并传递其价值主张。

渠道通路是客户接触企业组织的界面，它在客户体验中扮演着重要角色。渠道通路应该具备以下功能：提升公司产品和服务在客户心智中的认知；帮助客户评估公司的价值主张；协助客户购买特定产品和服务；提供售后服务支持。

在优化渠道通路时，我们应该拷问自己：通过哪些渠道可以接触我们的客户细分群体？我们现在如何接触他们？我们的渠道如何整合？哪些渠道最有效？哪些渠道成本效益最好？如何把我们的渠道与客户的经营程序相整合？

企业组织可以选择通过其自有渠道、合作伙伴渠道或两者混合来接触客户。自有渠道可以是直接控制的内部销售团队或网站，也可以是组织拥有或运营的零售商店渠道。合作伙伴渠道则是间接的，如批发、零售或者合作伙伴的网站。

虽然合作伙伴渠道导致更低的利润，但允许企业凭借合作伙伴的强项，扩展企业接触客户的范围和收益。自有渠道往往有更高的利润，但是其建立和运营成本都很高。渠道管理的诀窍是在不同类型渠道之间找到适当的平衡，并整合它们来创造令人满意的客户体验，同时使收入最大化。

7）关键业务（key activities，KA）

关键业务构造块用来描绘为了确保其商业模式可行，企业必须做的最重要的事情。

任何商业模式都可能需要多种关键业务活动，它往往用来体现企业的差异化。正如核心资源一样，关键业务也是创造和提供价值主张、接触市场、维系客户关系并获取收入的基础。关键业务也会因商业模式的不同而有所区别。例如，对于戴尔等电脑制造商来说，其关键业务是供应链管理；对于麦肯锡咨询公司而言，其关键业务是解决问题；而对于阿里巴巴这样的企业而言，其关键业务则是构建平台。

在设计关键业务时，我们需要拷问自己：我们的价值主张需要哪些关键业务？我们的渠道通路需要哪些关键业务？我们的客户关系和收入来源需要哪些关键业务？

一般而言，关键业务可以分为制造产品、解决问题和构建平台三种基本模式。

8）收入来源（revenue streams，RS）

收入来源构造块用来描绘公司从每个客户群体中获取的现金收入。

如果客户是商业模式构建的起点，那么收入来源就是让其持续下去的基础。企业必须问自己，什么样的价值能够让客户真正愿意掏钱。只有解决了这个问题，构建的商业模式才有了实际价值。总的来说，收入来源有两种基本类型，即一次性收入和循环收入，前者是通过客户一次性支付获得的交易收入，后者是客户为获得价值主张与售后服务而持续支付的费用。

在设计收入来源的时，我们需要拷问自己的是：什么样的价值能让客户愿意付费？他们现在付费到底购买的是什么？他们是如何支付费用的？他们更愿意如何支付费用？每个收入来源占总收入的比例是多少？

如果按每个收入来源的计价基础的不同，定价机制可以有如表2-1所示的不同形式。

表2-1 定价机制

计价基础	范例
资格	会员费、订阅费
次数	健身卡按次数收费
时长	网络游戏按在线时长收费
流量	手机数据按流量收费
比例	私募、EMC
需求	游戏道具
体验	餐厅消费，公号打赏
目标	成本加成法
市场	目标成本法

9）成本结构（cost structure，CS）

成本结构构造块用来描绘运营一个商业模式所引发的所有资源耗费。

创建价值和提供价值、维系客户关系及获取收入都会耗费组织资源，这些资源耗费对象化之后就是成本。这些成本在确定关键资源、关键业务与重要合作后可以相对容易地计算出来。然而，有些商业模式，相比其他商业模式更多的是由成本驱动的。例如，那些号称"不提供非必要服务"的航空公司，是完全围绕低成本结构来构建其商业模式的核心差异。

在分析成本结构时，我们需要拷问自己的问题是：什么是我们商业模式中最重要的固有成本？哪些核心资源花费最多？哪些关键业务花费最多？

很自然，在每个商业模式中成本都应该被最小化，但是低成本结构对于某些商业模式来说比另外一些更重要。因此，有些公司的商业模式是成本驱动型，而有些则是价值驱动型。当然，许多商业模式的成本结构介于这两种极端类型之间。

成本驱动的商业模式侧重于在每个地方尽可能地降低成本。这种做法的目的是创造和维持最经济的成本结构，采用低价的价值主张、最大程度自动化和广泛外包。

价值驱动型的商业模式则更专注于创造有益的差异化价值。增值型的价值主张和高度个性化服务通常是以价值驱动型商业模式为特征的。豪华酒店的设施及其独到的服务都属于这一类。

3. 从系统设计到财务测算

通过9要素模型构建了整体性的商业逻辑之后，我们可以简单估算一下项目的财务结果，这里可以运用一个非常实用的分析工具：EBIT 的本量利分析。（见公式2-2）

$$Q(P-V) - F = EBIT \tag{2-2}$$

P 定义为价格，可以是产品或服务的价格，也可以是单价；

V 定义为业务中的变动性成本，可以是随产品或服务的量的增加而随之增加的成本费用，也可以是能够归集到针对单位客户所耗费的资源；

Q 定义为量，可以是产品或服务的销量，也可以是客户的数量；

F 定义为固定性成本费用，它是指那些不随 Q 的变动而变动的经营成本或费用。

进一步，通过 EBIT 的本量利分析，可以简单匡算出项目的预期收益，公式如下所示：

$$(EBIT - I) \cdot (1-t) = NI \quad (2\text{-}3)$$

这里的 I 代表财务利息费用；

t 代表企业所得税率；

NI 代表净利润。

如果能够大概匡算出项目的净利润，我们再借助乘数估值的方法（如市盈率乘数）就可以简单得到项目的市场价值了，这部分的内容可以参考阅读本书第五章的相关内容，这里先给出大概思路。

（三）系统设计 9 要素模型：演进优化

1. 系统设计 9 要素模型的纵横向比较

商业模式是在特定的环境中进行设计和执行的。培养对公司所处的商业环境的深入理解，有助于构建更强大、更具竞争力的商业模式。

日益复杂的经济环境（如网络化商业模式）、更多不确定性（如技术创新）和严重的市场混沌（如政治危机、经济危机、革新性的价值主张）都意味着持续的环境审视比以往更为重要。

企业内外部的商业环境可以看作是商业模式设计的背景空间。理解企业商业环境的变化趋势能帮助我们更有效地分析一系列驱动因素（如新客户的需求、新技术等）和约束因素（如监管法规的变化趋势、强势的竞争对手等），从而使自身的商业模式能够适应不断的变化。当然，这种背景环境并不会限制创造性，它只会影响你的设计选择，帮助你做出更为合情合理的决策。

为了更好地理解商业模式设计的背景空间，我们建议做以下模块化的商业环境分析，它们分别是：

（1）外部环境分析：宏观经济形势 PEST 分析 + 行业五力模型分析

（2）内部能力分析：波特三大战略（低成本·差异化·聚焦）+ 蓝海战略

（3）战略定位分析：SWOT 综合分析

这些工具都在我们前面的战略管理简史的内容中出现过，在这里精选了几个工具并进行了逻辑上的衔接。企业在进行战略定位分析之后，就可以将 9 要素模型应用于商业模式的系统设计，这个工作可以借助表 2-2 来进行。

表2-2　9要素模型比对分析表

要　　素	公司当前模式	竞争对手模式	重　大　差　异
核心资源			
关键业务			
重要合作			
渠道通路			
价值主张			
客户细分			
客户关系			
收入来源			
成本支出			

2. 系统设计9要素模型的优化调整

商业模式的系统设计不会是一成不变的，它一定是一个不断演进和优化的过程。这就需要熟悉竞争对手的玩法，做好差异化，完善公司自身的商业模式。

我们建议企业全面解读自身商业模式所处的内外部环境，并思考这些环境的变化对公司未来发展所产生的影响。今天商业环境中具有竞争力的一种商业模式，如果放到将来的商业环境中，就可能变得过时而没有可行性。对市场环境的深刻了解，有助于企业更好地评估自身商业模式可能的演变趋势及不同的商业模式所适应的环境场景。

如同我们定期都会给自己做体检一样，周期性的商业模式评估是一种重要的管理策略，它可以评估出组织在行业内的"健康"程度，并适时地做出一些相应的调整。这种健康检查可以成为商业模式不断改进优化的基础，甚至能在商业模式的创新上产生一些深刻的影响。

（1）9要素模型的SWOT分析。我们需要意识到，商业模式的整体分析和细节上的构造块分析是相辅相成的。例如，在一个构造块上的劣势可能会对其他一些构造块甚至是整个商业模式产生负面的影响。因此，商业模式评估是在个体构造块和整体模式的视角间交替进行的。

分析商业模式的整体效果非常重要，但单个构造块的具体化分析也可以给商业模式的创新和改进提供好的建议。行之有效的方法就是借助商业模式9要素框架，使用经典的SWOT（优势、劣势、机会和威胁）模型进行分析。SWOT分析法提供了评估商业模式各元素的四个不同视角，而商业模式9要素框架提供的是一个可以进行结构化讨论的平台。

SWOT 分析法会提出四个简单的问题。

前两个是内部视角：公司的优势和劣势分别是什么？

后两个是外部视角：公司面临的机会和威胁分别是什么？

在这四个问题中，两个侧重有利于公司的方面（优势和机会），而另两个则关注不利于公司的方面。在提这些问题时，如果能同时从商业模式的整体和其 9 要素模型的角度考虑，将会十分有用。这种 SWOT 分析法，如表 2-3 所示，为进一步的讨论、决策和最终的商业模式创新提供了一个良好的分析思路。

表 2-3　9 要素模型 SWOT 分析表

要　素	优　势	劣　势	机　会	威　胁
核心资源				
关键业务				
重要合作				
渠道通路				
价值主张				
客户细分				
客户关系				
收入来源				
成本支出				

（2）9 要素模型的蓝海策略。蓝海战略这一概念是由金（Kim）和莫博涅（Mauborgne）在他们的畅销书《蓝海战略》中提出的。商业模式 9 要素模型与蓝海战略分析模型的结合为我们检查现有的商业模式、创造出新颖、更具竞争力的模式提供了强大的分析框架。

蓝海战略是通过改变现有的商业模式来区分企业与竞争对手的模式，从而创造出新的行业和市场空间。为了能够降低成本又创造价值，金和莫博涅提出了"四项行为架构"的分析工具。这个分析工具里的四个重要问题可以用来检查并反思企业现存的商业模式。

第一，剔除：哪种被行业认为是理所当然存在的因素可以被剔除？

第二，降低：哪种因素应该被降低到行业的标准之下？

第三，提升：哪种因素应该被提升到行业的标准之上？

第四，创造：哪种行业中没有的因素应该被创造出来？

通过结合金和莫博涅提出的价值创新概念和"四项行为架构",我们的商业模式9要素模型蓝海分析表(见表2-4)将成为一个强大的新工具,它在指导企业创造价值的同时降低成本。

表2-4　9要素模型蓝海分析表

要　素	增　加	减　少	创　造	剔　除
核心资源				
关键业务				
重要合作				
渠道通路				
价值主张				
客户细分				
客户关系				
收入来源				
成本支出				

蓝海战略的精髓在于增加价值的同时降低成本,这就需要通过发现价值主张中的哪些元素可以被剔除、减少、增加或是重新被创造。第一个目标在于通过减少或者去除一些相对价值低的服务和功能来降低成本,第二个目标则是要加强或创造出一些相对价值高但对成本基础影响不大的功能和服务。

(3)9要素构造块的未来期望。在通过战略分析了解了商业模式系统设计的内外部环境之后,运用SWOT的分析框架与竞争对手的商业逻辑进行全面比较后,再借助蓝海战略的四项行动框架进一步优化、调整了当前系统,最终构建了企业未来期望的业务系统,如表2-5所示。

表2-5　9要素模型趋势分析表

要　素	公司当前模式	未来期望模式	重大差异	障碍与挑战
核心资源				
关键业务				
重要合作				
渠道通路				
价值主张				
客户细分				
客户关系				
收入来源				
成本支出				

三、精益实施：小规模试错与大规模投放

在一个合适的细分市场上，构建差异化的业务系统，项目落地的时候一定要有精益实施的理念，否则会导致大规模的失败，这才是创业最糟糕的敌人。我们这里的精益实施提法受启发于莱斯的《精益创业》这本著作，通过对著作中相关精益思想的提炼形成了这部分的基础内容。

（一）精致创业、经验创业与精益创业

当举国上下都在倡导创新创业的时候，我们更需要对创新创业进行全面的反思和实践。"创新创业"这个词给人感觉很酷，富有创意，饱含激情，而"管理"这个词则让人感觉沉闷、传统、乏味。创新是有效试错的副产品，创业是存量资源创新连接后的商业化。不管我们是理性地还是疯狂地对待创新创业，如何萃取这个过程中的程序价值，降低试错的成本，提升成功的概率，这都是值得持续思考的问题。

创新创业有两种流行的管理模式：一种可以称作精致创业，它依赖于好的计划、可靠的战略和深入的市场分析，因为这些都是衡量成功可能性的指标；另一种我们称为经验创业，当目睹运用传统管理方式无法摆脱困境后，创业者和投资人干脆就跟着感觉走。这两种管理逻辑对于新创企业而言都可能会造成致命的伤害。

创业的最终目的是在商业上获取成功并为投资人创造股东财富。这一点是所有商业的本质，只不过创业所面临的不确定性远高于成熟企业，所以我们才会对创业的失败给予更多的宽容。但宽容错误并不代表可以放纵错误，有时我们会把学习当作掩饰执行失败的惯用借口。

精致创业的逻辑缘于创业者特别害怕这样的伪真理：顾客会排斥一个太小或太有限的有瑕疵的最小化可行产品。企业发布未经先期测试的成型产品，正体现了这种畏惧态度。

因此，精致创业是一种火箭发射式创业思维。它需要进行详尽的商业调查、周密的商业设计、完美的产品计划。这种精致创业模式是以自我为中心开展创业的，依靠天才式的机会感知能力＋天才式的商业创想，在一个自以

为高度预知和可控的创业环境中，根据有限的参数与已知数据，期待对未来进行准确预测和分析，然后借助完美的计划＋完美的执行，最后一炮而红、一鸣惊人。

火箭发射式的创业逻辑让人细思极恐的是：在整个创业过程中，缺乏早期的反馈、持续的试错与验证。创业者把所有的赌注都集中在按下按钮的最后一刻。但在创业过程中，如果等到按下按钮的那一刻，一切可能都太迟了。

但是，与精致创业相反的另一种创业逻辑是经验创业。这种创业模式迷信创业者或投资人过往的经验，固执地跟随自我的感觉，虽然他们不认为周密的计划会对成功有多少真正的益处，但是也没有对真实的市场数据给予有序的消化并迅速进行调整，组织最终会深陷于混乱的泥潭中。

与精致创业和经验创业不同的是精益创业模式。精益创业的名称来源于精益生产。精益思想大大改变了供应链和生产系统的运作方式。它强调吸取每位员工的知识和创造力，缩小每批次的规模，进行实时生产和库存管理，以加快循环周期。精益生产让全世界懂得了价值创造活动和浪费之间的差异。制造业的发展是用高质量实体产品的生产来衡量的，而精益创业则采用了不同的发展单元，这些被称为"经证实的认知"的发展单元会不断再迭代进化。

精益创业是一种自行车骑行式的创业思维。首先，你必须明白，看人家骑车并不代表你会骑车，特别是如果你从来没有骑过自行车，因此，创业者也需要切身体验；其次，骑自行车从来不可能有非常详尽的程序规划，一般可以设定你的目的地，但怎么过去需要根据路况实时调整，这种调整是骑行者的经验反应，甚至无法用成文的规则来描述清楚；最后，骑行者在路况复杂的时候可以下车观察，甚至推行，在发现沿途未曾预料的迷人风光时可以尽情欣赏，这样的灵活性是火箭发射者无法获得的。

由此可见，自行车骑行式的创业模式是从精密设计转向科学试错的一种模式。在现实的场景中，用户的痛点及其解决方案在本质上都是未知的。痛点和解决方案在没有真实数据反馈前其实都是想象中的存在。作为创业者切不可过早大规模地去执行一个没有经过验证的产品和商业模式，这混淆了探索和执行的边界。

精致创业的逻辑是：在一个未来可预测的时空中，通过做好计划和安排，最后一鸣惊人。经验创业的逻辑是：未来都在我过去的经验中，一切尽在掌握中。而精益创业的逻辑是：过去不可依恋，未来不可预见，唯有通过快速地市场检验,加快开发周期,才能迭代成长。

在精益创业之后往往要通过精致管理来提升工业层面的效率,不断积累经验。但这些经验并不一定都会成为企业在未来面临新一轮不确定性时绝对遵循的逻辑。

因此,精益创业相对于精致创业和经验创业而言,是从以自我感知为中心导向转到以用户体验为中心,从以理性预测经验认知为导向转到以行动求证为导向。再完美的商业计划也只是一种前提和假设,客户开发和产品开发需要同步进行,产品开发不是创造自己想象中的产品,而是根据客户反馈的数据来开发,从这个角度来看,客户开发是产品开发的先导。当你根本不知道谁是你真实的客户时,你也根本不清楚什么是产品的高质量。

(二)理论基石与学习工具

面对未来的不确定性,创新创业者通过构建自己的商业方案来解决客户的痛点和痒点,并随之创造价值。精益创业要求人们用不同的方法来衡量生产力,精益创业是研究创新产品开发的一种新方式,其强调要同时兼具快速循环运作和对顾客的认知能力、远大的理想及壮志雄心。

在精致创业的逻辑中,产品概念、产品开发、内部或公开测试、投放市场,每一个环节都将被精致设计,但所有的认知都可能来得太晚。用户调研的对象往往并非最终真实的用户,用户也从来不会为自己的意见负任何责任。用户往往到最后环节才真正地参与到项目中来,因此,直到产品开发完毕,进入测试阶段,创业团队才能真正进入学习和认知阶段,但可能为时已晚。成功创业的关键问题在于是否具有正确的认知,用户的反馈是否从一开始就体现在创业的过程中。再完美的商业计划也不如和客户来一次真实的接触。新公司的失败,有时根本不是因为产品开发而失败,而是因为缺乏客户而失败。

在创新创业领域,我们需要关注两个基础性理论:一个是摩尔的"鸿沟"理论;另一个是克里斯坦森的"破坏性创新"。

杰弗里·摩尔在《跨越鸿沟》一书中对客户进行了有益的分类,依次是:技术爱好者、早期尝鲜者、实用主义者、保守主义者、怀疑主义者,如图2-21所示。

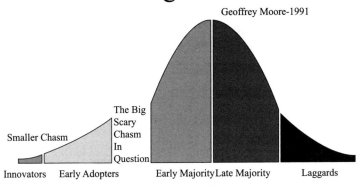

图 2-21　客户分类

在早期尝鲜者与实用主义者之间存在着巨大的市场鸿沟，大多数初创企业都难以跨越这道鸿沟，最终倒在预期增长的前夜。因此，早期的客户开发非常关键，应该让用户从最初就融入创业过程中。这部分领先用户对技术敏感，并有创新欲望，他们不仅局限于自己的使用需求，还积极地为使用场景中的痛点提供解决方案。这类用户为一个成型产品的推出积累了真实数据、功能需求和路径指引。

克里斯坦森在《创新者的窘境》中深刻地提出了"创造差异性"这一"与其更好不如不同"的商业底层逻辑，如图 2-22 所示。

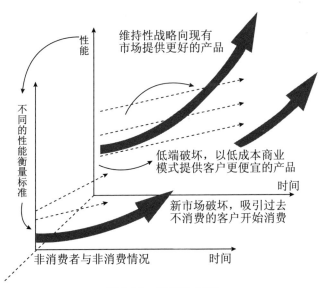

图 2-22　破坏性创新

破坏性创新理论指出，创新产品可以从市场边缘切入，最终进入主流市场，颠覆行业巨头，把领先者拉下马。这种低端切入、高端重构、移轨创新、跨界整合的逻辑在今天已经成为了"显学"。

前面这两个理论分别从市场的鸿沟与产品的移轨角度给出了创新创业所面临的场景。这些问题的背后其实都隐藏着一个严肃的问题：如何真正地做到以用户为中心。为此，企业需要探索如何跨越不连续性。这里的"不连续性"包括市场需求的鸿沟和产品功能的鸿沟。这里的鸿沟可能是向下的悬崖，也可能是向上的高峰。为此，创新创业者需要进行目标用户排序和产品功能排序，做好集中市场、单品突破、单点突破。我们可以通过三种方式来了解用户的痛点并设计解决方案。

1. 头脑风暴

创意并不是需要悉心保养的珍贵珠宝，而是摩擦碰撞产生的火花，钻石诞生于巨大的压力，但用尖锐的问题去考验创意才是激发创造力的正确方法。在头脑风暴的过程中，每个参与者都要意识到"先入为主"的危害，学会推迟判断，注重意见数量，鼓励大胆的点子，有时利用可视化的工具而不仅仅是语言的交锋会取得更好的效果。

2. 深度访谈

头脑风暴需带着同理心，而深度访谈则是利用交互性挖掘更直接的功能性痛点和体验性痛点。在访谈过程中要尽量不带预设，不要过早引入价值判断，深入挖掘和预期不相符的维度，关注用户和利益相关方的差别体验。有时在一个真实场景中你会发现，过去设想的痛点和解决方案仅仅是一种想象。

3. 从别人的失败中学习

成功的经验不一定值得借鉴，但失败的教训一定需要提炼。从别人的失败中学习是降低试错成本的重要途径。换句话说，试错者并不一定是自己。

当我们把想象的痛点逼近真实的痛点时，预设的解决方案就会随之得到修正。我们需要意识到的是：痛点是有程度和时效差别的，痛点的大小决定了商业模式的空间，而痛点的持续性决定了商业模式的经济寿命。每一个痛点都是一个机会，让你"不爽"的地方就是机会，推动创新的往往不是你的无病呻吟，而是焦虑和生气的客户。

这些未被满足所带来的痛点可能就是一个需要跨越的鸿沟，那些被忽略的产品功能或交易中的烦琐可能就是下一个带来市场秩序重构的创新点。

（三）小规模试错（Minimum Viable Product，MVP）与认知循环

探索一种新技术的可能性也许不是一件难事，但要搞清楚在使这项技术商业化的过程中，需要抓住哪种机遇、抵抗哪种诱惑则困难很多。科学攻关固然不容易，商业创新其实需要更复杂的资源和整合能力。要把一个创意从图纸中搬到真正的财务报表上，我们必须同时在两个完全不同的领域取得成功，一个是消费者领域，另一个是商业领域。通常，幸存方案背后的创意都是那些对公司最具战略吸引力且最能充分利用公司存量资源的，因此，其也最有可能为公司带来最大的回报。你的方案能否继续推行，取决于它是否能解决盈利问题或为公司创造竞争优势；你的方案是否会被挤下深渊，取决于其背后的成本和风险。

所谓创造力就是将看起来完全不相关的两个事物联系起来的能力，把消费者的痛点和商业结构上的痛点视为两个点的集合，然后尽可能地用存量资源把它们连接起来。一个创造性连接的过程需要反复测试，只有在起步阶段多流汗，才能在最后时刻少流血。从某种程度上说，一些创意之所以看起来很了不起，恰恰是因为它们永远无法实现。因此，小规模的试错是很重要的。

创新往往会带来破坏，以及市场秩序的重构。然而，创新在带来对市场破坏的同时，也会带来对公司原有生态的"破坏"，这包括对组织结构、公司文化、资源配置逻辑等方面的挑战。当一个破坏性创新的方案提出后，如果它对公司组织的破坏性也一样大，这才是组织面临的真正挑战。

目前，更多的企业创新还只是一个"黑匣子"，如何把创新的原始材料转变为真实世界里的突破性成就，企业组织还需要面临两个维度上的挑战：一个是财务上的可行性；一个是组织上的包容性。真正的创新一定是戴着"商业"的镣铐并要突破组织的"枷锁"砥砺前行，创新性与可行性同等重要。

正是在这样的逻辑下，精益创业思想显得弥足珍贵。它避免了精致创业中鲁莽的未经验证的大规模投放，也修正了经验创业中过于自负所带来的路径依赖风险。精益的思维方式把价值定义为"向客户提供价值"，除此之外的任何东西都是浪费。在这样的逻辑下，企业的财务压力和组织挑战都会降到最小。于是，精益创业提供了一个经典的管理概念"MVP"（minimum viable product）。

"MVP"就是最小化可行产品。MVP的产品版本可以让我们花最少的

力气,最短的开发时间,经历一次完整的从"概念"到"概念"认知提升的商业循环。这个商业循环包括"概念""开发""原型""测量""数据"和"认知"六个循环往复的步骤,如图 2-23 所示。

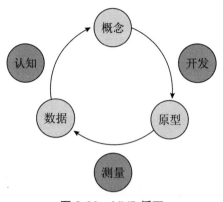

图 2-23　MVP 循环

MVP 精益创业的核心逻辑就是尽量把反馈循环流程的总时间缩减到最短。新创企业应该更早地看到转型时刻,减少时间和金钱上的损失。MVP 强调通过创造性的类比和嫁接,用有限资源在有限时间中创建针对"天使用户"的最小功能组合。然后通过测度与数据收集,与预设指标比较,获取认知、学习与迭代,放弃一切无助于认知的功能,尽快进入下一轮"开发"。

在确定的世界,商业目标是按时按量、不超预算地完成;在不确定的世界,科学试错、小步快跑、迅速失败、迅速调整才是王道。精益创业不能让我们一次做对任何事情,它只能让我们的转向更准,调整更快。精益创业不是帮我们跑步,而是帮我们找路,它不是帮我们长得更快,而是帮我们减少停滞和偏差的时间。找到路远比跑得快更重要。创业打造的是一个自学习、自进化的组织,创业的目的是探索出可复制和可升级的商业模式,创业公司真正的能力是"学习"(找到方向和发现机会)的能力。创业公司真正的积累是"可验证的认知"。

如果我们能够更早地知道没有客户,并且再次回到开发阶段,就不会轻易地大规模推进。精益创业的六步循环,其实就如同成熟企业的预算管理流程,所不同的是,传统企业的全面预算之所以能够以销售预算为起点,那是因为在一个相对成熟的市场中,未来的不确定性已经得到了有效的识别,所以可以从销售预算为起点,然后导向生产、采购及其他业务活动的预算,最终形成一个年度性的周而复始的程序化活动。而创新创业活动是在一个相当不确定的环境中，所以需要更有效的认知过程来化解不确定性所带来的风险。因此，很重要的一个步骤就是用户开发，它的核心反馈机制就是通过循证的循环往复（可以视为一个极短的预算周期），免除大规模的财务危机。认知循环的加速可以令现金需求最小化，产品和服务功能组合最小化则可以加速认知周期循环，功能必须靠用户催生，而非简单的想象堆积。创业者要战胜的不仅是对某一产品功能的把握，还有对自己内心欲望和恐惧的管理。

因此，精益创业的管理思想可以再一次回归到传统的预算管理逻辑中，它只是将传统预算逻辑在全新场景中进行了革命性的应用实践。

（四）MVP与三大测度工具

客户永远是商业模式中最重要的部分，如果我们不能清晰定义细分客户，就不知道什么是产品或服务的质量。找对了客户，即便是低质量的最小化可行产品也能为开发高质量的产品或服务提供指引。即使有时候客户认为该最小化可行产品是低质量的，我们也应该视其为一个机遇，因为它可以指引我们去了解客户在意的是什么品质，这绝对比凭空想象或纸上谈兵好得多，它也为开发未来的产品提供了坚实的实证基础。

因此，创新创业需要确定一个市场数据的基准线，然后从测试中得到数据，并据此调整引擎，找到业绩动因并投入资源驱动成长。如果业绩得不到改进，无法推动商业模式中的驱动因素，就不会取得进步，这说明"开发"已经到了转型时刻，创业者必须尊重市场的选择。

最具摧毁性的浪费并非来自低效的工作组织，而是把工作浪费在错误的事物上，并且还是工业层面的大规模浪费。德鲁克曾说，"没什么比高效地做一件根本不该做的事更加徒劳的了"。但是在创业的过程中，创业者们时常有可能夜以继日地做着错误的事，特别是在没有以真实的数据反馈为下一步工作作为依据的时候。我们必须明白，更努力的工作是不够的，很多创新创业公司的问题是因为在错误的事上用力过猛引起的。

创业者如果只关注职能的效率就会让我们忽略了创新的真正目标——为投资人创造价值，这是所有商业的本质所在（基础性的研究创新非常重要，但不是我们这里讨论的范畴）。

因此，精益创业下的"MVP"就是戴着商业和组织的双重枷锁，谦卑又高效地去检验自己创建的商业模式或新产品，获得真实的市场数据，并通过有效试错而不断后迭代进化。在这个过程中，我们需要从关注总数指标转向关注以分期为基础的指标，从关注事后的因果分析，转向关注实时的对比测试，甚至多版本测试，并且实现定性与定量相结合。这里有3个工具能够辅助我们改进"认知"，完善"概念"，分别是：对比测试、同期群分析和净推荐值。

1. 对比测试

对比测试也叫 AB 测试。谷歌公司一年进行超过 10 000 次 AB 测试，而这些测试往往是在用户毫无察觉的情况下完成数据收集的。例如，将公司标志移动几个像素的位置，调整广告上背景颜色的序列等，将这些调整应用到 0.5% 的谷歌用户，而后再观察调整后的点击量变化。

2. 同期群分析

该工具帮助我们把用户分成不同时期的用户群，对每一个用户群的行为和趋势进行更加精确的判断。如果我们只关注用户数的增长，只单纯地将其看成一条曲线，就会感觉用户数在不断增长，但这种总量测度会掩盖很多不同时期、不同用户群的行为差异或者活跃度的差异。把用户分解成不同时期的群组，对每一时期获得的用户进行分析，可以获取用户的活跃度，以及进入、退出、流失的细分数据。因此，在创新核算中，我们需要跳出"虚荣指标"，分析"可执行指标"。

3. 净推荐值

净推荐值（net promoter score，NPS），是产品最终生命力的风向标，它可以用来测度用户的黏性，这可以通过产品的净粉丝量来计量。产品或服务的关注人群可以划分为三类：产品的支持者，产品的诋毁者和中性用户。如果用产品支持者（promoters）的数量减去诋毁者（detractors）的数量，就可以预估产品未来的发展空间和潜力，用户群中能够带来正向传播的力量抵消掉负向传播的力量，最终所获得的传播的净值就是净推荐值。

净推荐值与增长密切相关，它的不同可以导致三类增长引擎：

a. 黏着式增长引擎，即用户新增率大于用户流失率；

b. 病毒式增长引擎，这是指推荐系数大于 1 的增长，用用户来催生用户；

c. 付费式增长引擎，这需要用户终身价值大于用户成本，才会使付费变得有利可图。一般而言,当用户的终身价值三倍于用户的获取成本时,这种付费式增长引擎才值得使用。对于"客户终身价值"和"获客成本"的讨论,我们将在本书第五章给出有趣的量化分析,当然,你现在也可以跳跃到那里穿插阅读。

病毒式增长是所有创业者的梦想,它取决于产品或服务对用户痛点解决的程度及这个用户痛点的痛感程度和持续性。大多数创新企业只有通过自身资源的付出才能换来用户的增长。

本章彩蛋

小规模试错(MVP)的3大行动特征

在复杂世界中,试错是一种推动创新的最聪明的笨办法。

今天,小规模试错"MVP"的概念已经深入人心,但是我们必须明确,小规模试错并不只是小碎步。

"小规模"指的是你的风险投入与你的净财富相比时,即使失败也可以承受;

"小规模"是指你的投入与可能获得的收益相比时,即使失败也在所不惜;

"小规模"还意味着这里的失败与整体系统的成败是相互隔离的。

由此,我们根据《试错力》这本书的核心观点,构建出小规模试错的三大行动特征:**稳妥的小碎步、冒险的大跨步及安全的松耦合**。

(一)稳妥的小碎步

面对一个问题,你可以想到很多方法,但是在不能确定其中哪一个才是最佳方案时,最聪明、最快速找出最佳方案的方法,恰恰就是看起来最笨的那一个:一边试验自己的想法,不断删除失败的选项;一边从失败带来的反馈中汲取教训,进一步发展和完善自己的想法。也就是说,通过试验、失败、改进、再试验、再失败、再改进这样一次次循环,不断减掉"此路不通"的分岔,迈着稳妥的小碎步,一点点靠近成功。

Instagram 创始人凯文的个人选择

有一个美国小青年,他叫凯文,从小就想成为一个计算机科学家,所以上大学的时候就申请了计算机专业,但是很快,他就发现自己不适合学计算机,大一的时候,他每周要花40个小时来学习一门编程课,他非常用功,但是却只能勉强得到 B 的成绩，相比之下，他的同学比他轻松很多，却能拿到更高的分数。凯文没有浪费时间去自我怀疑或者是感到沮丧，在经过理智的思考过后，他把专业方向换为管理科学与工程，果然在换了专业之后，他就感到学习轻松了许多，也是这次专业转换，让他申请到了斯坦福大学精英计划，并有机会进入一家精英公司实习，第一次体验到了激情澎湃的创业氛围。大学毕业后，他顺利进入了谷歌公司的营销部门，这份工作让很多人羡慕，但是一段时间后，凯文又发现自己不太适合营销工作。由于营销很难让他保持激情，所以他就申请转岗到了产品研发部门，接着又转岗到企业发展部门。可是这些选择都没有让他找到对的感觉，他念念不忘在斯坦福大学期间的实习经历，于是他就邀请了自己的同学一起创立了一家公司，他们潜心专研了好几个月，开发出了一款应用程序，这款程序可以让人们发布自己拍摄的照片并进行分享和社交。也正是这次创业让他找到了对的感觉，在 18 月内凯文的团队发展到了 13 个人。也许你会觉得这个创业团队也没什么了不起的，但就是这 13 个人用了 18 个月，创造了一家估值 10 亿美元的独角兽公司，后来被 Facebook 收购了，就是他们这家公司开创了记忆分享这个新的行业，彻底颠覆了传统的相机和胶卷行业，甚至把柯达这个巨无霸逼到了破产的境地。凯文创立的这家公司便是著名的 Instagram。

凯文通过不断的尝试和自我分析，一次次放弃了看似很有前途的专业或者职位，不断调整自己的人生选择，最终找到了最能激发自己激情和创造力的发展方向，成功打造出 Instagram 这一估值超过 10 亿美元的独角兽公司。

在人生的每一个岔路口上，你可能都会像凯文一样，自己的选择不一定都会是准确无误且畅通无阻的，可那又怎样呢，及时调整就好了，每一次尝试都会让你离最适合你的道路更近一些。

以上便是试错力的第一种重要方法，"稳妥的小碎步"，这种看起来很笨拙的方法，其实是一种最清晰、最高效的策略。经济学家和发展问题专家反复地告诉我们说，人生当中存在很多大的、打着死结的难题，所谓的难题就是其涉及的因素很多，且各种因素纠缠在一起、难解难分，若没有经过试验，我们就很难知道针对这些问题的最佳解决方案，这个时候采用经过设计的随机试验就是最好的办法，每一次随机试验的失败都能优化下一步的识别过程，成功就是靠着这样一小步、一小步地快速迈进来获得的。

除了以上我们所说的情况，还有一种情况也非常普遍，那就是已经存在的事物和能够想到的办法都不能解决你现在面临的问题，这时你该怎么使用小规模试错来获得突破呢？这时就需要"冒险的大跨步"。

（二）冒险的大跨步

推动生物进化的方式主要有两个：选择和变异。选择是通过继承来完成的，成功生存下来的物种会在死亡之前完成下一代的繁殖，留下来的后代便会继承这个物种全部或者部分的基因，以这部分基因为基础，这个物种便会得到进一步的完善，就这样代代相传，逐步进化，这个过程就像我们以上讲到的"稳妥的小碎步"。

"变异"和"选择"是完全不同的。例如，生物发生了基因突变，突然改变了皮肤的颜色，或是多长出了两条腿；抑或是通过两性生殖，新的一代融合了父母的基因，发展出跟父母不一样的新性状。变异的过程就是我们要讲到的"冒险的大跨步"，即横空出世的创新能让事情获得突破性的进展。我们必须明确的是，这种冒险的大跨步指的是观念上或方法上的大跨步，并非是指投资规模上的大跨步。

"二战"期间英国空军成功的关键——喷火式战斗机的故事

说到英国和德国的空中大战，其实在"一战"的时候就已经开始了，那个时候飞机还是一种全新的技术，在战争当中主要完成侦查的任务。"一战"过后，人们普遍认为飞机的时速超过不了每小时418公里，也没有人知道飞机发展成熟之后最有效的应用方式是什么，所以当时普遍的看法是，战场上轰炸机才是最厉害的，空军要尽快成立尽可能庞大的轰炸机编队，这样才能用优势力量去打击敌人。可是在"二战"开始的时候，英国空军的实力非常弱，但是他们又不能放弃抵抗，制空权对他们来说非常重要，于是英国空军部紧急发布了研发新式轰炸机的指令，这次提出的标准非常高，要求飞机工程师摆脱现有技术的限制，迅速生产出前所未有的新型轰炸机。可是结果却让空军部大失所望，参加竞争的各大公司提供出来的制作方案都不能达到这个要求，当时，英国空军部甚至考虑去波兰定制飞机。就在这时，影响历史的戏剧性事件发生了，在参加竞争的公司当中，有一家名为超级马林的公司，这家公司原本在英国的名声一直不太好，大家一直认为，这家公司聚集了一群不着调的工程师，而且公司的管理者热衷于引发轰动性的社会事件，根本没把心思放在经营上，但就是这家公司向英国空军部提交了一个非常激进的设计方案，最终实现了突破。

这家公司设计的不是空军想要的轰炸机，而是一款有着椭圆形机翼、速度高达724公里/小时的新型战斗机。由于这种新型战斗机拥有远远超过400公里/小时的极限速度，所以可以做到快速拦截敌军的轰炸机。从来没有人想到过飞机能这么快，所以，这个方案在当时听起来简直就是天方夜谭。英国首相丘吉尔非常不看好这个方案，皇家空军的元帅特伦查德爵士也称它为怪诞机器，幸亏空军准将凯夫非常有魄力，直接从超级马林公司订购了这种新式战斗机，即第一架喷火式战斗机。事实很快就证明了这种喷火式战斗机是历史上最卓越的技术创新之一，它虽然称为喷火式战斗机，并不是说它会喷火，而是一种对战斗机的命名方式，它飞行速度快，机动性好，操作简便，在英德的空战当中，德国空军派遣了2 600架军用飞机，英国皇家空军只有不到500架飓风战斗机和300架喷火战斗机。在这场著名的空战之前，丘吉尔就曾估计过德国空军第一个星期的密集轰炸就会炸死超过4万多伦敦市民，但是实际的状况是，凭借喷火战斗机的快速出击与灵活应变，德军竟然没能攻破英国皇家空军的空中防线。这就意味着德国军队无法迅速入侵英伦群岛。试想一下，若没有喷火战斗机，德国入侵了英国，那就不会有后来的盟国反攻，美国也就没有机会去解放法国，更可怕的是，很多后来参与了曼哈顿原子弹科学研究的科学家就居住在英国，如果一旦英国被入侵，这些科学家为德国所用，那么德国就很有可能在研制核弹的竞赛当中遥遥领先。在这场空中大战之后，就连原先反对的丘吉尔也高度赞赏喷火战斗机，他说"我们英国皇家空军用这么微弱的兵力成就了如此伟大的功绩，保护了众多的百姓，在人类战争史上，从来就没有过这样的壮举"。

总而言之，越是在不确定的环境下，越是需要包容和敬畏，因为谁也不知道哪一种变异式的创新会带来希望和胜利。现代企业应该以20世纪30年代的英国空军为榜样，在面临着从众带来的巨大心理压力时，不惧怕失败，愿意去冒险，勇于尝试新的事物，主动出击，用冒险的大跨步直面巨大的挑战。

不仅企业和组织需要促成变异的勇气，对于每个人而言，这样"冒险的大跨步"也是非常重要的。当你非常确定自己内心方向的时候，千万别被别人有限的想象力绑架。变异式的创新，有时候看起来就是一次孤注一掷的豪赌，失败随时有可能发生，但是正是那些能够勇敢坚持做自己的人，才有机会取得了不起的成就，给人类社会带来不可思议的进步。在上一章的彩蛋中提到的哥伦布发现美洲的故事就是一次"冒险的大跨步"。

"冒险的大跨步"就是要让我们通过变异来取得突破性的成功，无论是企业还是个人，当你处在一个错综复杂、充满不确定的环境中时，应该要能够保持包容和敬畏，多种方案同时进行，给变异留有足够的时间和空间，这样创新才有可能发生，同时当你非常确定自己的方向的时候，一定要敢于突破，勇于直面可能失败的结果，这样才可能把"不可能"变为"可能"。

（三）安全的松耦合

如果能够给可能的失败留出空间，创造出试错的安全区，设计出值得信赖的体系，避免让一次失败导致全盘皆输，就会大大降低试错带来的风险，让人们放心大胆地进行创新。这就是小规模试错的第三个重要特征，降级系统的耦合程度，把紧耦合变成松耦合，为失败留出空间。

耦合，指的是两个或两个以上模块之间的关联程度。紧耦合的体系有个标志性的特点：一个动作一旦在这个系统中启动就很难停止下来，或者根本不可能停止下来。紧耦合体系各个模块之间关系太紧密，其中一个模块的失败很可能为整个体系带来致命的打击，因此，你必须要想办法来降低系统的耦合程度。

多米诺骨牌的分区保护系统

多米诺骨牌就是一个最典型的紧耦合体系，只要碰倒一块骨牌，后面的骨牌就会发生连锁反应接连倒下。

曾经发生过这样的事故，在一次冲击多米诺骨牌记录的活动中，选手们费心费力地搭建好了8 000块骨牌，结果一位摄像师的口袋里掉出了一支笔，而这支笔恰好砸倒了一块骨牌，结果整个活动都给搞砸了。如果一个企业或者你所从事的这个组织体系就像多米诺骨牌一样，是一个紧耦合的系统，那么你对失败的容错率就是非常低的，一些非常微小的局部失误就会导致你的事业全局溃败，所以你必须要想办法来降低系统的耦合程度。你可以借鉴多米诺骨牌挑战项目的处理方法，在搭建过程中为了避免事故发生，多米诺骨牌竞赛采取了安全隔离措施，把搭建好的骨牌隔离成若干个区域加以保护，直到表演的最后一刻才把每个区域的安全设置一一撤走。事实表明，这个措施非常有效。有一次一百多个志愿者花了两个月的时间搭建起了四万多块骨牌，就在比赛开始之前一只麻雀碰巧飞进来，撞到了一块骨牌，还好在这之前他们采取了安全隔离措施，他们把四万多块骨牌分割成为很多个区域，因此这只小小的麻雀只造成了两万多块骨牌倒下，虽然这也不是一个小数字，但是和 4 万多块骨牌全都倒下相比还是可以接受的。多米诺骨牌分区域进行保护就是人为地把紧耦合系统变成松耦合系统，这样一来，局部的失败对整体的影响就不会不可挽回。

臭鼬工厂（Skunk Works）是洛克希德•马丁公司高级开发项目（advanced development programs）的官方认可的别称。臭鼬工厂以担任秘密研究计划为主，研制了洛马公司的许多著名飞行器产品，包括 U-2 侦察机、SR-71 黑鸟式侦察机及 F-117 夜鹰战斗机和 F-35 闪电 II 战斗机、F-22 猛禽战斗机等。臭鼬工厂就是一种降低系统耦合程度的创新举措，洛克希德公司会把自己的工程师和创新人员组织成一个个的小型团队，然后让他们在办公地点和研发项目上都和公司的本体保持分割独立，这样做就是为了摆脱公司原有体系给经营团队带来的复杂感和紧张感，同时，臭鼬工厂研发的都是一些投入很大，影响力也很大的项目，所以即使失败，也不会给公司整体带来致命的结果。因此，当你看好一个全新项目的时候，可以仿照臭鼬工厂的机制，组织一个或者几个独立于公司本体的创新小团队，同步去进行开拓。这种做法，既能控制失败带来的整体风险，也能够成倍地增加成功的可能性，可以说，臭鼬工厂这种机制在松耦合的体系之下，让选择和变异共同去促进创新。

总结一下，小规模试错（MVP）的第一个行动特征是"稳妥的小碎步"，这种方法看起来很笨拙，但却是一种最清晰、最高效的识别策略，每一次随机试验的失败都能优化下一步的识别过程，成功就是靠着这样每一小步的快速迈进来获得的。当然，在哪个方向上首先出击也是很关键的，这取决于领导者的眼光和运气。

小规模试错（MVP）的第二个行动特征是"冒险的大跨步"，这种方法要具有与现有方法完全不同的变异来取得突破性的成功。无论是企业还是个人，当你处在一个错综复杂、充满不确定性的环境时应该要保持包容和敬畏，多种方法并行，给变异留下足够的时间和空间，这样创新才有可能发生。同时，当你非常确定自己的方向时，一定要敢于突破，勇于直面可能失败的结果，这样才有可能变不可能为可能。

小规模试错（MVP）的第三个行动特征是"安全的松耦合"，这是一种为可能的失败留出安全空间的方法，这种方法能够创造出试错安全区，设计出值得信赖的体系，避免让一次失败导致全盘皆输，这样就可以降低试错的风险，让人们放心大胆地去进行创新。

这三个行动特征相互交织，"小碎步"与"大跨步"可以并行，但都应该与整体系统运行保持安全的松耦合。

本章思考

1. 你觉得运用何种战略分析工具组合才能最好地理解企业内外部环境中的机会、威胁以及自身的优势和劣势？

2. 请运用9要素分析模型来描绘一个项目的商业模式。

3. 你认为小规模试错如何在现实中进行实践？

第三章

管理模式创新：治理结构 + 激励机制 + 流程程序

一、治理结构：决定了你到底能够走多远

治理结构可以分两个层次来看：一个是公司的股权结构设计；另一个是公司的投融资决策陷阱的规避。我们可以把公司股权结构设计比作"切蛋糕"，这个提法源自迈克·莫耶撰写的《切蛋糕》一书。我们在这部分的阐述将借鉴他的一个核心观点，那公司的股权结构安排应该是一个动态调整的过程。另外，公司的投融资决策最需要关注的是"兽性的冲动"与"恶性增资"的心理陷阱。公司的股权结构和决策结构的合理性决定了一家企业到底能够走多远，这些都属于公司的顶层设计问题。

（一）股权结构设计：切蛋糕

1. 切蛋糕的重要性

商业经营一定要领悟公司的本质。当我们以公司的形式去实现一个商业目标的时候，所有利益相关方其实都在为公司价值的积累提供自己的专用性资源。这里的专用性资源包括：投入的现金、相关资产、专有技术、人脉、时间和精力。

资源的专用性是指它仅仅对象化到这家公司。

如果这个专用性资源又是投资人专有的，那么这个专有性资源一旦被专用地投放到公司，这个资源对公司法人而言就非常重要，因为它很难从别的渠道轻易获取。

一般而言，专用性资源所带来的贡献都不应该被公司法人所忽视，回报这些资源投放者是天经地义的。但是准确计量这些贡献确实是一个难题。

会计系统的出现，初步解决了这一问题。但它只挑选了相对容易计量的对象进行处理，虽然今天的会计系统已经非常复杂了，但它只计量了那些能够被客观计价的事物（看得见、摸得着），并且总是将其与历史成本属性相联系，但很多专用性资源的投放如果从创造公司未来价值的角度来看可能会远超历史成本。

当然，不可否认的是，会计系统创建的"资产负债表+利润表+现金流量表"为我们进一步优化价值计量提供了思想基础，只是会计系统更多的是适应于一个规范企业组织的价值计量。但是，"组织地雷"往往在其还未形成规范的时候可能就已经埋下了，而股权设计不当就是重要的导火索。

如图 3-1 所示，CB Insights 统计了 101 家新创公司自己填写的"验尸报告"，得出了 20 个创业失败最常见的原因，前三大"杀手"分别是：a. 产品无实质需求（42%）；b. 现金流管理不善（29%）；c. 团队问题（23%）。

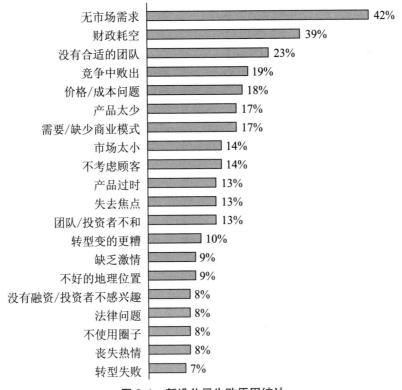

图 3-1　新设公司失败原因统计

产品的真实需求需要一个落地的商业模式来检验，这时需要运用 MVP 的行为框架，即最小化可行产品，通过真实的市场数据来检验产品需求。

创业失败的"团队问题"，其实关乎利益机制，而利益机制最核心的问题就是公司合伙人之间的股权安排，它可以看作公司资产负债表右边关乎公司内部治理结构的商业模式。股权安排与资产负债表左边产品经营的商业模式相呼应，并且二者同样重要。

传统意义上的商业模式都是关注资产负债表左边的事项，关注产品经营，但商业的本质是：当你对资产负债表左边的资产增值做出了贡献时，公司本就应该在资产负债表右边的权益价值上等量记录。换句话说，公司事务的参与者所投放的专用性资源都需要获得回报，只不过回报有两种基本的可选模式：当期的现金和未来的股权（公司权益）增值。

为了简化管理，对大多数员工的回报都是以现金形式，并且现金回报也是最安稳的。早期创业合伙人是把公司未来的不确定性留给了自己，其对应的可能是高涨的股权增值，以及分文不值的股权残值。

当公司的合伙人是一个团队时，他们就是集体承担未来的不确定性，这表现为减少当期的现金回报以期望换取公司未来的股权高溢价。

但是，股权的增值是共同创造的，那么股权这块蛋糕怎么切呢？

如果按照各位合伙人对各自贡献的预期先把蛋糕切好，一旦彼此随后的贡献不是你所设想，可能就会有人想把蛋糕捣烂重来。这就是我们常见的股权分好后撸起袖子干，干着干着就会有人干不下去了。

如果先干了再说，一旦蛋糕烘焙得诱人，在切蛋糕时每个人都会有高估自己历史贡献的倾向，最终蛋糕可能根本切不下去。这就是老话所说的，分不好钱比没赚到钱更坏事。

由此可见，先切与后切股权这块蛋糕，对于一家初创公司而言，都可能是一场灾难，它将带给每位当事人切身的疼痛。而这痛苦的根源在于：蛋糕一旦切下去，结构就确定了，而实质上合伙人的价值贡献是动态演进的，所以也应该实时计量。

管理思想的内核有时惊人的一致。我在自己的自媒体公众号（yxjx2016）中写过一篇《游戏化思维与绩效管理》（我也把这篇系列文章作为本章彩蛋附在文后），其中一个重要的认知就是：游戏之所以会让人上瘾，其中一个重要原因就是它对游戏参与者的每个动作都能够计分并及时反馈，从而让行为人上瘾。因此，股权设计就是切蛋糕，其实也是游戏化思维的全新场景应用。

于是，一个呼之欲出的初创公司股权分配方案思路就是：根据阶段性的贡献计量，动态切分股权蛋糕。这样的股权分配机制可以让企业早期的合伙人齐心协力地把公司真正做起来，有理有据地动态确定各自（资产负债表左边）的贡献，并将其反映到公司（资产负债表右边）的股权结构上。

不过，我们一开始要明确一点，这种动态股权分配机制可能更适合公司初创时期，原因是：一开始公司不只是缺钱，非货币化的专用性资源投入对公司股权价值的影响也非常显著。一旦公司规模足够大之后，更传统的股权激励计划和 KPI 绩效考核就可以衔接上来，这时就需要在更大的空间内搭建公司的股权架构。

2. 切蛋糕的基本原则

公司在初创期的股权安排怎么重视都不为过。因此，我们将其视为公司内部的商业模式设计。然而，糟糕的股权安排也不一定带来必然的灾难后果。例如，平均分配的股权比例几乎被一致认为是自杀式的股权设计（如 50∶40∶10；40∶40∶20 等），但我也确实接触过平均分配股权的公司经营得欣欣向荣，这跟合伙人的性格和人生经历息息相关。当然，股东人数越多，成文规则就越重要，因为这时的沟通成本会飙升。我们往往把成文规则理解为组织的集体认知和记忆，它缓解了人与人之间直接的冲突和对抗。

创始团队需要懂得累积组织规则并使之能够裂变和复制。

公司在初创时期，如果用钱就能回报专用性资源投资人，就不要用股权去解决问题。

那么，公司股权到底应该给谁？我们觉得应该满足以下三点才值得公司向其分配股权：不满足现金回报且对公司未来充满梦想；拥有专有性资源；愿意将其持有的专有性资源专用性地投放到公司。

因此，股权应该专门支付给那些不满足于现金回报又对公司未来充满梦想且愿意将其持有的专有性资源专用性地投放到公司的人。

这里的专用性或专有性资源不仅包括货币资金，更包括难以被货币计量的时间、精力的投入，这些投入可能凝结了当事人过去积累的稀缺能力。正因如此，这些动态投入都应该被恰当计量并确认为股权价值。

动态的股权分配机制讨论的是公司从 0 到 1 的生命周期中，如何有效调整早期合伙人的股权配置，它仅仅用于解决合伙人之间的股权配置，对于引入的风投资金则适用于专门的契约安排。一旦公司从 1 做到 10，再从 10 做到 n，正式的股权激励计划就可以衔接早期的动态股权分配机制了。

公司初创期合伙人团队的动态股权分配机制应该遵循以下原则：

（1）动态股权分配机制要体现"公平、公正"。公平是指对待所有专用性资源的投资人遵循一致的规则，不管是发起合伙人还是后来加入的合伙人，或是已经离去的合伙人，应让其得其所应得。公正则是指这些规则本身是正义和正当的，当然也是合法的。

（2）动态股权分配机制要体现"可进、可退"。公司价值的增长一定要让有能力的人随时可进，让想撤退的人随时可退，让不合适的人随时能够被调整，这才是一个有活力的开放组织的价值观。它可以有效地让专有性资源内化为公司的专用性资源，并对公司专用性资源的存量结构进行动态优化。这其中股权回购机制的设计非常重要。股权是不可再生资源，增发机制与回购机制需要匹配。

（3）动态股权分配机制要体现"轻重缓急"。合理量化各项"专用性+专有性"资源的价值才能鼓励创业合伙人为公司全力以赴，越是稀缺和重要的专有性专用资源越需要赋予高的权重。这里的专用性资源不仅仅是钱，还有其他资产、专利技术、人脉、时间等。

（4）动态股权分配机制要体现"动静有常"。公司达到一个自设的业绩里程碑后，合伙人前期所承担的风险及其积累的股权价值就需要体现出来，股权分配到位；在到达下一个业绩里程碑前，正式的股权结构保持稳定，与此同时，各合伙人的股权比例则保持动态计量，这就是所谓的"动静有常"，动态记录，阶段分配。

（5）动态股权分配机制要体现"以简驭繁"。股权的动态分配显然不是一件简单的事项。理想也许很丰满，但现实很骨感。我反复强调，动态股权分配机制只是一种股权分配的解决方案，绝对不是万全之策。任何精致的计算本身就很耗精力，特别是初创公司的资源非常有限，包括时间资源。所以，即使运用动态股权分配机制，其规则的制定也不能过于复杂，一旦大家在此斤斤计较就会严重挫伤创业激情。因此，找到一群志同道合且通情达理的合伙人是成功的前提。

（6）动态股权分配机制要体现"避实就虚"。在一开始，动态股权分配机制甚至可以不在一个法律实体上实施，因为它实质上只是建立在信任和认同基础上共同创业、共享成果的一套规则系统，用于动态地记录合伙人贡献，确定分配公司股权的比例。因此，它的运作可以脱离实体公司，这也有利于在公司初创期，合伙人团队先干起来，做好价值计量，即使合作不愉快，也可以低成本调整人员甚至散伙。

3. 切蛋糕的基本步骤

股权分配既是技术也是艺术。我们在前面谈到了动态股权分配机制的意义和原则，接下来我们谈谈动态股权分配机制具体怎么玩。总体来说，建立动态股权分配机制可以分为以下五个步骤。

第一步：构建创业合伙人基金。在这个阶段，公司首先需要确定一个团队领袖，牵头组织协商和制定动态股权分配机制。在必要的时候，注册公司，确定初始的股权结构（这个结构其实并不重要）。

第二步：制定分配股权的里程碑。这相当于一个粗略的战略规划，可以想象的是，里程碑可能会不断调整，每个里程碑达到后释放多少股权也会有变化，但需要建立修订规则。

第三步：制定分配股权的计量机制。这需要分解不同阶段价值贡献的各个关键环节，制定贡献点以及贡献值计算标准。

第四步：制定股权分配的回购机制。股权回购机制的重要性一点都不亚于分配机制。公司在开始制定规则的时候就应该精心设计回购机制及执行的细节，这样公司才能有吐故纳新的能力。

第五步：持续记录与适时调整。公司需要动态计量各位合伙人的股权贡献值，这是一个全透明的过程，但需要大家一致确认。在达到每个阶段的业绩里程碑之后，应及时将贡献值转变为实际股权，体现阶段性的成果。

以上是一个基本的从 0 到 1 的公司进行股权分配的行动指南。无论你是否这样做，各位合伙人都会这样在心里盘算各自的贡献。

因此，第一步就很重要。创业合伙人需要推举一位"德艺双馨"的合伙人来负责管理创业合伙人基金，主要职能包括：记录各位合伙人投入专用性资源的贡献，计算股权分配比例，主持股权分配，提议吸收新合伙人以及清理不合适的合伙人等。

创业初期，可以先撸起袖子干，可以先不注册公司，因为注册一家公司会带来很多的管理成本。团队可以通过共事来彼此熟悉，这一点非常重要。

这时的创业合伙人基金可以只是一个契约上的价值载体，这就是所谓的"避实就虚"。这位合伙人可以暂时持有公司全部股权（现在的公司股权其实没什么实质价值，如果没有实缴注资的话），直到需要真正切蛋糕的那一刻。

当然，在很多情况下，如注册域名、申请专利、签订合约等需要用到公司实体，此时可注册一家公司。如今，可以在公司注册之后并不往里面实际注资，这时可让最大合伙人暂时持有公司全部股权（具体怎么安排可以视情况而变），而公司股权的实际结构则动态记录，在达到第一个业绩里程碑时，进行正式的工商登记。

4. 股权蛋糕的计量原理

每一位合伙人的每一项付出（数量＋频率）都是其投放到公司的专用性资源，因此，都有其价值。公司需要把游戏场景借鉴到这里股权分配的场景中：动态记录＋及时反馈。创始人团队需要事先商量好，如何合理地评估和计量投入公司的专用性资源的"市场价值"和"内部价值"，达成共识之后就应该始终如一地践行。

"市场价值"可以理解为该投入资源的市场交易价值，用会计的语言来说，就是公允价值；"内部价值"是对"市场价值"的内部指导价，它是用于计算股权分配比例的主要依据。创始人团队可以根据实际情况制定和调整这些专用性资源在公司内部的指导价，只要一视同仁，公平、公正就可以。

显然，资源的"内部价值"不应该低于"市场价值"，否则，无论是按照科斯的社会成本理论，还是张五常的企业契约理论，这些资源都没有必要被组织雇用。

以下专用性资源的"内部价值"计算逻辑可以供大家参考。

（1）专用性资源——合伙人投入的工作时间。合伙人创业就不能打工挣钱，所以创业是有机会成本的。考虑创始人执行同类工作的市场薪资水平或者在创业前自身的薪资水平，基本上可以商定每个合伙人应得的薪资水平。将年薪资水平换算到日，就可以得到日薪，我们不妨以该水平的2倍（要不要放大这个权重以及放大几倍，这些都需要共同商定）作为每日工资的"内部价值"，这将作为随后股权分配的计量依据，有时精确到半日会更有效率，每位合伙人投入的有效时间可以每周统计一次，然后让大家确认。时间的合理计量就是要确保用于股权分配的工作时间都是实实在在的专用性投放。

如果有的合伙人也从公司领取薪水，那么就需要扣除已领取的部分，然后再将其间的差额换算为计量股权分配的"内部价值"。两倍计算"内部价值"的逻辑在于：创业公司开销最大的可能就是团队薪资，所以鼓励大家只从公司支取维持基本生活所需的薪酬，这可以极大减少公司的现金压力。

（2）专用性资源——合伙人投入的货币资金。资金有的时候是创业企业最缺乏的要素，当然，在另一些场景中，几个富有的合伙人也可能最不缺的就是钱,他们可能缺的是专门的时间精力的投入。当资金很重要的时候,创业合伙人投入的资金可以按照4倍(要不要放大这个权重以及放大几倍,这些都需要共同商定)算入"内部价值"以参与随后的股权分配,当然,考虑占用的时间长短也是很有必要的。

如果创业合伙人投入现金资本的同时还领取工资,则领取工资后再参与股权分配的计量逻辑遵照前文。现金按现金投放的算法,时间按时间投放的算法,这中间需要防止套利的可能,例如,把本可以少支取的工资支取后当作现金再投放进来,利用倍数的差异从中套利。因此,规则的设计需要考虑周全,制度比人品更重要。

这里需要注意的是,初创公司尽量不要过多保留冗余闲置的资金,合伙人投入的刚刚够花的部分以及马上就会花完的现金,才是应该4倍作价入股的资本,多出的部分不应作入股计量或者干脆退回给合伙人。当公司需要购买设备或支付相关工资时,可以由合伙人即时支付,付完马上作为其投入的现金资本计算入股的"内部价值"。这样按需投入现金资本,公司就可以没有冗余闲置的资金,否则,那些无用的现金会导致股权动态计量的扭曲。

如果有的合伙人只出资不参与经营管理,他们投入的货币资金用于计算入股的"内部价值"应该低于4倍才更合理,因为他们投的现金资本与在位合伙人投入的现金资本所冒的风险是有差异的。这类资金可以按2倍计入"内部价值"。当然,创业者可以从他们那里把钱借过来作为自己的投资,这就取决于创业者个人的想法了。

如果有"天使投资人",那则遵循另外一套游戏规则。这里需要明确一点,过早地吸纳太多闲置资金并不利于提高效率,而且会损失太多股权。

(3)专用性资源——合伙人投入的物资及设备。创业合伙人投入的个人电脑、手机甚至日常用车等,不算入"内部价值",因为这些东西即使不创业也得有。但是,创业合伙人为公司运营所需专门购置的物资和设备,则应该计入"内部价值"。如果是合伙人特意购买的应视同投入现金;如果是合伙人本来就有的,则按照市价公允价值直接计入。

(4)专用性资源——合伙人投入的人脉关系。人脉资源不可以直接漫天要价估值入股。公司只应该考虑那些为企业带来实实在在价值的人脉资源,如果是对销售有用,算一个提成金额的2倍作价计入"内部价值";若谈成一笔投资,直接算一个中间人提成2倍作价计入"内部价值"。当然,具体的倍数可以一起协商制定。

（5）专用性资源——合伙人投入的知识产权。我们不要浪费时间去讨论"创意"和"点子"值多少"内部价值"，这些所谓的"金点子"没有团队的落地实施都是一文不值。至于合伙人投入的技术专利等，这就需要根据市场行情协商确定了。

对于专用性资源及其权重的界定显然也是一个动态过程。越是那些对公司价值提升意义重大的资源要素，越应该赋予更高的"内部价值"，进而体现在股权分配上。其实，这与成熟企业的KPI考核逻辑是一致的。建立因果关系，兼顾过程与结果，全方面透明。

5. 一个切蛋糕的模拟案例

当公司的股权分配机制确定后，创业合伙人团队将在一个公平、公正的框架下各显神通，即使在实行的过程中会发现不周全的设计，大家也可以一起协商调整。在公司达到阶段性业绩成果的时候，创始人团队应该根据每个合伙人投入专用性资源的"内部价值"，计算出对应的股权分配比例并赋予实质的公司股权，如果有必要，还可以调整创业合伙人的构成，有些人可以退出，有些人可以进入（退出者的股权回购和新进入者的入股价格等问题，可以参见本书第五章的相关内容）。

这个时候我们会发现，如果没有"创业合伙人基金"的动态计量，总有人会在事后觉得吃亏，即使其勉强继续，充满负能量的合伙人一定会动摇团队信任的基础，团队的执行力就会下降，公司业绩也会出问题。

一旦领悟了动态分配股权的基本原理（公平公正、可进可退、轻重缓急、动静有常、以简驭繁、避实就虚），创业团队完全可以自己拟定出一套方案，只要大家认同就好，关键是"动态计量＋及时反馈"的游戏化思维应用到股权的动态分配，可以点燃每一位创业者的能量。

具体怎么推进，我们举例简单解释。

我们假定ABC公司有三个创业合伙：A、B和C，一致同意用动态股权分配机制开创公司。经过半年的经营，产品已经开发完成，内部测试大家都很满意，验证了原来大家的产品设计是有可行性的，产品开发的风险也大大减少。然而创业到这里只是取得了一个小小的成果（假设为业绩目标1或里程碑1），离创业成功还十分遥远。大家都觉得下一阶段应该引入更多的合伙人，尤其是懂得营销的合伙人。但是新加入的合伙人面临的风险已经有所减少，如果与三个老合伙人用同样的规则累积理论价值的话，对前期合伙人是不公平的。

三位创业合伙人按照商定的机制，根据"内部价值"计算了各自股权分配的比例：60%、30%、10%。三人去做了工商变更，认缴金额可以大，实缴金额小一点都无妨。假设三人实缴金额为6万元、3万元、1万元。从此以后，三位合伙人正式转为公司的股东，三人名义上占有公司100%的股权。

我们可以用表3-1来理解动态股权分配机制的逻辑，当到达业绩目标1（合伙人团队自行设计），股权比例为6：3：1。

如果业绩目标2期间，公司又增值了一倍，并且这期间A、B、C三位合伙人的贡献比例变成了4：2：4，那么，公司在业绩目标2完成后，股权比例将工商变更为100：50：50。这里的百分比大家可以自己计算。合伙人股东在变更股权比例的时候，尽量做成增资，而不是转让老股，免得带来税收的麻烦，实缴资本金额可以小一点，不要对增资带来压力。

表3-1 动态股权分配机制原理

价值\目标	公司原值	新增价值	公司现值	A	B	C	D
目标1			100	60	30	10	
目标2		100		40	20	40	
目标2	100	100	200	100	50	50	
目标3		200		50	120	30	
目标3	200	200	400	150	170	80	
目标4		200		50	80	10	60
目标4	400	200	600	200	250	90	60
百分比				33.33%	41.67%	15%	10%

在表3-1中我们需要关注以下几个方面的问题：

第一，每一个阶段的公司增值是需要合伙人达成共识的，公司增值的贡献源于各位合伙人投入的专用性资源，这就要求客观计量作为前提。这显然会增加公司的后台工作量，但相较于凭感觉，利弊一目了然；

第二，合伙人之间地位的转变是通过"全力干"+"动态算"客观形成的。公司在一开始的时候，A是大股东，但在随后的持续经营中，B成了事实上的领袖。这挑战了传统的公司治理逻辑，那种开始是"老大"，永远都应该是"老大"的僵化机制被悄无声息地突破。因此，动态分配机制需要各位合伙人有足够的胸怀来看待彼此间地位的转变。当然，巩固大股东地位的策略有很多，我们后面再聊。

第三，这种动态机制的最佳应用时期是公司从 0 到 1 的阶段。这个阶段的公司经营需要试错。相对于资金，人的投入显得更重要，合伙人所拥有的专有性资源能够高效地用到公司中，会对公司价值带来巨大的影响。一旦公司形成规模之后，公司价值的体量会显著增加，公司自身也会有更多的留存，这时如果继续对合伙人的行为进行碎片化的计量，可能就不符合成本收益原则了。此时，接上的是核心员工的股权或期权激励计划。

读到这里，你会发现在任何领域，都不会有一种产品能够适应所有周期。企业的领导者需要拥有容纳冲突思维的能力，用动态的策略去解决变化的矛盾，用策略中的共性去解决不同领域的问题。

6. 切蛋糕的升级玩法：随时启停

动态股权分配机制其实是构建了一种股权调整思想。它作为一种方法，如果要有实践价值，必须能够很好地嵌入公司当前的股权机制中。因此，动态股权分配机制必须能够做到：随时启动＋随时终止。

很多公司领导人在领悟了动态股权分配机制之后都愿意尝试，但是面临的问题是：公司设立之初，大家的股权都已经定下来了，那么如何升级为动态的方案呢？

这其实非常简单，通过增资扩股的方式，对大家目前的股权进行稀释即可。

从某种意义上说，很多公司没有动态股权分配机制也可把公司运营得很好，这个时候，要不要引入动态股权的分配机制是需要拿捏的，但是领导者拥有这个股权管理策略一定不是坏事。我们后面还会解释，这个股权管理策略还有很多应用场景。

另外，公司在经营出现僵局或需要突破的时候，或想摆脱过去钙化的股权结构从而注入新鲜活力时，动态的股权分配机制就可以直接嵌入进来，随时启动实施。这个时候，公司领导团队需要考虑两个基本问题：一个是现阶段离企业的未来目标还有多远；另一个是公司愿意拿出多少股权来吸引能够帮助企业达到目标的人和资源。

假设公司还需要成长 10 倍或者实现 5 个里程碑才能达到既定的目标，那么可以约定目前仅分配了公司 10% 的股权，未来增资扩股的 90% 的股权将按照动态股权分配机制来分配。换句话说，就是现在公司 100% 的股权相当于未来的 10%，未来将增发 9 倍的股权价值，当然，这个比例可以动态调整，计划永远没有变化快。

如此一来，公司可以轻而易举地把一个静态的股权分配机制转化为动态的分配机制。另外，公司若没有成长空间的时候，动态股权分配机制还可以随时中止。特别是当公司已经进入平稳发展成熟期，针对创业合伙人的动态股权分配机制就可以退出，取而代之的是我们常见的员工股权激励计划。

由此可见，对于一个成长性好的企业，什么时候开始执行动态股权分配机制都不晚；而一旦执行，也可以随时停止。

7. 切蛋糕的升级玩法：内部裂变生长

今天的企业，特别是所谓的成功企业，面临最大的商业挑战就是如何跨越不连续性。而要跨越不连续性，往往要求企业从一个经营上的舒适区进入挑战区甚至是无人区（这方面具体的内容可以参见本书第四章第三节）。

大象确实能舞蹈，但我们不可以让一头大象在浴缸里舞蹈。因此，一方面，企业未来的成功除了自己要建立指数增长（这可能也得有动态股权分配机制的辅助）；另一方面，企业自身要成为一个孵化器，分裂出小的团队，渗透进小的市场，运用 MVP（最小化可行产品）的行为框架，小规模试错，再大规模投放。

在大企业孵化裂变新创企业的时候，动态股权分配机制也将是一个精良的股权管理工具。"裂变式孵化创业"实际上是一套企业内生性发展的制度，可激发员工的创业精神。优秀的员工到达一定的阶段都有自我实现的需要。当这样的员工掌握了一定的技术和资源，拥有足够的市场经验，都可能会萌生创业的想法。如果公司不能够给员工创业的机会，离职单飞是迟早的问题。

创业型的人才是公司最宝贵的资源，为了留住这样的人才，一方面，可以将其吸纳为新的合伙人并参与公司已有的动态股权分配，但是原有股东不一定能统一意见；另一方面，一家成熟且盈利的公司估价也比较高，这个时候公司可能已经终止了动态分配股权的机制。

更重要的是，新员工可能进入的领域也许对公司而言是挑战区和无人区，这将与公司过去的经营业务产生不连续性。用现存的绩效评价体系，考核新领域、新项目，本身就会产生巨大的分歧。因此，与其等待这些高管们一个个出去创业，成为公司的竞争对手甚至是敌人，还不如由公司来提供创业的机会，让高管直接成为股东。公司和这些有创业精神的高管一起投资一家公司,让这些创业型的人才去创业,以实现自己的价值和理想,这将把组织矛盾转化为组织机遇。

于是,一个完全可复制的逻辑就此展现:让每一个项目的核心发起人真金白银地投入资金,而知根知底的其他员工也真金白银地投资他们自认为好的项目,并一起作为新创企业的合伙人。母公司作为法人也可以平等地参与到项目的筛选和投资过程中,一旦合伙人团队组建完成,过去成熟的动态股权分配机制稍作调整就可以移植过来。这可以视为一家企业价值管理的内部商业模式。

通过进一步研究和实践,我们认为企业的"裂变孵化式创业"在运用动态股权分配机制的时候,可以有两种模式:"全动态模式"和"半动态模式"。

在"全动态模式"下,母公司与其他参与创业的合伙人一样,平起平坐,各方按照贡献点计算贡献值。在这种情况下,母公司应实实在在地给内部创业公司导入资源,只有其累积的贡献值超过半数时才可能维持公司的控股股东地位。虽然存在失去控制的风险,但这种激励的效果无疑是最好的。对内部创业公司失去控股权(不足半数的控股权)意味着内部创业公司不是子公司,会计报表上也不能对其进行合并,这也许不利于公司市值的管理(当然,母公司可以花钱回购股权)。

在"半动态机制"下,母公司可以先期与参与内部创业的合伙人达成共识,公司投入51%的启动资金,并且导入公司发展需要的资源。随后,公司不再参与其余49%的股权动态分配。49%的股权采用动态股权分配机制在创业合伙人中进行动态调整。这种安排激励效果会被削弱,但有母公司关照,创业的风险也会减少。

公司完全可以自由选择这两种机制,这样一来,公司员工的发展完全没有天花板。作为优秀的员工,你可以通过高级职业经理人的角色提升自己,也可以投资你看中的内部项目做一个非执行的创业合伙人以获取股权收益,还可以在公司建立的孵化平台上裂变出自己的新创企业。公司一旦建立起这种开放式的成长机制,将会对人才产生巨大的吸引力。

8. 切蛋糕的升级玩法:内外双轨制

一般认为,在创业初期,核心创始人一人绝对控股的股权架构是比较理想的。其实作为投资人,其更看重的是股权分配的规则是否公平合理,而不是哪一位占得多,哪一位占得少。

核心创始人绝对控股可能是因为其确实对公司价值的贡献最大，虽然公司创立初期没有精确的动态计量，但核心创始人实际的贡献与早期的股权切分差异不大，于是公司的一切看上去都很积极。

这种表面现象忽视了根据贡献来切股权蛋糕的重大意义。其实，只要公司在股权分配上按一套公正、公平的机制来处理，就没有必要刻意追求一人绝对控股的股权架构。在公司初创阶段，只要创业核心团队成员的股权比例总和处于一个合理的水平就可以了。当然，核心创始人有更大的可能因为自己的积极贡献以及量化的数据自然赢得大的股权比例。如果核心创始人特别看重大股东地位，也完全可以通过公司章程固化自己的控制权地位，但参与动态分配的部分，其分配机制一定要让人服气。

公司股权过于集中，可能意味着核心创始人不够开放或者公司没有能人；公司股权过于分散，有可能意味着创业团队已经沦落为职业经理人。公司的财务投资人并不希望成为一家还未真正显现商业价值的初创公司的控股股东。他们更希望主导公司的还是创业团队，并且这个团队是以一个创业者的心态在拼搏而不是以一个职业经理的心态在打工。

因此，不要把风险投资人投入的资金纳入动态股权分配机制中，风险投资遵循的是另一套平行的游戏规则。风险投资人投资到公司的价格是有很高的溢价的，作为回报，他们不但获得作为股东应有的股东权益，还会有一些其他股东所没有的保障，如清算优先权、领售权、随售权、回售权以及防稀释条款等。公司完全可以把动态股权分配机制与风险资金的股权安排相互独立，各自遵循不同且可以平行的游戏规则。

这样一来，分配给风险投资者的股权并不会影响公司的动态股权分配机制，只需要集体稀释一小部分股权，将其固定分配给风险投资者，剩余的部分继续执行动态股权分配。而对于风险投资者要求公司股东给予的一些业绩承诺和回购承诺，则由整个创业团队按照其持有公司股权的比例共同承担。

我们延续前期的简例，继续解读。

假设 ABC 公司执行动态股权激励机制，三人领导公司先后达到了两个里程碑，三名股东 A、B、C 的占股已经动态调整为 50%、25% 和 25%。三人对企业的发展起到了关键的作用，都是公司的核心。

虽然三人前期一共累计投入的货币资金并不高，但经过 2 年的努力，公司已经初具规模，公司股权的"内部价值"达到 200 万元（其实这个数字对后面的推演没有任何实质意义,有实质意义的是三者之间的股权比例)。

这时为了加速公司新一轮的成长,团队引入了风险投资 VC,公司作价 800 万元。VC 投入 200 万元,占投资后公司 20% 的股权。投资后,A、B、C 和 VC 四方的股权比例变更为:50%×0.8=40%、25%×0.8=20%、20%、20%。

当 VC 的资金投进来之后,公司实缴资本(注册资本)可能都定得比较低,这时即使 VC 资金进来,大量的金额是计入公司的"资本公积"账户,这方面的处理交给公司财务即可。

在获得融资后,公司吸纳了一名新合伙人 D 加入,负责公司的新业务。公司约定,达到第三个里程碑后,将进一步分配公司的股权。我们先看一下表 3-2。

表 3-2　股权分配计算表

	公司原值万元	新增价值万元	公司现值万元	A	B	C	D	VC
目标 1	……	……	100	60	30	10		
目标 2		100		40	20	40		
目标 2	100	100	200	100	50	50		
估值			800	50%	25%	25%		
VC 投 200 万元			1 000	40%	20%	20%		20%
目标 3		500		10	60	10	20	
目标 3	1 000	500	1 500	29.33%	29.33%	16%	5.33%	20%

公司在完成业绩目标 3 时,需要再次确认并动态分配合伙人的股权,这时公司新增价值假设达到 500 万元,那么,各参与方的股权怎么处理呢?

首先,我们遵循合伙人动态股权分配机制和 VC 股权分配机制平行实施;

其次,VC 的股权比例在下次对外融资前保持稳定;

最后,我们来分析一下合伙人之间怎么玩。假设达到业绩目标 3 时,公司新增价值 500 万元,这个时候公司可以释放 50% 的股权出来,但也可以只释放 10% 的股权出来,这个比例只需要一致同意,或大多数同意即可,这个比例很难精确,其实,公司到底增值多少也很难精确。

我们这里假设释放 50% 的股权比例,一个简单的理由是,前期公司估值 1 000 万元,而公司增值 500 万元后,等量释放股权。

假设 A、B、C、D 的本阶段价值贡献比例是：10∶60∶10∶20。

那么，这四方的股权比例如何计算呢？

A：40%×（2/3）+10%×（1/3）×（1-20%）=29.33%

B：20%×（2/3）+60%×（1/3）×（1-20%）=29.33%

C：20%×（2/3）+10%×（1/3）×（1-20%）=16%

D：0×（2/3）+20%×（1/3）×（1-20%）=5.33%

这里稍作解释：2/3 是指前期 1 000 万元的价值与当前 1 500 万元价值的比值；由于 VC 的股权占比保持 20% 不变，那么四位合伙人只能就新增 1/3 权重的价值打个八折再按各自贡献的比例进行分配。

在这个阶段，公司完全可能释放任意比例的股权来进行增量的配置。例如，释放 20% 的增量股权，那么以上比例计算将是：

A：40%×（5/6）+10%×（1/6）×（1-20%）=34.67%

B：20%×（5/6）+60%×（1/6）×（1-20%）=24.67%

C：20%×（5/6）+10%×（1/6）×（1-20%）=18%

D：0×（5/6）+20%×（1/6）×（1-20%）=2.67%

动态股权分配机制可以灵活地启停。有足够成长空间时就开启，没有成长空间时就中止，永续地成长就永续地执行，这样可以给团队永久的激励，给企业的成长增添源源不断的薪火。

当公司已经进入平稳发展成熟期，针对创业合伙人的动态股权分配机制就可以"功成身退"，取而代之的是针对企业中高层职业经理人和核心骨干员工的股权激励计划。其实，传统的股权激励计划照样可以用动态股权分配的思想来制订，这可以更好地解决谁拿得多、谁拿得少的问题。

处于平稳发展期的公司，若发现了一个新的商机和业绩增长点，需要再次唤醒合伙人们的创业精神，可以采用增发股份的方式，增发出一部分股权来做动态股权分配。这就是我们在前面章节讨论过的"裂变孵化式创业"。

9. 切蛋糕的完善措施

随着公司业务的发展，创业合伙人团队的人员结构很有可能会发生变化。在前面的内容中，我们更多的是探讨吸纳新的合伙人进来的场景。但是，显而易见的是，有人进来，总有人因为各种各样的原因退出。公平地对待退出的合伙人，与公平地对待继续奋斗的合伙人一样重要。

好的"创业合伙人基金"必须有"退出机制""回购机制"和"回

购后保障机制"。但是根据合伙人退出的不同原因，公司需要制定不同的规则。

首先，我们看看如果是合伙人主动辞职的情形。一般而言，如果是合伙人主动辞职，公司可以将其贡献的股权"内部价值"调整为"市场价值"，按照基础市场价值（不乘以倍数的价值）保留创业合伙人基金份额，并且团队有按照该价格回购该份额的权利。同时，公司应该将回购后的一段时间作为保护期，比如6个月，即若半年内公司进行IPO或者出售，该合伙人有权利获得IPO或者出售的对应收益，这可能远远高于公司的回购价格。另外，主动辞职的合伙人应该遵守一定年限的竞业禁止规定。

其次，合伙人还有可能因不能胜任、无法与团队合作而被解雇。在这种情况下，该合伙人的基金价值处理原则同上。但是该合伙人无须遵守竞业禁止。解雇合伙人也可以约定一个价值确认机制，例如按"市场价值"的2/3计量。

再次，合伙人还可能因公司战略调整而被解雇。这种情况与上一项的唯一区别是按照其"内部价值"保留创业合伙人基金份额或回购其份额，而不是更低的"市场价值"。

最后，合伙人还可能因不可抗的客观因素导致离职，如患重大疾病、死亡、家庭重大变故、公司搬迁等。这种情形的处理可以同上一项，但有竞业禁止。

我们需要清醒地意识到，在创业的过程中，即使团队不出问题，创业也有可能失败。这时公司就得变卖资产，偿还债务。若还有剩余现金，则可以按照比例先偿还现金入股的合伙人，偿还后有余的按照各自贡献的"内部价值"再分配给合伙人。这时候的现金基本上所剩无几，但只要公平、公正，大家完全可以好聚好散，从头再来。

当我们领悟了股权分配机制的思想原理之后，余下的都是技术性问题。公司股权的动态调整体现了制度经济学中强调的公司剩余控制权要与剩余索取权相匹配。这种匹配本身就是动态的，而这种动态本质一直以来都被实务界刻意地忽略。因为计量是难以令人愉悦的。但现在的问题是，你忽略并不意味着能蒙蔽专用性资源投资人的内心盘算。与其遮遮掩掩，不如玩得敞亮。

但是，我们必须明确的是，动态股权分配机制绝对不是万能，它只是所有股权设计方案兵器库里的一种，而不是全部。在实践中也需要意识到新方法可能会带来新问题。

首先，按股权贡献的"内部价值"核算出的"老大"，不一定就适合做"老大"（董事长或 CEO），这可能缘于性格，也可能缘于能力的偏好；

其次，《公司法》规定公司增资需要 2/3 以上的股东投票通过，一旦某个股东没有契约精神，这种增资可能就无法实现；

最后，在早期业务聚焦时用动态分配机制可能不会有太大问题，一旦业务模式开始复杂，运用的时候可能会非常困难，巨大的量化计算会耗散组织有限的资源（这可能需要有外部资源的辅助）。

公司控制权的有序和稳定往往很重要，一旦陷入博弈结构会相当麻烦（如均分），而动态分配机制则一直在博弈，这需要各位合伙人都有相当高的耐心才能持续走下去。因此，完美的动态分配很不容易，恰当的半动态机制会更具有适应性。

在实践中，这种半动态机制可能不一定是通过精致的计算得到的，在大多数时候对商业有基本认识的公司领导，会感知到在一定阶段之后，不稀释股权将难以继续笼络人心，这将倒逼公司股权的动态调整。

（二）投融资决策安排：防陷阱

公司股权结构的合理安排为随后的投融资决策提供了一个有益的结构基础。然而，公司领导者要真正做出好的投融资决策还是不容易的。这其中一个重要的原因就是，传统的财务教科书都是站在理性人的角度来探讨投融资问题，而事实上，人们会普遍高估自己的理性从而陷入哈耶克所定义的"致命的自负"。

纵观企业的生存史，灾难往往是在企业最春风得意的时候埋下祸根的。当企业资金短缺时，企业所有的资源都聚焦在如何增加企业的流动性问题上，往往会上下通力解决问题；而当企业资金充沛时，投资的冲动会让企业急不可耐地进入，而后又是一脚刹车，因为进去了才知道有多少问题没有考虑，但这个时候，回旋的余地已经非常有限，路径依赖已经形成。

首先，我们绘制一幅投融资决策的路径依赖图（见图 3-2），而后再来讨论投融资活动中量化计算之外的心理陷阱问题。

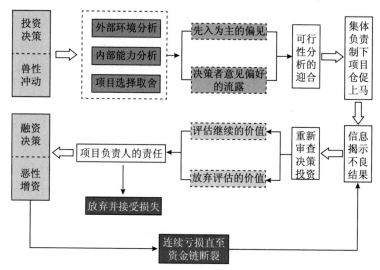

图 3-2　投融资决策中心理陷阱的路径依赖

1. 投融资决策中的 6 大心理陷阱

一个失败的投融资项目如果在事后进行分析，其原因可能纷繁复杂，然而，如果从心理陷阱的角度去剖析，则会发现它们往往具有非常大的共性。

（1）**先入为主与自我巩固**。通过投资扩张自己的商业帝国是根植于每位企业家内心的一种原始冲动，专业上将其定义为"Animal Spirit"，翻译过来就是"兽性的冲动"。当然，决策者从来不会在决策之前就想糟蹋财富，但是人类的谨慎与谦卑在这个时候已经淡化，兴奋与乐观情绪占据了大脑主要的活动区域，过去成功经历的感觉甚至会不自觉地浮现，更多的潜在项目都会变得熠熠生辉。而一旦决策者对某个项目已经心有所属，他就会不自觉地去寻求支持性的证据，而排斥否定性的意见。心理学的研究证明，一个人的观点一旦形成，将会自动进入一个自我巩固的阶段。这就如同当你第一眼看一个人很顺眼的时候，你就会越看越顺眼，而当第一眼看一个人很讨厌的时候，你就会越看越不爽。如果不能有意识地回避这种先入为主的偏见，公平地对待不同渠道的信息，决策者就会很容易刚愎自用且过度自信。也正是由于这个原因，决策者带领一个企业连续成功是非常困难的，管理学上将其解释为"赢者的诅咒"。因此，创业者需要有自我否定的格局，然后才可能借助独立的竞争性意见机制使偏见得到纠正。

（2）**英雄所见略同与马后炮**。当决策者意识到决策中心理陷阱的危害时，一定要有大智慧去回避不该发生的错误。在进行投资决策时，对潜在项目的个人看法不要过于急促地形成,尊重独立的分析意见,特别需要注意的是,在做出最终决策之前,一定不要流露出个人的意见偏好,否则得到的都只是你想要的。今天能够在领导者身边参与决策的人,都是人中龙凤,他们最厉害的能力之一就是不间断地处理领导散发出的残留信息,从而推测决策者的个人看法,你偏好什么,他们就给你什么,因为在同样面临未来不确定的环境时,迎合领导意见比否定领导意见带给自己的政治风险要小得多。因此,很多时候,英雄所见略同与马后炮的拍马屁只有时间先后差别。事前的附和美其名曰英雄所见略同,事后的附和则被不屑的称为马后炮,其实,这可能只是迎合领导的功力深浅的问题。

(3)**可行性分析与不可行性分析**。可行性分析往往被视为一个项目论证的有效机制,但在实践中,可行性分析的独立性难以得到必要的保障。一旦可行性分析缺失了独立性,它就将沦为决策者偏见的帮凶。从财务学的角度来看,分析一个项目的可行性,无论用什么指标进行计量,都必须融入分析人员的职业判断,而一旦独立的职业判断被偏见所诱导,因压力而屈服,那么可行性分析报告就会成为迎合判断而不是提供判断的依据。正是由于这个原因,很多企业在进行项目论证的时候,往往采用 AB 角制度,即一个团队专门做可行性分析,另一个团队专门做不可行性分析,两个团队之间需要设立防火墙,即不要相互沟通,并且这两份分析报告最好同时提交给企业的决策团队,而不要有一个明显的时间先后差别,否则此时产生的先入为主的偏见也有极大可能伤害后期的判断。

(4)**集体负责制与法不责众**。当周边的人与决策者的看法保持高度一致时,项目投资就成了组织的一致看法。当通过一项已经得到大多数人认可且领导者认同的决议时,企业的风险治理机制这时会形同虚设。特别是,当这个企业组织的产权不甚清晰时,集体负责制的危害是巨大的。从经济学的角度来理解集体负责制,其实可以将集体负责类同于集体不负责,它就等于法不责众,最后就算出了问题,也是不了了之。在项目决策上,一个更好的制度安排应该是集体决策、个人负责,对于决策者而言,所有人的意见都应该倾听但不一定遵从。从这个意义上说,当拍板的人其个人责任更明确时,对个人偏见的制约和可行性分析的尊重将得到更好的关注。

(5)**沉没成本与机会成本**。企业的决策没有多少改错的机会,一旦项目上马,想回头是非常困难的,特别是当一个本不该推进的项目在领导者的促进下开始实施之后,即使已有信息反馈了不良结果的出现,沉没成本仍旧会严重影响后续决策的质量。经典的财务原理告诫我们,沉没成本是决策的非相关成本,决策者应该考虑的是未来可影响的成本支出,即机会成本。然而,人从来都不是完全理性的。沉没成本越高,项目继续增资做下去的可能性就越大,因为每个人都倾向于用今天的行为来证明自己过去的判断是对的。所以巴菲特说,当一个人发现自己正陷入一个洞中的时候,首要的第一件事就是不要继续挖了。但是,谁愿意在这个时候收手呢?

(6)**恶性增资与承诺升级**。心理学的研究发现,当项目出现不良信号而决策者的责任越大,则越容易出现恶性增资的现象。这其中一个主要的原因就是:决策者不仅会考虑项目的经济损失,在可以想象的某些情形下,更会关注个人政治资本的耗散,而随着沉没成本的累加,责任人在"损失厌恶"的情绪下会进一步提高自己的风险偏好,这将导致承诺升级。经典的现金拍卖实验生动地演绎了这个过程:200元的标的,10元起拍,每次出价只能加10元,出价最高者得之且跟随者也必须付出自己最后一次的出价金额(这笔钱并不归出价最高者),最终200元现金以600元成交。这就是承诺升级下的恶性增资,游戏化的实验揭示了血淋淋的现实。

2. 如何避开陷阱:MVP

根据前文描绘的心理陷阱路径依赖图,我们会意识到:投资中"兽性的冲动"带来的乐观情绪叠加进先入为主的偏见作用中,随后在意见偏好流露的暗示下,基于外部环境和内部能力的可行性分析变成了对预期的迎合而失去了最重要的独立性,而集体负责制又进一步淡化了责任承担,项目仓促上马后即使有不良结果出现,止损也变得异常困难,这时沉没成本战胜了人类理性,筹资中的恶性增资现象随之出现,在承诺升级的压力下最终导致企业的资金链断裂。

投融资活动中非理性行为的冲动,需要一个良好的治理机制才能有效抑制。而一个好的治理机制就是能够用一群人去纠正一个人犯错误,这需要组织的智慧。然而,组织的智慧不是一天积累起来的,它需要一种谦卑的品性才可以吸纳竞争性的观点,而这种优良禀赋首先必须在组织的领导者或决策者身上植入,组织的能力才有可能改善。未来充满不确定性,所有事前的分析都需要经受实践的反馈并做出积极的调整。好的投资逻辑需要有精益思想的滋润,那就是快速迭代,迅速且廉价的失败,获取真实信息,而后选择正确的道路,创造价值并获得增长。

二、激励机制：决定了你到底能够跑多快

治理结构决定了一个企业到底能够走多远，而激励机制决定了一个企业到底能够跑多快。前者是公司的顶层设计问题，而后者则是公司的动力机制问题。在这个部分，我们会对激励机制进行深刻的解读，内容会读起来略感晦涩，这可能缘于该部分内容最初受启发于张维迎的《信息、信任与法律》以及韦森的《制度分析的哲学基础》等学术文献，但我相信，你在阅读并领悟了其中的原理之后，将奠定你领导团队的认知基础。

（一）关于激励的 2 个基础问题

激励就是让一个人在做出行为选择时，从自身效用最大化出发，自愿地或不得不选择与目标或标准一致的行动。

在这样一个自发的个人选择性的行动过程中，企业在规则设计上需要尽可能地做到使决策执行人行为的外部性内部化，同时针对其行为后果给予选择性激励，用今天游戏化的策略思维来解读，即这种选择性的激励可以看成是一种"多变的筹赏"，它既能带来稳定的预期，也可以有意外之喜，最终的经济后果是，一旦决策执行人的行动偏离了组织目标的范畴，其预期的损失将超过预期的收益。只有在这样一种激励框架下，每一位企业成员自身的利益才能够与企业整体价值的提升动力一致。

1. 外部性内部化

外部性问题是由马歇尔（Alfred Marshall）首先提出来的。他在其 1890 年问世的巨著《经济学原理》中首创了"外部经济"与"内部经济"这一对概念。到了 20 世纪 20 年代，英国经济学家庇古（A. C. Pigou）出版了《福利经济学》一书，补充了"内部不经济"和"外部不经济"这一对概念，并运用了边际分析方法，对外部性问题进行充实和完善，最终形成了外部性理论。1977 年诺贝尔经济学奖得主米德（J. E. Meade）给外部性下的定义："外部经济（或不经济）是这样一种事件，即它给某位或某些人带来好处（造成损害），而这位或这些人却又不是做出直接或间接导致此事件之决策的完全赞同的一方。"

在企业的营运过程中，一个普遍的情况是，一个人选择某种行动时，不仅涉及个人的成本与收益，而且可能给自己以外的其他人施加成本或带来收益。一旦出现这种情况，就说明该行为具有"外部性"（externality）。

一般而言，行为主体个人直接承担的成本称为"私人成本"（private costs），由其直接享受的收益称为"私人收益"（private benefit），相应地，私人成本与施加于他人的外部成本之和称为"社会成本"（social costs），私人收益与给他人带来的外部收益之和称为"社会收益"（social benefit）。理性人的决策是基于私人成本与私人收益的比较做出的，个人最优决策在边际私人成本等于边际私人收益点时达到，而帕累托效率意味着整体最优决策在边际社会成本等于边际社会收益点时达到。因此，除非一种行为没有外部性（社会成本等于私人成本，社会收益等于私人收益），否则，理性人的个人最优决策一般不等于整体最优决策（边际社会成本等于边际社会收益）。

这是激励困境的本质原因。在明确的私有产权下，生产成本完全由自己承担，外部性问题完全被内在化了，这种产权形式是最有效的。这里的私人产权在实践中不仅应该包括对有形的"物"的拥有，还应该包括对无形的"行为"的拥有。在企业中，一个恰当的产权结构是按照交易费用最小化原则而确立的各种形式的产权安排组合。对于初创企业，小规模的创始人团队更容易清晰定义"产权"，在此状态下，各利益主体才存在着将外部性最大地内在化的动力。将个体行为所产生的外溢的成本和收益内部化为行为人自身的私人成本和私人收益，使得行为主体对自己的行为承担完全责任，从而通过个体的最优选择实现整体最优。动态股权设计的逻辑也是基于此。

2. 选择性激励

组织成员个体活动的外部性产生了激励的需要，而激励的目的就是把个体行为的外部性内部化。而若要达到这样一个目的，必须对相关决策执行人的行为进行选择性激励。

墨子早在几千年前就意识到，"善人赏，恶人罚，则国必治"。所谓选择性激励，一个简单的界定就是，好的应该得到奖励，坏的应该受到惩罚，而且他们之间的差异要显著到令施加对象无法无动于衷。

这里的"无法无动于衷"在传统的管理结构中是通过"量"的大小来度量的。

价值较小的惩罚或奖励不足以刺激一个潜在的行动集团。当然，更高超的管理需要懂得如何用更小量的奖惩来调动成员的行为，这就涉及行为心理学的范畴，我们后面再补充讨论。

"选择性"的激励会驱使潜在集团中的理性个体采取有利于集团的行动。激励必须是"选择性的"，这样那些不参加为实现组织利益而做出贡献的人所受到的待遇，与那些参加的人才会有所不同。通过对组织中的个人进行约束，或者是对某些个人进行积极的奖励，从而被引向为其组织利益而行动的潜在集团，可以被称为"被动员起来的"潜在集团。这一潜在的力量只有通过"选择性激励"才能实现或"被动员起来"。总体而言，选择性激励主要包括正向激励和逆向激励两个方面。

（1）**正向激励**。所谓正向激励是指通过奖励的手段协调组织内部行为人的激励机制。一个有效的正向激励应当使得对行为人激励的报酬与其可控制的生产结果相联系。然而，事实上很多激励设计标准无法真正客观、实际，正向激励在实际中有变弱的倾向，这时激励机制的重点应该发生转移，即由对行为人最终结果业绩的正向激励转移到对行为人所有活动进行平衡的激励上来，即应该重视对过程的激励而不仅仅是对结果的考量。

（2）**逆向激励**。正向激励就像汽车的油门，汽车要走必须要踩油门。但是仅有油门汽车照样也不能开上路，还必须要有刹车装置。每个人要对他的行为后果负责任，也就是说，他要受到惩罚的威胁，这就是所谓的逆向激励。它是将惩罚方案作为手段，约束行为人的活动，并使之导向企业整体的价值创造上来。逆向激励大体包括违约所付出的直接代价、市场压力及行为人声誉的损失三个方面的内容。

声誉机制对行为人形成重要约束。出于对自己声誉的考虑，当事人会自觉地限制自己的机会主义行为。行为个体的市场价值在很大程度上取决于过去的经营业绩，从长期来看，行为人必须对自己的行为后果承担责任，因此必须维护自己的声誉，从而提高未来的收益。声誉的损失可作为代理人行为的一种威慑力量，以惩罚代理人可能存在的不当行为。

从某种意义上说，当传统的正向激励不能有效发挥个体积极性时，可适当地采取逆向激励来减少个体的既得利益。因为这时人们对意外损失的关注程度大大超过意外收益，所以组织可以在不花费成本的前提下实现更为有效、持久的激励效果。

（二）关于激励的 1 个产权模型

早在两千多年前，古希腊智者亚里士多德就有过精彩的阐述："为许多人所共有的东西总是被关心最少的，因为所有人对自己所有的东西的关注均大于其与他人所共同拥有的东西。"

从这个观点出发，我们借鉴韦森在《产权经济学中的"阿尔钦之谜"》里的分析，将个人对某项"资源"的关心，进而对其进行有效利用的程度定义为"疏离度"，它取决于该个体与这项资源的距离。我们从横纵两个视角来进行解读。

1. 一个横截面的视角

"疏离度"可以理解为，在一个诸多个人共同地拥有某一"资源"的组织中"个人与资源的疏离"程度，这里用 α 表示，它又决定着"个人对资源的关心"程度，即"关心值"，这里用 C 表示。进一步，假定"个人与资源的疏离度"$\alpha \in (0,1)$，且满足下式：

$$\alpha = 1 - \frac{1}{n^2} \tag{3-1}$$

这里 n 代表在一个共同拥有相关资源的组织中的人数。

显然，假如 $n=1$，这意味着私人"个人化的"拥有这一资源，即这是一种"私人所有"的规则设计。所以当 $n=1$ 时，$\alpha=0$，这意味着在"完全私有"或"专有产权"安排下，所有者与其所有物的关系没有任何疏离。相反，假如 n 趋于无穷大时，α 则趋近于 1，即在这样一个组织中，每个人均与"共同拥有物"完全疏离。

进一步，组织中个人对资源在"心理"上的"关心值"用 c_i 表示。一般而言，个人对某资源的"关心值"越高，他就越注意保护它，并对它越"负责"地加以利用。在一个竞争环境中，行为人对某一资源的"关心值"越高，他自然也就会越关注这一资源的价值变动。由此可见，行为人对某一资源的"关心值"应该取决于两方面因素：一方面是个人对该资源的疏离度 α；另一方面是该资源价值的大小。

假定，将组织中所有个体"对某资源的关心值"的总和以 C 来表示，将社群或组织中"个人对某一资源的关心值"以 c_i（$i=1, 2, \cdots, n$）来表示，并以 V 来表示某资源的价值，那么，可以简单地把这些概念之间的关系写为：

$$C = (1-\alpha)V \qquad (3\text{-}2)$$

从式（3-2）中可以看出，个人与某资源的疏离度越高，人们对该资源的关心值越小。相反，一个资源的价值越高，其所有者对它的关心值就越大。

（1）产权明晰情况下的关心值讨论。通过应用"个人与资源的疏离度"和"个人对资源的关心值"这两个概念，针对同样一项资源，当产权明晰时，或者说个人对某项资源享有明确的份额时，下式成立：

$$v_i = \frac{V}{n}$$

在这种产权安排下，每个个体并不是"关心"该资源的总价值 V，而是关心自己股份的价值 v_i。正是因为每个人均只是关心自己"所有"的份额 v_i，所以有 $n=1$，$\alpha=0$，由此可得下式：

$$c_i^p = (1-a)v_i = v_i \qquad (3\text{-}3)$$

这里，c_i^p 表示在私有或专有产权安排下个人对资源的关心值，并且，从式（3-3）可以知道，$a=0$，$c_i^p = v_i$，所以下式成立：

$$C^p = \sum_{i=1}^{n} c_i^p = \sum_{i=1}^{n} v_i = V \qquad (3\text{-}4)$$

在式（3-4）中，C^p 表示在专有产权安排下，组织内部产权所有者全体对自己在资源上的份额的关心值的总额。

由此可见，在私有或"专有"产权安排下，不管多少人"一起参与"所有某一资源，因为每个"参与所有者"的所有份额均有明确的界定，即产权被"个人化专有"了，所以，每个人与财产的疏离度总是为零，即 $\alpha \equiv 0$。从这一点上来看，在专有产权安排下，不存在人们对财产关心的"衰减"问题，即 $c_i^p = v_i$，且 $C^p = V$。

（2）产权模糊情况下的关心值讨论。针对同样一项资源，当产权不明晰时，或者说个人对某项资源并不享有明确的份额，而仅仅只是"共同拥有"时，问题分析的结果可能不一样。在一个共同拥有某资源的组织中，由于对每个人在该拥有物中的拥有份额没有明确的数量界定，因此只能考虑每个人与该资源整体的价值的关系。另外，在这种没有个人化或者说专有化产权安排的组织中，每个人对共同拥有物整体的疏离均为 $a = 1 - 1/n^2$。把这两方面因素放在一起综合考虑，那么，在一个没有"专有产权安排"而"共同拥有"的"模糊共同体"中，每个人对共同拥有物的关心值应为：

$$c_i^c = (1-a)V = \frac{V}{n^2} \qquad (3-5)$$

式（3-5）中，c_i^c 表示在"共同拥有"规则安排下单个成员对共同拥有物的关心值。

由于这种共同拥有仅仅导致组织中每一个成员均有一个均等的"理论上"的"所有权"，这意味着每个人都自认为拥有"共同拥有物"中的均等的价值份额，并且每个人又都会在个人心理层面有一个等值的个人与共同拥有物的疏离度。那么，下式成立：

$$C^c = \sum_{i=1}^{n} c_i^c = \sum_{i=1}^{n} \frac{V}{n^2} = \frac{V}{n} \qquad (3-6)$$

式（3-6）中，C^c 表示在共同拥有的规则设计下组织成员总体对共同拥有物的"关心值"总额。

比较式（3-4）与式（3-6），可以发现，只要 $n>1, C^p>C^c$ 总是成立。这也意味着，在明晰产权安排下人们对资源的总关心值总是大于在共同拥有的规则设计下人们对共同拥有物的总关心值。给定一个定量价值的资源（不管其价值多大，只要不趋于无穷大），当 n 趋于无穷大时，a 就将趋近于 1。这实际上意味着行为人已完全与共同拥有物疏离，也同样意味着每个人对"共同拥有"资源在关心值 c_i^c 以及组织整体对共同拥有物的总关心值 C^c 均趋向于零。

这恰恰说明了"全体所有"的资产为何无人关心的真正原因之所在。全体所有的财产对每个人来说都是一种"非我"，它属于所有人而又不属于任何人。

2. 一个纵切面的视角

关于"疏离度"和"关心值"的讨论是沿着一个横截面的视角来进行分析的，即它只关注产权是否明晰，没有涉及明晰的产权在行使的时候可能存在的代理层次问题。假设，从资源的产权所有者到最终的直接支配者之间存在若干委托代理层级，它们之间可以近似地视为是由"关心值变压器"串联而成，其中每一个"变压器"都是"降压器"（至少不升压），变压器越多，降压幅度就越大。"初始输入关心值"可以视为产权所有者对资源的初始关心值，即 $\bar{c}$；"最终输出关系值"表示直接支配者对资源的最终关系值，即 $\underline{c}$，$\underline{c} \leq \bar{c}$；用"变压系数"（输出关心值与输入关心值之比）表示委托人对被委托人的控制度,即 $P_{(1+i)/i}$($i=0, 1, 2, \cdots, 0 \leq P_{(1+i)/i} \leq 1$,其中 $P_{1/0}$ 表示产权所有者对直接委托人的控制度)。这样可以得到下式(其中 K 为大于等于 0 的整数):

$$\begin{aligned}\underline{c} &= \overline{c} \times P_{1/0} \times P_{2/1} \times P_{3/2} \times \cdots \times P_{(1+i)/i} \\ &= \overline{c} \cdot \prod_{i=0}^{k} P_{(1+i)/i}\end{aligned} \quad (3\text{-}7)$$

从式(3-7)可以看出,最终的产权支配者对资源的关心值,取决于三个变量:第一个变量是"初始输入关心值"($\overline{c}$);第二个变量是变压器的数目(K),或者说是代理链的层级数量;第三个变量是"变压系数"($P_{(1+i)/i}$)。若 K 和 P 不变,$\overline{c}$ 越大,$\underline{c}$ 越大;若 $\overline{c}$ 不变,K 越大,$\underline{c}$ 就越小;若 $\overline{c}$ 和 K 不变,P 越大,$\underline{c}$ 就越大。

3. 一个综合的视角

"初始输入关心值" $\overline{c}$ 可以看作前面从两个视角进行讨论的一个契合点。当产权明晰时,$\overline{c} = (1-\alpha)v = v$,这时初始输入关心值没有损失,因此,要提高最终输出关心值 $\underline{c}$,则需要减少 K,同时提高 P,前者依赖于组织的扁平化进程,而后者则需要一个良好的激励制度的设计。

当产权被共有而呈现一种模糊的状态时,这时的"初始输入关心值" $\overline{c}$ 可以看作一个关于产权范围的抵减函数,即 $\overline{c} = (1-\alpha)V = \dfrac{V}{n^2}$。这意味着,参与产权分配的个体越多($n$ 越大),每个人对资源的独立支配权就越小,个人对资源的关心值就越低,这个关系可用图 3-3 表示(假设令 $V=1$):

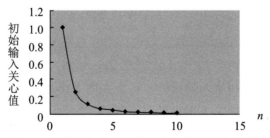

图 3-3 初始输入关心值关于产权范围的抵减函数

由以上分析可知,产权应该尽可能的明晰。

属于所有人的财产就是不属于任何人的财产,人人都可以自由得到的财富将得不到任何人珍惜。如果有人愚蠢地想等到恰当的时间再去享用这些财富,那么到那时他会发现这些财富已经被人取走了。

正因如此,一旦产权不明晰,赋予相关资源的初始输入关心值就很低,而后再叠加一个代理因素,这将使资源最终得到的关心值更弱。这都使得针对资源进行有效利用行为的外部性问题很显著,进而企业组织中的激励规则的设计变得异常重要,它决定着企业组织成员行为理性的水平。

这里需要明确的是,产权明晰固然会提升对相关资源的"关心值",但随之有可能带来高昂的产权界定费用。

只有当某项资源的价值足够高,初始产权界定费用相对合理,对相关资源的产权进行清晰的界定才是有意义的,否则,将其置于公共领域模糊对待不失为明智之举。在实践中,我们会发现,有时产权模糊的民营企业或初创企业运行起来反而更有效率,因为此阶段产权明确界定是不可能的。

(三)显性激励:合同设计

企业中激励机制设计的目的,就是通过将对行为主体的奖惩与其提供的信息或外在可观察的信息联系起来,从而将行为的外溢成本和收益内部化为决策者个人的成本与收益。一个很现实的问题是,获得信息需要成本,在信息不对称的情况下,最优的激励机制通常也只能达到次优。在一份显性激励的合同设计中,有两个基本的策略应对不对称信息所带来的困境。

1. "逆向选择"的应对策略

信息不对称可以区分为事前的信息不对称和事后的信息不对称,事前的信息不对称是指交易或行为之前存在的一方知道,另一方不知道的信息;事后的信息不对称是指交易或行为之后存在的一方知道,另一方不知道的信息。事前的信息不对称会导致"逆向选择"行为,如同"劣币驱逐良币"的情形。

由于先天的禀赋和后天的训练,每个人的工作才能是有差异的,企业组织应该根据每个人的能力水平设计工资基础。但个人才干往往是私人信息,企业组织在新人聘用和员工提拔时,每个人都有动力谎报自己的才干(往往是高估),而企业如果没有增量信息以区分员工才干水平,则只能根据平均水平支付薪酬,这样一来,高质量员工就会选择离开,而企业也会进一步调低薪酬标准,这又会使更多相对有才干的人离开等,最后会导致有才干的人被低估价值,因而不愿工作,而需要员工的企业组织又难以找到合适的人才,由此可见，逆向选择常常需要花费很高的代价预测边际产品价值，也就是招聘时工人的质量。这会导致组织功能失调。

解决逆向选择的一个办法是采用一定的机制设计来让信息劣势方获得更多的信息，比如对新聘人员的试用期制度；或者设计一个诱使信息优势方说真话的激励机制。例如，新聘人员对业绩后果签署责任状。

2."道德风险"的应对策略

如同事前的信息不对称导致逆向选择一样，事后的信息不对称会导致道德风险行为。

与逆向选择相呼应的是，道德风险面临的问题是，有才干的员工被聘用之后的偷懒行为。

所谓道德风险是指在委托人期望的代理人行为难以清楚观察的情况下，合同签订事后产生的机会主义。企业在激励规则的设计过程中，试图明确地把薪酬和生产结合起来具有局限性，因为在现代工业框架内，个人生产力不易区分开来并进行计量。激励理论只能说提供了在经济化框架内设计合约遏止道德风险的一些指导。

解决道德风险的一个办法是让行为主体对行为的后果承担责任，从而使其"不偷懒"。也即在明确产权的基础上，将行为主体的行为所带来的外部性内部化，进而采取选择性激励的措施。

当然监督也是必要的。它可以获取有关行为的信息。如果获得有关行为的直接信息的成本不是太高，这样做就可能是值得的。当然，如果监督成本太高，监督就是不值得的。

监督最大的两个缺陷是：监督会导致被监督者的人格没有得到尊重，再一个就是，谁来监督监督者的问题。

除了有关行为的直接信息之外，一些成本很小甚至没有成本的间接信息也是有价值的。这就是激励理论中的"相对业绩比较原则"（comparative performance）或"标尺竞争"（yardstick competition）。

（四）隐性激励：行动氛围

需要保持谨慎的是，没有谁能够洞悉复杂企业流程的所有细节，也不可能有谁能够细致入微地设计出所有激励规则，以引导企业成员的每一个选择。显性激励的合同设计注定是不完备的,它所留下的空白需要隐性激励的填充。

1. 隐性激励的产生缘由

"显性激励"是通过将代理人的收益与委托人观察到的或代理人报告的信息相联系的正式的合约保证,如高管层的奖金如何随企业的利润而变化,销售人员的佣金如何随销售额而变化等。在许多情况下,由于信息的限制,显性激励即便不是不可能的,也是非常困难的。

在我们进行企业调研的过程中,几乎没有一家企业能够很好地量化财务部门员工的业绩。甚至有些企业为了量化而量化,用财务部门会计工作的凭证张数作为考核指标。与此相应的,考核人事部门的业绩也是一件非常困难的事情。

在这种情况下,仅仅依靠显性激励合约是不可能调动积极性的。但是,在现实中,除了显性激励外,还存在隐性激励:出于对自己声誉的考虑,当事人会自觉地限制自己的机会主义行为。

自亚当·斯密开始,经济学中一直将声誉作为保证契约诚实执行的重要机制。新制度经济学认为,重视个人声誉是一种良好的意识形态资本,这种资本可以减少社会经济生活中的道德风险,起到对人的行为的激励作用。

在竞争性经理市场上,经理的市场价值决定于其过去的经营业绩,从长期来看,经理必须对自己的行为负完全的责任。因此,即使没有显性激励的合同,经理也会积极努力地工作,因为这样做可以提升自己在经理市场上的声誉,从而提高未来的收入。

这一机制的作用在于,经理工作的质量是其努力和能力的一种信号,表现差的经理难以得到人们对他的良好预期,不仅内部提升的可能性下降,而且被其他企业重用的概率也很小。因此,由于外部压力的存在,该经理意识到偷懒可能有害于他未来事业的发展。声誉模型解释了当参与人之间重复多次交易时,为了获取长期利益,参与人通常需要建立自己的声誉,使一定时期内的合作均衡能够实现。

2. 隐性激励的图形解释

隐性激励之所以能够起到对当事人的行为进行约束的作用,可以通过图 3-4 进行说明。

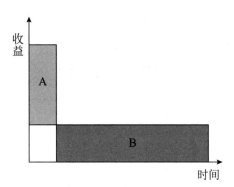

图 3-4 当前收益与未来收益

图 3-4 中，A 区域代表欺诈带来的净收益，B 区域代表未来合作的潜在收益。那么，只要 B 的贴现值大于 A，行为人就会注重自己的声誉。

假设行为人选择欺骗，他得到本期收入 X 个单位，以后收入为 0，所以总期望收入的现值（Vx）就等于本期收入 X；如果行为人选择诚信，他得到本期收入 Y（$X = k \cdot Y$，k 可以称为欺诈效应系数，大于 1），但此时行为人拥有未来持续获得收入 Y 的机会，进一步假设行为人下期获得收益 Y 贴现到本期的包含风险因素的贴现率为 i（i 小于 1，假设未来这一贴现率也将持续下去），则行为人选择诚信的总期望（贴现）收入 Vy 为（假设 n 代表期限，并趋于无穷大）：

$$Vy = Y + Y(1+i)^{-1} + Y(1+i)^{-2} + \cdots + Y(1+i)^{-n} \tag{3-8}$$

将式（3-8）化简整理可得

$$Vy = (1 + 1/i) Y \tag{3-9}$$

如果理性的行为人能够自发的选择诚信，则应该有

$$Vy \geqslant Vx$$

代入式（3-8），可得

$$(1 + 1/i) Y \geqslant k \cdot Y$$

即：

$$k \leqslant (1 + 1/i) \tag{3-10}$$

针对式（3-10）分析可知：当预期获得的未来收益的风险越小，即贴现率 i 越小，则可以容忍的欺诈效应系数 k 可以越大，行为人越能够自发地选择诚信；当欺诈效应系数越大，欺诈行为的隐藏期越长，则贴现率 i 必须越小，换句话说，只有讲信誉所带来的未来回报越稳定，当事人才越有可能选择诚信。

3. 隐性激励机制发生作用的条件

声誉的力量能够促使交易伙伴按照初始合同的安排完成交易，哪怕外界环境波动幅度相当大。而要使隐性激励机制真正发挥作用，应该尽量满足以下条件：

（1）行为人必须有足够的耐心。因为只有在一个更长远的时期中能够获得预期收益，行为人才有积极性建立信誉，保持诚信，即只有期限 n 足够长，Vy 才更有可能超过 Vx。

（2）博弈必须是重复的。换句话说，交易关系必须有足够高的概率持续下去。如果交易关系只进行一次，当事人在未来没有赌注，放弃当期收益就不值得，信誉就不会出现。如果不确定性太大，未来几乎不可预测，合作将非常困难。一次性博弈的最优选择是欺骗，而重复博弈的最优选择是诚信。一般认为，只要重复博弈的次数大于2，声誉就会发挥有效的约束作用。在重复博弈中，存在比一次性博弈更大的合作可能，这有利于隐性机制的生成。

（3）行为人的不诚信行为能被及时观察到。一般的，信息观察越滞后，信誉的建立就越困难。例如，如果假定行为人的欺诈行径在交易两阶段之后才能被识别，即：

$$Vx = k \cdot Y + k \cdot Y(1+i) - 1 \tag{3-11}$$

如果理性的行为人能够自发的选择诚信，下式应该成立：

$$Vy \geqslant Vx$$

代入式（3-9）和式（3-11），可得：

$$(1+1/i)Y \geqslant k \cdot Y + k \cdot Y(1+i) - 1 \tag{3-12}$$

将式（3-12）进行整理可得：

$$k \leqslant (1+1/i)[(1+i)/(2+i)] \tag{3-13}$$

对照式（3-13）与式（3-10）可以发现，欺诈行为的滞后降低了欺诈效应系数所能够容忍的上限，它表示欺诈行为隐藏期的延长，可容忍的欺诈效应系数则越小，这意味着，如果欺诈不容易被识别，欺诈所带来的好处不需要特别高也足以引诱行为人放弃诚信行为。这一点说明，一个高效的信息传递系统对信誉机制的建立具有至关重要的意义。一个信息流动缓慢的组织，往往是一个信誉缺失的组织。如果不守信的行为不能被及时发现并广为人知，当事人就不会有建立信誉的积极性。

（4）行为人必须有足够的积极性和可能性对交易对手的欺骗行为进行惩罚。"以牙还牙"不仅不是不道德的行为，而且是维持隐性激励机制必不可少的威慑手段。进一步来讲，对欺骗行为的原谅本身就是不道德的。为了使隐性激励机制发挥作用，该惩罚而没有采取惩罚措施的人，其自身必须受到惩罚。

这里涉及实施惩罚的成本问题。这种成本包括物质的成本，也可能包括非物质的成本（如人身安全受到的威胁）。如果惩罚成本过高，遭受损失的一方就可能没有实施惩罚措施的积极性，因此，对一个组织而言，如何降低惩罚成本是一个非常重要的问题，这显然依赖于一个明示的规则体系与一个结构化的可视流程，俗话所说的"对事不对人"就是一个很好的例子。当然，并不是惩罚越严厉，行为人就越有约束自己行为的积极性，因为实践中还存在大量的不确定的非可控因素，如果不能够区别对待，甚至还会打击隐性激励机制的建立。

一个组织如果没有建立起一种对错误适度宽容的组织文化，那么行为人就有将小错误掩盖起来直至将其孵育成一个无法掩盖的大错误的积极性，这显然事与愿违。使行为人讲信誉的最优惩罚是：当发现自己遭受欺骗所带来的损失后果后，则中断一段时间的交易，然后再恢复交易关系。

（五）显性激励与隐性激励的互动

显性激励作为一份合同菜单，其留白处需要由相应的隐性激励来填补。它们之间的相互关系可能是冲突的、互补的或者替代的。

1. 冲突性

无论是显性激励还是隐性激励，其实质都是通过规则（成文规则和不成文规则）来约束行为人的选择。企业组织往往会试图分离规则接受和规则执行。一些规则可能被用于象征化顺从的目的而被表面接受，在这里将展现为一种成文的显性激励规则，但在同一时间，企业组织内的规则遵循却会下降，真正得到实施的可能是一种与成文的显性激励规则相冲突的不成文隐性激励规则。

由于行为个体非常在乎他人对自己的看法，所以他会遵守各种为大家一致公认的行为规则。这些规则通过社会化机制内化于每个组织的心中，成为个体行为的有机组成部分。企业组织中相关激励规则存在的时间越久，它与组织各利益相关者的价值观念就越有联系。它逐渐变得"自然"和"想当然"。持久性将规则由组织成员选择的目标转变为未需验证的环境客体，并最终转变成被称为"企业文化"的一种无形因素。在这样一种行动氛围中，相互冲突的显性与隐性激励规则能够相互交融，最终呈现的是一种互补和替代的状态。

2. 互补性

显性激励和隐性激励之间会一定程度地呈现一种互补性。一方面，隐性激励的存在可以提高显性激励合同的可执行性；另一方面，显性合同的存在可以使隐性激励更好地发挥作用。显性合同通常是不完备的，如果当事人不讲信誉，事后就会采取机会主义行为，隐瞒对自己不利的信息，通过规避规则来推卸责任，行为表现为成本外化、收益内化。但是，如果当事人注重自己的信誉，就会更诚实，而不会钻显性激励合同设计的漏洞。Scewart Macaulay（1963）的实证研究发现，缔结契约常常不是为了预防事后的法律纠纷，而是为了规范内部管理和约束自己的行为。这里的要点在于，如果没有成文规则的存在，依据的缺乏将使得不讲信誉的行为不容易被识别。所以说，显性激励的存在可以使隐性激励更好地发挥作用。

3. 替代性

显性激励与隐性激励之间的替代性表现在，隐性激励减少了对显性激励合同的需求，从而可以节约交易成本。第一，如果当事人都讲信誉，相互信任，显性激励合同的条款就可以大大简化。第二，隐性激励可以节约解决纠纷的成本。由于环境的不确定性和信息不对称，企业内竞争性的程序活动中出现争议是难免的。如果当事人不讲信誉，纠纷解决成本就会非常高。反之，如果当事人讲信誉，许多争执可以通过各行为人之间的协商进行化解，形成一种相互谅解的行动氛围，能够使纠纷解决成本显著降低。第三，隐性激励可以节约监督成本。如果企业成员不在乎自己的声誉，委托人就必须花大量的资源监督代理人的行为；而如果企业成员注重自己的声誉，许多监督就会成为多余。第四，隐性激励可以节约风险成本。依据委托—代理理论，当委托人不能观察到代理人的行为时，最优激励要求代理人必须承担一定的风险。如果代理人是风险规避的，最优激励就带来了风险成本，为此委托人必须补偿代理人。有了隐性激励，就可以降低显性激励合同中代理人收益对产出的依赖，从而降低风险成本。

（六）自动实施合同

显性激励和隐性激励的关系类似于正式合同与非正式合同的关系。正式合同（通过成文规则执行的合同）与非正式合同（通过不成文规则，或者说信誉执行的合同）之间的互动，若能形成一种自动实施合同，企业将可以有序地创造价值。

1. 自动实施合同的概念界定

一般而言，合同被视为交易各方充分界定未来业绩和配置未来事件风险的一种方式。从效率角度看，合同参与方会把大量时间和财富资源用于合同谈判过程，以获得对交易伙伴的信息优势和对事后讨价还价的主动权。

合同必须防止参与交易的某一方利用条款中未明确规定的部分违反合同的机会主义行为。通过终止交易关系和让失信行为信息扩散等威胁可以隐性地实施合同。当合同参与方预期获得的未来准租金流的贴现值大于从违反合同中可马上获得的短期收益时，合同将被隐性实施。因此，这种合同关系处于自动实施范围中。合同的自动实施动力由任何时点上某一参与方预期收益的贴现值和从违反合同中获得的短期收益之比决定。这一比值越大，合同的自动实施动力就越大。

预期收益的贴现值之和可以被定义为承诺资本。合同要能够自动实施，交易各方必须选择好时机，以使足够的承诺资本能一直存在。合同参与方的承诺资本越大，合同的自动实施动力就越大。自动实施合同的一个最基本的特征，就是它的自发产生和自我实施的性质。与那些强制实施的合同不同，自动实施合同往往是参与人各方经过协商、谈判、讨价还价后自愿达成一致的结果，也有可能是组织精心设计后让成员上瘾的行为结果。

自动实施合同产生的过程，也就是博弈各方在特定的情形中，根据自己不同的目标自主地选择各自的最优策略与对手进行博弈，最后求得规则均衡的过程。这里面隐含的经济后果是，一旦行为人的行动偏离了合同规则既定的范畴，其预期的损失将超过预期的收益。换句话说，在对其他人的行为进行观察和预期下，每个人的行为是其尽力而为的结果时，合同就是自动实施的。这意味着，抛开合同规则而采取行动是没有优势的。

2. 自动实施合同的图形解释

合同条款规定得越周密，规范合同条款的成本就越大，但是合同能够自我实施的范围就越大,而且合同的事后执行成本就越少,因此当事人必须在这两种成本之间进行权衡以便签订一份最佳完全合同。从这个观点出发,企业可以选择两种不同的合同履行模式,一种是低基础规则设计固定成本,高单位事件处理变动成本;一种是高基础规则设计固定成本,低单位事件处理变动成本。

这里的规则设计(或制度建设)可以用管理会计中的本量利盈亏平衡图(见图3-5)进行解释,即高固定性规则设计成本投入,换来的是低的单位变动性事件处理成本,这意味着,好的规则基础需要大量的初始成本投入。例如,规则的设计、调整、反馈,直至规则融入行为人的习惯并最终形成一种好的文化或行动氛围,这些都需要大量的资源投入,但带来的好处是,处理单件管理工作的成本将很低;反之,固定性规则设计成本很低,但可能导致处理单件管理工作的成本很高。

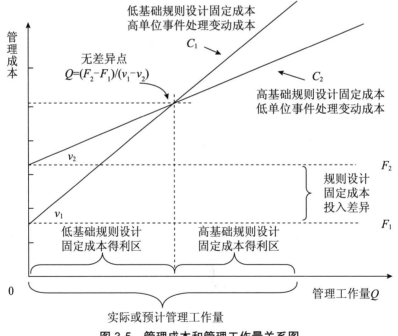

图 3-5　管理成本和管理工作量关系图

在平面直角坐标系中,纵轴表示日常营运流程的管理成本,用 C 表示;横轴表示日常营运流程的管理工作量,用 Q 表示。

管理工作量的大小应该受到相关交易的频率和管理周期长短的影响。从某种意义上来说,当企业中的相关管理活动频繁发生并持续的时间较长时,企业可为这些交易构造一个专门的治理结构,即使这些专门的结构成本很高,它们还是有必要的,因为结构的成本可分摊在许多细小的管理活动中。但是当交易并不经常发生或整个管理的周期不足够长时,一般来说,为那些特殊或零星的管理事项建立专门机制的成本就太高,而使用"一般用途"的治理结构成本相对较低,虽然一般用途的治理结构可能不会十全十美地适合于具体的交易。

进一步假设,基础规则设计的固定成本为 F,单位事件处理的变动性成本为 v,则下式成立:

$$C=Q \cdot v+F \tag{3-14}$$

这里的单位事件应该是指企业中重复性的常规管理活动,它应该是可以不受管理人员进一步的干涉就可以按既定的规则进行处理的事项。从某种意义上说,企业能够把更多的事项吸纳为既定规则能够处理的活动,这本身就意味着对高管层注意力的解放,使之能够在更有意义的领域发挥作用,为企业创造价值。

针对低基础规则设计固定成本,高单位事件处理变动成本的合同履行模式,如图 3-5 所示,下式成立:

$$C_1=Q \cdot v_1+F_1 \tag{3-15}$$

针对高基础规则设计固定成本,低单位事件处理变动成本的合同履行模式,如图 3-5 所示,下式成立:

$$C_2=Q \cdot v_2+F_2 \tag{3-16}$$

根据题意有:$v_1 > v_2$,$F_1 < F_2$

将式(3-15)减去式(3-16),可得

$$(C_1-C_2)=Q(v_1-v_2)+(F_1-F_2) \tag{3-17}$$

当低基础规则设计固定成本,高单位事件处理变动成本的合同履行模式占优时:

$$C_1-C_2 < 0,这时,Q < (F_2-F_1)/(v_1-v_2) \tag{3-18}$$

当高基础规则设计固定成本,低单位事件处理变动成本的合同履行模式占优时:

$$C_1-C_2 > 0,这时,Q > (F_2-F_1)/(v_1-v_2) \tag{3-19}$$

显然,当 $Q=(F_2-F_1)/(v_1-v_2)$ 时,$C_1=C_2$ (3-20)

在此情况下，无论使用哪种合同履行模式，企业的管理成本都相等，处于一种管理模式上的无差异点。由图3-5的分析可以知道，当企业的管理工作量没有达到无差异点的时候，低固定性规则设计成本投入策略是明智的，反之，当企业的管理工作量超过无差异点的时候，高固定性规则设计成本投入策略是明智的。

鉴于此，只有当企业的某类管理工作量足够大时，为此构造一个专门的治理结构才是有利可图的。也正因如此，当企业相关管理事项发生的频率较低，或管理当局任期较短，或当事人缺乏足够的耐心获得远期回报时，重复性博弈机制就难以建立，这都使得对基础规则的固定性投入变得无利可图，并直接导致了对规则的漠视转而依赖人治，这时企业的自动实施机制将面临巨大的障碍。另外，一旦企业能够构建一个良好的规则基础，使日常重复性的管理事项能够自动实施，同时例外事项也有明晰的流程进行处理，企业营运将处于一种完美的自动实施状态，这时单位变动性事件处理成本将趋近于零。一个完美状态下企业的合同履行机制可以用图3-6表示。

图3-6　完美自动实施合同

3. 自动实施合同的要素特征

合同的自动实施需要合同各参与方预期收益的贴现值大于从违反合同中可马上获得的短期收益。而为了提升未来合同参与方所预期获得的收益，需要关注三个方面的问题，即激励上的动力一致、行为人之间的团队工作和企业内部的权威力量。

（1）**动力一致**。哲学家拉比·希勒尔曾对个人和个人在组织环境中的行为之间错综复杂的关系做过精辟的描述，他说："如果我不为自己的话，那么谁为我呢？并且，如果我不为其他人的话，那么我是谁呢？同时，如果不是在现在，那么会是在什么时候呢？"这样三个连续的句子，深刻提出了个人自我实现的需要与组织整体行动之间的紧张关系。

组织是为了一些共同利益而联系在一起，以实现目标的个人群体，而每个人都需要在某些方面表现自己的固有价值。因此，组织的要求和实际上只能在既定组织结构中实现的个人需要，要求个人在为自己的同时也为别人。

因此，为了保证对个人的激励效果，应该尽可能地使个体行为的外部性内部化，而后通过一种选择性的激励，形成组织和个人之间的动力一致性，这有利于企业合同的自动实施，并最终达到一个良好的组织状态。

a. 有效性和效率性。巴纳德指出，作为组织应遵守的重要准则，是有效性、效率性和道德性。有效性是组织目的的完成程度，这是泰勒之后在传统理论中的基本准则。效率性是个人满足的充足程度，这是人际关系论所强调的侧面。巴纳德的组织和管理理论综合了以上两个层面，不仅如此，他还使用了道德和责任的概念，以一个开放系统的观点为基础，强调了各要素之间的相互依赖性，而这种依赖性表现在只有当个人、组织和社会的利益趋向一致时，企业才可能最大程度的自动实施。

彼得·圣吉在《第五项修炼》中也强调，一个高效的组织管理要求上下动力一致，即团队的所有成员都有一个共同的目的和一个对个人作用如何支持组织整体目标的共识。一个动力一致的组织鼓励员工授权和创新精神，因为个人行为受实现高水平目标的引导。企业的权威必须保证个人和团队有局部目标和报酬，与此同时，如果局部目标实现，则应该对实现高层目标的目标值做出贡献，所以组织通过把个人目标设定和报酬补偿机制与企业组织的目标相联结来实现动力一致。

b. 道德性。巴纳德所强调的组织的道德性则是与未来相关联的。企业系统与环境之间的相互依赖关系很重要。企业系统的某构成部分的"极限功利"行为，会给企业系统整体带来恶劣的影响，而企业系统擅自独立的行为，又会对社会和环境带来负面的影响。仅仅考虑这一点，也要求企业及其内部各行为主体的行为应该是负责任的。当行为人通过行动在把组织价值逐渐渗透到组织中去的同时，随着时间的推移，组织价值就有了一种自我加强的趋势，道德性的作用将成为长期地维持组织生存的基础。只有以道德性为基础，企业组织的有效性和效率性的实现才成为可能。从考虑效率性转换为优先考虑道德性问题，这种思维的转变，对于所有的组织而言，将成为今后的重要课题。"不作恶"应该是所有企业的行为底线。

(2)团队工作。 企业作为一份契约,若要能够自动实施,首先其行为个体与组织整体的利益取向应该动力一致。企业组织的效率性、有效性和道德性都需要建立在团队工作的基础之上。企业的团队工作需要从两个层面来认识,一方面是结构设计;另一方面是知识分享。

a. 结构设计。团队工作是指这样的情况:一种后果出现的概率或大小与多个人的行为有关,并且每个人在其中的"贡献"与其他人的行为有关。在团队工作的情况下,如果每个团队成员的行为能够被没有成本地观察到,通过将个人的收益与所观察到的行为联系起来,就可以实现帕累托最优。但一般情况下,观察个人行为是非常困难的,最容易观察的是加总的产出。阿尔钦和德姆塞茨指出,解决团队工作下道德风险的一个办法是,在团队中选出一位监督人或委托人,并让这个监督人成为剩余索取者。这时,被监督者因承担"过失责任"(只有在未选择恰当的行为时承担责任),就有了工作的激励,而监督人因为要承担剩余责任,也就获得了监督的积极性。当然,由于监督是有成本的,这样的激励制度只能达到次优。张维迎在他 1995 年的论文中进一步指出,当团队成员在生产上的相对重要性和监督上的难易程度不同时,让最难以被监督、最重要的成员成为监督者(承担剩余责任),而让易于监督、相对不重要的成员成为被监督者(承担过失责任),可以提供最优的激励。这一激励制度可以保证总的效率损失最小,因为被监督者自我激励的减少可以由监督者自我激励的增加和由监督诱发的激励所弥补。

b. 知识分享。企业营运作为一个团队工作的模式,在一个好的激励结构设计基础之上,还需要一个优良的知识分享系统。团队工作遇到的障碍之一就是信息不对称,因此,如何在团队当中让有价值的信息能够最大限度地被分享,这显得意义重大。

平衡计分卡的提出人卡普兰和诺顿曾说过,在企业组织中,再没有比一个好主意只用一次更大的浪费了。对一个组织而言,可能没有哪样"资产"比所有员工共享公司知识有更大的潜力。很多企业已经构建了自己的知识管理系统,它一般包括:搜集和储存知识的数据库和数据库管理系统、重新获得和传输知识的沟通和消息系统、允许员工远距离搜索数据库的安全浏览器等。企业可以利用正式的知识管理系统在整个企业甚至整条供应链上创造、组织和分配知识。这样的一种知识的沟通与分享体系,能够最大限度地将"分散的知识"集中加以利用,以提高企业创造价值的能力。

（3）权威力量。合同的履行必须依赖于权威力量。在合同不完全时，所有权是权力的来源，而今天的企业所有权可能更趋向于一种分散对称的状态，这正如齐格勒等指出"对任何关键性资源的控制权都是权力的一个来源"，而其中的"关键资源"可以是实物资产，也可以是人力资本，比如团队、创意等，它们都被不同的企业参与方分散持有。从整个企业内部权威力量的变迁历程来看，企业内的权威力量逐渐从暴力带来的权威在向容纳带来的权威进行过渡，最终相得益彰。

a. 暴力带来的权威。在泰勒以前的管理实践里，管理主体主要是以暴力为载体来为自己权威的合法性进行"说明"与"辩护"，向管理客体来施加自己的意志。

在这种权威关系下，管理者取消了管理对象作为人的资格，认为他们并不具备人的本性，他们的存在和作用，只在于成为管理者实现其目的的手段。他们只是麻木、机械地执行管理者的意图，创造性被严格压制，没有被管理者参与的管理注定是缺乏创造力与效率的管理。

在科学管理时代，韦伯认为官僚制下，人们之所以接受管理者的统治是因为相信统治者的章程所规定的制度和指令的合法性，认为他们是合法授命进行统治的。在韦伯看来，规章、制度是权威的载体，规章制度的健全与否直接关系到统治的合法性与有效性。在官僚制下，团体的成员服从统治者，并非服从他个人，而是服从那些非个人的制度。服从者不再被主体的人直接压迫，这在一定程度上消除了对管理主体的屈从感。从这个角度看，暴力所带来的权威是从"人的暴力"向非人格的"制度的暴力"或者说"规则的暴力"转化，这种实施惩罚者的权威使承诺变得可信。

b. 容纳带来的权威。玛丽·派克·福莱特是科学管理时期与行为科学时期之间一位出色的管理哲学家。她认为官僚制只能引起人们对于"最终权威"的幻想，解决管理者与被管理者分歧的最好方法是让矛盾双方的利益相互结合，而利益结合只有在具体的形势中才能实现。由此她对权威提出了全新的见解，不应该由一个人给另一个人下命令，而应该是双方都从形势接受命令。

福莱特这种双向共享的权威观，在巴纳德这里得到更全面的解释。巴纳德认为，权威是具有沟通的东西。权威的接受在很大的程度上是个动机问题。个人是否决定参加组织，是否决定参加后努力工作，最终说来要依赖于从中得到的利益和蒙受的损失间的平衡。人在认为有正面效益时才会接受权威。

巴纳德对管理权威做了一种自下而上的解释，并认为管理客体始终占据权威关系的主导地位，要使权威对一个人发生作用，必须有他的同意，权威始终掌握在权威对象手中。如果上级权威没有被下属接受，那么权威就会成为死的东西，上位权威只是一种虚构，因为，一旦用这个权威发出了不合时宜的命令，那么个人就可以发动否决权。权威的根源在于下属的接受。在当前这个时代，暴力带来的权威越来越式微，如何点燃团队中的年轻人，让组织尽可能的自动实施，这需要关注员工的心理资本和心理账户。

三、流程程序：决定了你到底能够走多稳

公司治理结构决定了一家企业到底能够走多远；激励机制决定了一家企业到底能够跑多快；组织的流程程序则决定了一家企业到底能够走多稳。

对于组织和程序的理解应该区分企业所处的生命周期。在初创期，企业组织结构往往是扁平的，而管理程序则往往是多变的，这主要缘于人员的稀少和市场的不稳定。这个阶段的核心管理逻辑是 MVP，一切都在试错和优化。

当企业开始长大，程序和组织就会逐渐稳定并开始相对固化。这个时候，平衡计分卡是一个非常好的应用分析框架。

（一）平衡计分卡的能力演进

成熟企业在运行的过程中就像一台高效运转的机器，在齿轮的交互作用中环环相扣，不断地释放着组织力量，将商业要素转变为商业产品。然而，我们常常关注的只是财务结果，忽视了支撑这个体系的流程和组织。而企业的利润往往是海平面上的冰山一角，海平面下的流程和组织才是创造利润的基础能力。

1992 年，哈佛商学院教授罗伯特·卡普兰（Robert S. Kaplan）和复兴全球战略集团总裁大卫·诺顿（David P. Norton）创建了平衡计分卡体系，它系统地阐释了企业运转的整个逻辑过程，构建了一种全新的绩效评价模式，从而使组织的"策略"能够转变为"行动"。

平衡计分卡从"出生"到"成熟"大致经过了三个重要的阶段。

1. 平衡计分卡的模型建立：评价维度的拓展

在 20 世纪 90 年代以前，全世界几乎所有的企业都采用单一的财务考核体系对企业进行绩效管理，各种财务指标成为当时企业经营成功与否的唯一评判标准，这在一定程度上导致了企业经营者的急功近利，只重眼前利益而不关注企业的长远发展，更无法说服外部投资者做出前瞻性的投资。

企业的财务评价体系更多的是站在有形资产的角度来考虑企业的价值，这很难评判企业未来的成长潜质。从某种意义上来说，企业最值钱的资产都在表外，而表内计量的都是没有灵魂的实物资产。因此，资产负债表上的资产合计数只能反映一个企业寿终正寝的时候到底值多少钱。

正是在这样的一个大背景下，卡普兰和诺顿提出的平衡计分卡一改昔日绩效考核方法，强调必须从多个角度来进行价值评判，这就是平衡计分卡产生的初衷——"扩维"。

要想将一个组织的愿景转变为实际行动，就必须用一组指标来评价组织的绩效，即从财务（financial）、客户（customer）、内部运营（internal business processes）、学习与成长（learning and growth）四个维度来考核企业的经营状况。它一方面保留了传统上衡量过去绩效的财务指标，另一方面也兼顾了促成财务目标实现的驱动因素，在关注组织追求财务业绩的同时，透过一连串的互动因果关系，得以把经营产出和绩效驱动因素串联起来，搭建了财务与非财务的衡量之间、短期与长期的目标之间、落后的与领先的指标之间，以及外部与内部绩效之间的平衡。整体逻辑如图 3-7 所示。

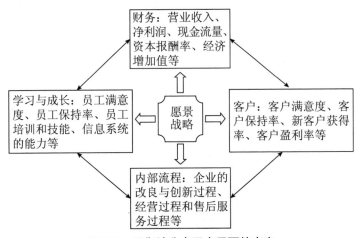

图 3-7 平衡计分卡四个层面的内容

2. 平衡计分卡的模型升级：战略地图

平衡计分卡创始人卡普兰和诺顿曾经指出："在盛行的管理思想大师们的智慧中，很难寻找到有关全局框架的帮助。战略教义存在于下列领域：股东价值、客户管理、流程管理、质量、核心能力、创新、人力资源、信息技术、组织设计和学习组织。上述领域中都未能提出一个全面的、集成观点来描述战略。连迈克尔·波特的竞争优势定位方法都没有提供一个简单、有效地描述战略的通用平台。由于无法全面地描述战略，管理者之间及管理者与员工之间无法轻松地沟通。由于对战略无法达成共识，管理者也无法使战略协同一致。"

当组织规模日益膨胀，面对大规模、多层次、多地域带来的管控挑战，如果没有一个简单有效的战略管理工具，将无法使战略在组织内部各成员之间实现有效沟通。

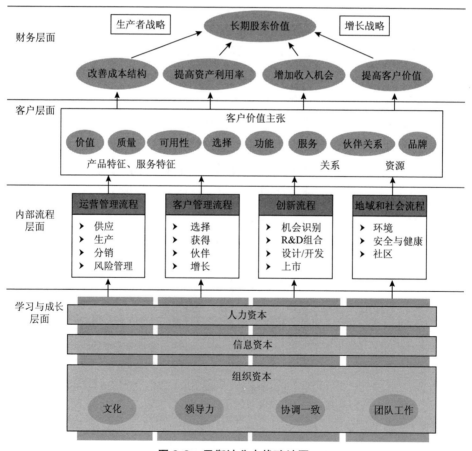

图 3-8　平衡计分卡战略地图

公司确定了其使命和战略后，企业管理层要做的就是将公司的战略转变为触手可及的行动，即需要搭建一个理想与现实的桥梁。平衡计分卡体系成功地解决了这个问题，它的主要功能是通过战略地图来实现描述、规划组织战略。企业的战略目标不再被看成零碎的设定，而是平衡计分卡四个层面之间的一系列因果联系。如图 3-8 所示，战略地图作为平衡计分卡的升级系统，它的构成文件主要是"图、卡、表"三位一体，它们分别指"战略地图""平衡计分卡""单项战略行动计划表"。它是运用战略地图来描述战略的三个必备构成文件。

首先，"战略地图"以简洁的图表替代了过去繁冗的战略规划文件。一张地图胜似千言万语，可视化的战略地图是企业战略描述的一个集成平台；

其次，"平衡计分卡"本身就是对"战略地图"进行深度解释的表格，它由战略目标与主题、战略指标值、单独战略行动计划表构成；

最后，"单项战略行动计划表"是对"平衡计分卡"中罗列出的一个个单项战略行动计划的进一步演绎，它将那些所谓"务虚的战略"落实为一步一步可操作监控的、具有明确时间节点、责任归属、资源安排的行动计划。

3. 平衡计分卡的模型推广：战略中心型组织

在平衡计分卡的实践应用中，卡普兰发现将平衡计分卡用作绩效衡量框架，逐步将其拓展用于战略执行和管理流程中，会出现一种新的组织形式，他把这种组织形式称为"战略中心型组织"。

战略中心型组织和其他一般组织的区别在于，它们能够系统地描述、衡量和管理战略。卡普兰和诺顿还确定了战略中心型组织用以管理战略执行的五个基本原则。

（1）高层领导推动变革。 平衡计分卡战略执行项目通常对企业来说是一场变革，这一类的变革都应该得到公司高层的高度重视，最重要的问题是如何教育企业所有的中高层管理者，让他们深刻体会到建立战略中心型组织的重大意义和价值，从而获得他们的支持。

（2）把战略转化为行动。 卡普兰开发了实施战略的通用框架，这个新的框架就是"战略地图"。通过将战略转化为具有逻辑结构的可视化地图和平衡计分卡系统，组织使所有的业务单元和员工达成了对战略的统一理解和共识。

（3）让组织围绕战略协同。 高管团队就组织的战略地图和平衡计分卡达成一致后，接下来要把战略分解到组织的各个层级，实现纵向和横向的有效协同。

（4）**让战略嵌入每个人的日常行动**。对于企业管理来说，首先应当建立科学合理的管理体系，构建强有力的执行机制，然后逐步优化人员的管理。因此，战略必须成为每个人的日常工作。

（5）**使战略成为持续优化的流程**。战略管理流程能够把战略与规划预算、运营和人力资源管理更深入、更精确地联系起来。

战略中心型组织的五项原则是一个环环相扣的整体，逻辑性很强，并且具有可执行性，每个原则都配有实战性的工具和具体的行动，并用大量的图表形象地演示了公司和政府机构是如何运用这些工具成为战略中心型组织的，这些工具是根据三十多个不同行业的实际案例开发出来的，不是在谈论一种新的管理理论，而是对平衡计分卡理论做了更深入的阐释和进一步延伸，因此显得弥足珍贵。我们的企业家完全可以通过对这一方法的导入应用，有效地描述、衡量和管理战略。

（二）平衡计分卡战略地图的内在逻辑

在简单阐述平衡计分卡的演进逻辑之后，我们可以用图3-9来描述企业如何通过平衡计分卡实现公司的战略发展并为股东创造利润。

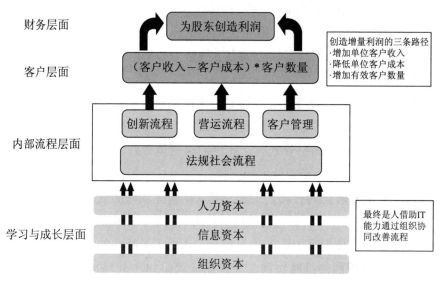

图3-9 平衡计分卡四层次的内在逻辑

企业存在的终极目标一定是创造价值。利润是对价值进行衡量的一个最通俗的概念，它是股东投资的初衷，也是往往支持企业战略扩张的基础。那么，利润是怎么得到的呢？

传统的财务观点是一种核算的视角，这个视角也可以联系我们在第二章中讨论过的商业模式9要素的分析框架。在9要素框架图中，最低层的两大要素分别是"收入来源"和"成本支出"，其实，这里的"收入来源"减"成本支出"就是为了公司在构建商业模式的时候能够估算出大概的利润状况：项目赚不赚钱？什么时候赚钱？从哪里赚钱？

但是从管理的视角来看，利润一定是源于客户。换句话说，公司从每个客户那里取得的收入扣除为之付出的成本就是单个客户为我们创造的价值。企业取得的总利润就是每个客户创造价值的叠加。这样一来，我们就把商业模式9要素模板与平衡计分卡4层次模板以"利润"为枢纽联系在一起。

由此，我们得到

利润＝收入来源－成本支出＝（客户收入－客户成本）×客户数量

由此可见，企业要想提高利润基本上有三条路径可以选择：

第一，提高单位客户销售收入；

第二，降低单位客户服务成本；

第三，增加客户数量。

这些方面的改善，都需要企业强大的内部流程作为支撑。提高单位客户收入需要依靠企业创新流程的不断改善。这个流程需要大量有形和无形资产的投入，并花费很长的时间才能把研发成果应用到市场中。企业的产品设计与开发是否能够提高客户信任度和品牌忠诚度，能否抓住市场的某种空缺以满足消费者的需要，公司的产品能否为客户提供增量价值等将直接影响企业单位客户的收入。而最令人不安的是，这些投入是否最终能改善单位客户收入，存在很大的不确定性。

要想大幅降低客户服务成本还需要企业营运流程的不断改进。营运流程所重视的是对客户满意程度和实现组织财务目标影响最大的那些企业内部过程，如企业的供、产、销系统信息传递是否流畅，企业的人力、物力、财力是否有不必要的浪费，企业的风险控制活动执行是否到位等。

客户数量的增加源于企业客户管理流程的改善。在客户至上的时代，如何及时向客户提供所需要的产品和服务，从而满足其需要，增加客户黏度，提升客户数量,这些都是企业能否获得可持续发展的关键。

企业对法规社会流程的遵循则发挥着基础性的作用。企业社会责任的履行可以提高自身的声誉、改善企业的形象,它主要涉及四个方面的内容:环境、安全和健康、员工雇用和社区投资。勇于承担社会责任是当今企业发展的必由之路,切实履行企业社会责任也非一时之功,更需企业的长期努力。

综上所述,企业最核心的四大流程主要包括:创新流程、营运流程、客户管理流程及法规社会流程。那么,驱动这四大流程不断革新的动力源泉又在哪里呢?这就涉及企业的人力资本、信息资本和组织资本的学习与成长方面的内容。它奠定了企业创造可持续价值的能力基础。平衡计分卡前三个层面一般会揭示企业的现存业绩与预期业绩之间的差距,而为了弥补这个差距,企业必须投资于员工能力的改造、信息技术和系统能力的加强、组织程序和日常管控能力的梳理,这些都是平衡计分卡学习与成长层面追求的目标。

(三)平衡计分卡战略地图的应用框架

一家企业能否获得持续发展,有效的战略制定是必不可少的。

然而,战略的优劣往往是事后的评判。一个真正好的战略制定,其实就是应该给企业组织更多的可选择性,让企业自身总是能够处在一种好的市场位置,从小规模试错到大规模投放,不断跨越不连续性。但是,战略的合理不一定能让组织成功,更为重要的是将企业战略有效地执行下去,使企业沿着合理的轨道发展。往往大多数企业并不能有效地实施战略来优选企业的发展方向,从而最终导致了企业失败。其实,战略的制定和执行只不过是一块硬币的两面。

战略的有效执行首先要解决的是如何对战略进行描述,企业可以利用战略地图清晰地表达公司在各个层次所要达到的目标,然后根据战略地图中各个层次的要求逐步实施。

1. 公司战略地图的构建原则

(1)财务层面:公司战略以平衡长短期利益为目标。为股东创造持续价值,首先是一个长期目标,公司既可以通过提高研发支出来改善产品质量实现收入的长期增长,也可以在短期内通过削减成本实现短期财务业绩的明显提高,但是二者通常是相互冲突的。为了实现股东价值的持续增长,就要平衡长期利益(增加收入机会、提高客户价值)和短期利益(改善成本结构、提高资产利用率）之间的关系，如图 3-10 所示。

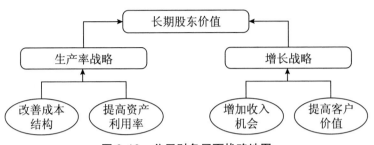

图 3-10　公司财务层面战略地图

（2）客户层面：利益获取以差异化的客户价值主张为基础。提高客户满意度是获得长期股东价值的源泉。卡普兰和诺顿在《战略地图》中提出了四个被公司广泛应用的价值主张，它们分别是：总成本最低、产品领先、全面客户解决方案、系统锁定。这四类价值主张都清楚地描述了为了达到该目标所应该实施的方法，如图 3-11 所示。

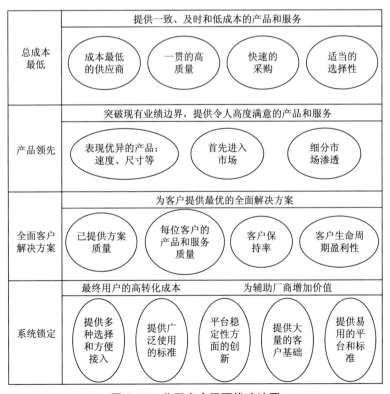

图 3-11　公司客户层面战略地图

其实，不同学者对客户价值主张有不同的分类。卡普兰和诺顿的这个分类也是综合了不同学说之后自己梳理的结果。

我们可以这样来理解：总成本最低与产品领先关注的是产品维度的优势；全面客户解决方案关注的是服务维度的优势；系统锁定则关注的是平台维度的优势。我们在第二章解读企业的商业模式时，其中的"关键业务"要素阐明了企业经营的一个经典发展脉络，那就是：从制造产品到提供服务再到构建平台，最终形成自己的商业护城河。

（3）流程层面：价值主张以公司内部业务流程来支撑。高效的内部流程是公司价值创造的决定性因素。公司应当重点关注少数关键的内部流程，这些流程在传递差异化价值主张的同时，对提高生产效率和维持公司经营特性至关重要。卡普兰和诺顿将内部流程分为四类，即运营管理流程、客户管理流程、创新流程和法规与社会流程。在这四个流程中，每个流程还存在多个创造价值的子流程，这时管理者就需要确定少数关键流程，把这些关键流程战略主题相连接。图 3-12 描述了四大内部业务流程中的关键流程。

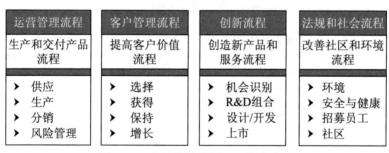

图 3-12　公司关键流程层面战略地图

我们需要明确的是，这四大流程并不是平行并列的。企业最先关注的往往是运营管理流程，它的改善对企业业绩的提升立竿见影；随后，企业会有更多的注意力关注客户，因为客户满意度的提升对公司业绩的改善会有一个滞后的时期，这挑战了组织的耐心；更进一步讲，只有最优秀的企业才会有余力投入创新，这是因为，创新不仅对业绩的改进会有一个滞后期，而且创新不一定有成效，它充满了不确定性；法规与社会流程则是组织的基调，它奠定了组织可持续的基础，可以让商业变得更高贵，虽然它对业绩的改进很难量化。

（4）组织层面：流程的改进依赖于组织的学习和成长。组织的学习与成长层面将公司的无形资产分为三类，即人力资本、信息资本和组织资本。我们并不能孤立地去衡量某一项无形资产的价值，根据卡普兰和诺顿的研究显示，大多数的公司没有在战略和人力资源、信息计划等方面建立统一协调的关系。这些公司虽然在人力和信息等方面投入巨资，但是并不能有效促进战略的实施，因而并不能在人力资源和信息计划等方面获得真正回报。

2. 公司战略地图的实施步骤

战略地图共包含四个层次的内容，以财务目标为起点，从客户层面切入，根据所传递的客户价值主张不同，我们将战略分为四大类，即总成本最低战略、产品领先战略、全面客户解决方案和系统锁定战略。很显然，不同的战略所关注的关键内部流程也是不同的，在战略地图中每一层次又都有自己的战略主题，在这些主题中分别设定各自的战略目标，为了实现这些目标，又会设定适当的衡量指标，最终为了实现这些量化指标，公司会制定相应的战略行动方案。基于对以上要素的因果联系分析，我们可以得到静态的战略地图。通过为这些行动方案设定时间线，在特定的时间点完成量化指标，我们又可以描绘出动态的战略地图。

为了更清楚地绘制出战略地图，卡普兰和诺顿将这一过程划分为六大步骤：

（1）确定股东价值差距；

（2）调整客户价值主张；

（3）确定价值提升时间表；

（4）确定战略主题与关键流程；

（5）确定和协调无形资产；

（6）确定战略行动方案及资金保障计划。

我们以一家新兴品牌酒店（YD酒店）为例，具体描述战略地图的应用方法。

步骤一：确定股东价值差距

在确定股东价值差距时可以按照以下流程：

（1）确定高层的财务目标；

（2）确定目标值和价值差距；

（3）把价值差距分配到增长和生产率目标。

战略地图中财务层面的目标主要是通过增长战略和生产率战略来提升企业的长短期业绩，并最终通过提高净利润来增加股东价值。

酒店是我们生活中非常传统的一个服务产品。高端的星级酒店，中端的便捷酒店和低端的小旅馆，已经把这个市场填充得密不透风。

YD 酒店希望 3 年内将净利润提高到 1 亿元，这样的目标值（1 亿元）就和当前业绩（1 500 万元）产生了期望差距。确定合理的价值期望差距是管理者战略制定的起点，这需要在一个可完成的利润目标和高挑战的收益间进行权衡选择。如果确定的目标值太高以至于不符合公司的实际情况，那么就无法激励员工去实现目标，反而会使员工失去工作的动力。当然，如果目标过于轻松也难以激活组织潜力。

确定了顶层财务的目标值及差异后，就需要将总的价值差异分配到下一级目标中，在这一级中 YD 酒店设计了三个目标来完成：

（1）提高单位客户收入；
（2）降低单位客户成本；
（3）增加高价值客户数量。

这三个财务目标的目标值分别是：（1）单位客户收入由 400 元提高到 500 元；（2）单位客户成本由 100 元下降到 80 元；（3）客户数量从 5 万增加到 25 万。如果 YD 酒店能够在 3 年内完成每一项次级财务目标，那么它就可以实现净利润达到 1 亿元的总体目标。

步骤二：调整客户价值主张

调整客户价值主张可以按照以下流程

（1）阐明目标细分客户；
（2）阐明客户价值主张；
（3）选择有效财务指标；
（4）使客户目标和业绩增长相协调。

对 YD 酒店来说，收入的增长既可以通过向现有客户销售更多产品来实现，也可以通过开发新客户来完成，那么这就需要公司明确自己的目标客户，在此基础上着重分析目标客户群体的价值主张。

在中国酒店市场，既有针对高端客户提供一流服务的星级酒店，也有面向低端客户的家庭旅馆，而 YD 酒店的目标客户是轻奢商务人士和消费水平居中的旅客，这些客户追求舒适且有差异的居住体验，因此 YD 酒店重点关注的是客房质量，特别是床的质量，房间不必太大，在节约成本的同时，尽量去除诸如游泳池等不必要的休闲设施。

与此同时，YD 酒店的管理层将酒店定义为"第四空间"，将酒店作为一个垂直电商的入口，每一位客户在酒店中，所见即可得，酒店房间的所有物品都可以扫码购买，由此增加单位客户收入，并增加客户黏度。YD 酒店将自身从提供产品（房间），进化到解决问题并构建平台。客户增长率和客户保持率的提高建立了客户价值主张与财务目标之间的联系。

步骤三：确定价值提升时间表

确定价值提升时间表可以按照以下流程：

（1）确立业绩里程碑的时间节点；

（2）把业绩差距分配给不同主题。

图 3-13 阐明了 YD 酒店业绩里程碑的时间节点。业绩时间线描绘了公司在整个战略期限内通过不同的内部流程创造的价值。该项战略实施的期限为 3 年，以产品创新为动力的单位客户收入将从 400 元提高到 500 元，由于创新流程需要较长的时间，因而收入的增长在前期并不明显，但是它在随后期间可能对收入产生巨大影响；运营管理流程的改善将使单位客户成本由 100 元降为 80 元，这样一来酒店的单位客户净利润将从 300 元增加到 420 元；通过对新客户的吸引和老客户的锁定，客户数量从 5 万逐年提高到 25 万。

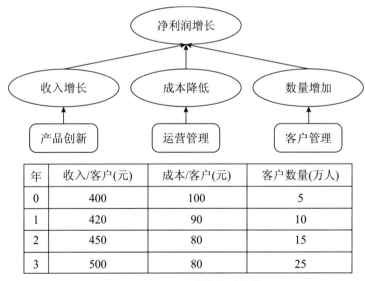

年	收入/客户(元)	成本/客户(元)	客户数量(万人)
0	400	100	5
1	420	90	10
2	450	80	15
3	500	80	25

图 3-13　YD 酒店价值时间线

在实践中，当财务目标只停留在宣称要实现数倍的净利润时，公司员工是持怀疑态度的，因为根据目前的业绩水平是不可能完成，所以单从财务维度定目标是很难产生激励作用的，只有将财务目标值分解到各个流程，并找到为之担责的组织单元，而后通过预算系统将业绩目标与时间节点相联系，公司的所有人才能对总体财务目标的可行性坦然接受。把公司要实现的目标值分配到不同的内部流程中不仅可以帮助企业分解目标，还可以保证每年的收益均在向总目标接近。

步骤四：确定战略主题与关键流程

确定战略主题可以按照以下流程：

（1）确定有影响力的少数关键流程；

（2）设定指标和目标值。

客户价值主张的确定让公司更加明确如何为客户提供产品和服务，进而实现股东价值的持续创造，价值时间线为这一价值创造过程设置了时间限制，强调股东价值如何在战略规划期内通过内部流程的分解来实现。虽然大部分流程对公司来说都是重要的，但并不是所有重要的流程都对战略的成功实施产生决定性影响。确定战略主题就是确定公司少数关键的内部流程，借此来满足客户价值主张实现财务目标。

表3-3描述了YD酒店的战略主题，在四个层面的战略主题下，每一主题又有若干战略目标以及衡量这些目标的战略指标。

表3-3 管理层次与指标分解

指标＼层次	战略主题	战略目标	战略指标
财务层面	收入增长 成本降低	提高单位客户收入 降低单位客户成本 增加新的收入机会 去掉非必要服务	净利润 单位客户收入 单位客户成本 交叉销售比率
客户层面	较高的品牌认知度 高性价比产品服务	提高品牌认知度 提供舒适的居住环境 提供差异化入住体验	客户满意度 日客房入住率 客户保持率 新客户增长率
内部流程层面	顶层设计统一化 底层设计标准化 线上线下一体化	标准的法律章程 标准的营运管理 高效的客户管理 有趣的创新设计	雇员对公司章程的执行度 对客户投诉的处理率 日客房入住率 实际指标与预算计划的差异率 与同行业营运资本的差异率
学习与成长层面	提升人力资本准备度 提升信息资本准备度 提升组织资本准备度	培养储备有能力的店长和员工 高效的网络化信息系统 以顾客为导向的文化氛围	客户满意度 员工满意度 新店增长率 信息系统故障率

步骤五：确定和协调无形资产

确定和协调无形资产可以按照以下流程：

（1）确定支持战略流程所要求的人力、信息和组织资本；

（2）评估支持战略的资产准备度；

（3）确定指标和目标值。

战略资产准备度描述了无形资产支持组织战略的程度，它的能力与实物资产的流动性类似，战略资产准备度越高，组织应对不确定性的冗余能力就越强，企业无形资产协助创造现金的速度也就越快。只有当公司内部流程创造较高的收入和利润时，战略准备度才能转化为具体的价值。

我们可以通过对无形资产进行层层分解来描述每项无形资产如何与目标流程相结合，然后为每一层级设定目标值，输入实际值（见表3-4），根据二者的差距得出公司在某一方面存在的缺陷。YD酒店在人力方面设定的目标是培养储备有能力的店长和员工，在信息管理方面，其目标是建立高效的网络化信息系统，在组织方面强调建立以顾客为导向的文化氛围。我们可以据此建立快捷酒店的资产准备度报告，来发现无形资产在战略资产中的薄弱环节。

表 3-4

资　　产	目　　标	指　　标	目标值	实际值
人力资本	人力资本组合	战略工作准备度	A_1	B_1
组织资本	领导力	领导力差距	A_2	B_2
	文化	实现的核心价值	A_3	B_3
	协调一致	战略认知度	A_4	B_4
	团队工作	共享最佳实践	A_5	B_5
信息资本	信息资本组合	信息组合准备度	A_6	B_6

步骤六：确定战略行动方案及资金保障计划

战略地图描述了战略制定和执行的逻辑，确定了价值创造的关键流程，平衡计分卡为战略地图的每一个目标设定了关键指标和目标值。但是目标值的设定并不代表目标的实现，平衡计分卡中的每一项指标的完成都需要管理者确定战略行动方案，而这些行动方案的实施又需要资源来支撑，因此需要合理配置公司的员工、资金和能力，这需要和企业的整体预算工作结合起来。

在确定战略行动方案时，提供资源的行动计划必须和战略主题协调一致，它们是一个集成的运营组合,而不是作为孤立的行动来对待。每个战略主题代表一个独立的业务单元,公司根据主题的内容协调和整合行动方案。在实践中,我们可以用一个简洁统一的表格来推进目标的达成,如表3-5所示。

表3-5 一页纸战略行动计划表

短期经营目标	行动计划	管理方法	
		控制面板	预算资金

长期战略目标（定性目标）

短期经营目标	行动计划	控制面板	预算资金
不同维度战略目标中各战略主题的量化 ● 业务层面 ● 客户层面 ● 流程层面 ● 组织学习成长层面	为实现业绩目标而选定的不同途径	行动策略的量化考量,包括:步骤、时间、负责人	配置到行动计划上的资源

通过制定公司长期战略目标,可以确定业绩差距,它需要调整客户价值主张来弥合和超越,并且需要与时间相联系,在确定实现战略主题的关键流程后,就需要协调组织的无形资产,确定战略行动方案及资金保障计划。我们给出了整套的逻辑步骤,也构建了可视化的控制模板。我们在企业调研和咨询过程中,运用这一整套流程管理的逻辑,再结合公司的战略定位和商业模式设计,可为企业梳理经营思路,带来良好的经济效果。

本章彩蛋

游戏化思维与绩效管理

今天的企业内部管理不可以忽略最基本的人性问题。员工不是用来监督的,而是用来"点燃"的。于是,一个非常令人困惑的问题就浮现出来:一个人玩游戏为什么会上瘾?而工作的时候却会慵懒?一个人在监督的结构中工作会觉得度日如年,而在自愿的情绪中却不知疲惫?

这些问题确实值得琢磨。如何在非游戏情境中使用游戏元素和游戏设计技术,这是当前企业管理中一个值得探讨的话题。可以说,游戏化是企业管理方式进行深度变革的一个方向。

那么，什么是游戏化的管理应用？我们借鉴《游戏化思维》等相关著作的论述，综合研究后认为，将游戏引人入胜的特质抽取并运用到管理环境中，这种管理实践就叫游戏化（gamification）。需要清楚的是管理中的游戏化思维其本质并不是为了娱乐，它是人性与设计过程巧妙融合后的产物。游戏化的核心是帮助我们从必须做的事情中发现乐趣，通过让流程有趣而使得工作任务产生吸引力，它带来的不应该是暂时的乐趣，而是深度乐趣。

（一）游戏化的管理价值

在现实的商业环境中，我们为什么要严肃地对待基于游戏的实践行为呢？我们可以从以下几点发现价值。

1. 管理中的游戏化实践可以提高参与度

管理中的游戏化设计使得工作变得更加有趣。当一个人努力做本就必须做的事情时还有意外的惊喜，这何乐而不为呢？游戏使学习和工作变成兴奋剂，这会带来广泛而深度的参与。而参与本身就具有非常好的商业价值。一个事项让员工深度参与，员工的归属感就会强，事项带来的冲突性就会减弱；而一个事项让客户深度参与，客户的满意度和忠诚度就会更高。我们要始终围绕真正参与度的提高来改进工作效率。

2. 管理中的游戏化实验开拓了更多可能性

游戏的实验性开拓了更多的可能性。在游戏中会经历失败，但因为你总可以重新开始，所以失败感永远没有那么沉重。如果游戏设计有效，难度不大，也没有想象中的容易，参与者就会更加积极地提高自己的技能。游戏鼓励不断尝试新的不同的甚至疯狂的策略，以找到更好、更快的过关方法。这种场景非常适合在不确定中快速试错迭代的逻辑，符合当今快速变化的商业环境对不断创新的要求。从这种意义上说，创新可以视为一种严肃游戏，它为企业提高利润和达成商业目标提供了一个有效的实现途径。

3. 管理中的游戏化成果是有效的

管理中的游戏化策略往往成效显著。它所带来的情感共鸣能够让参与者更加深入地介入企业的产品、业务或交易事项中，并把枯燥但有价值的工作变成一个令人兴奋的游戏挑战，同时还能够接受它的不完美。管理中的游戏化思维的运用可以构建企业员工参与的内部游戏、客户参与的外部游戏，它们最终将带来参与者的行为变化，而这种行为变化可能正是组织期待的方向。当然，一个必须意识到的问题是，组织不可以把游戏化当作压榨员工的遮羞布。游戏化只是为了通过趣味激活每个人内心中最本质的满足感。

（二）游戏化设计的关注要点

游戏化就是把不是游戏的东西或工作变成游戏。游戏化的目标并非要建立一个完备的游戏，也不是要通过你的产品进入另一个虚拟世界，而是要利用一些基本的游戏元素，让参与者获得情感共鸣并获得乐趣。它能够提高组织管理中的员工参与性、主观能动性并带来实质性的业绩改进。

玩家是游戏的核心，利益相关方则是管理的核心。玩家需要在游戏中拥有掌控感，玩家的兴奋感源于玩家的自主意识，所以在管理中引入游戏化思维需要激活参与者的自主意识，让他们通过选择获得掌控的快感，这需要解决以下4大核心问题。

1. 参与者的动机：内在动机与外在动机

当一个人拥有想要做某件事情的冲动，并且这种冲动是被内心的渴望驱使的时候，这就是一种内在动机，与之对应的是感觉自己不得不去做某件事的时候，这就是外在动机。

行为主义心理学家认为，"萝卜加大棒"的激励策略往往能增强外在动机的行为效率，然而系统地运用奖励或惩罚措施将会制约或加强对进一步的奖励或惩罚的预期，这会加大组织的运行成本。

认知主义者则更多地关注内在动机。内在动机聚焦一个人的内心满足感。它包括对能力的提升，关系的完善，以及从事自己最喜欢的事情或负责一个重要项目时发自内心的愉悦感。

人类本质上是积极的，并且具有强大的来自内心的发展欲望，但是外部环境必须支持，否则将会阻碍这些内部激励的发生和起效。比起完全依赖类似补偿的传统绩效杠杆，为员工创造一个他们想要积极表现的工作环境是更明智的选择。真正有价值的员工往往更关注工作所带来的体验历程，而不仅仅是奖励的内容。

从某种意义上说，传统的外在奖惩机制适用于本质上并不那么有趣的活动，外在动机可以帮助人们享受那些无聊的活动，外在奖励可以帮助一个人在处理枯燥、重复、单调的工作时获得积极的行为效果。

游戏机制可以通过不同的方法让那些内在动机不能发挥功效的活动重获生机，并尽力将动机内化到行为人自己的价值观和自我意识之中。这些被视为对个人未来或价值重要的任务可以通过整合动机来驱动，即将基于外在动机的行为转化为内在动机的意愿。

2. 有意义的选择：僵化的制约和弹性的空间

提供有意义的选择意味着给参与者更多自由。这种选择会带来挑战和乐趣，它能激活人们心中最原始的需求：自主需求、能力需求和关系需求。

自主需求强调"我来决定怎么完成"；能力需求强调"我做出来了"；而关系需求则强调"我可以与朋友们分享自己的成果"。

一个有奖励但缺乏自主空间的绩效考评系统很快就会让参与者觉得被剥夺了能动性而感到乏味，而在一个有自主选择的空间中行动，满足感和荣耀会极大地提升。这如同老子在《道德经》里的一句话"功成事遂，百姓皆谓我自然。"老百姓做成了事，在追述功劳的时候，都说：这是我自己干的。让员工在工作中获得荣耀是最好的激励。

3. 量化的数据：及时记录与实时反馈

游戏虽然有趣，但还是需要用量化体系来衡量游戏的质量和参与者的行为。在游戏的场景中，追踪和记录用户行为是相对容易的，所有相关数据都会被反馈到一个线上系统，用于更好地管理和提升游戏的质量。但是，现实的管理困境是，员工的行为很难被及时记录和实时反馈，这种延迟导致了企业管理系统的迟钝湮没了员工的激情。如果组织没有确定的标准将高质量的员工行为与低质量的员工行为区分开来，组织凭什么苛求员工的优异表现。

因此，高质量的信息反馈可以提高员工的自主性和自我报告的内在动机。每个人都希望在他们表现得如何的问题上得到及时反馈。游戏场景在这方面比工作场景做得好得多，游戏创造了名副其实的反馈集合：不断更新的记分牌，炫目的色彩，激情的音效等，玩家可以根据这些数据反馈及时调整自己的行为。你会发现，对过程的控制导向了你想要的结果，例如，客户的满意度提升了销售数额，如果你给员工提供客户满意度的反馈回路，而不是销售数额，那么员工也会开始关心客户的满意度，而不是每月的销售记录。然而，令人遗憾的是传统的绩效体系往往倾向于对结果的直接考核，一旦失去对过程的关注，结果会受到很多干扰。反馈回路的重新设计可以提供成功的标准，还可以在反馈方向上不断调整员工行为。

4. 相互衔接的机制：游戏化设计与传统激励制度

游戏化设计与传统激励制度之间要避免潜在的冲突。研究表明，像排行榜这样的游戏机制使用不当反而会降低员工的工作效率，尤其当它与工资奖金这样的传统奖励方式挂钩的时候，当员工看到自己在排行榜的位置如此之低的时候，他们更倾向于放弃。因此，企业必须找出现有的针对目标人群的激励方式，并考虑这些现有机制该如何与游戏化机制协同运作。

鲁莽的奖励有时甚至会挤出乐趣，这会导致一种所谓的"奖励的惩罚"。外在动机往往会排挤内在动机。如果创建了一个作为外在动机的反馈回路，这也可能会随着时间的推移排挤出员工体验到的内在满足感。例如，在执行一项有趣的任务的过程中，当它的外在动机过于与有偿奖励挂钩时，内在动机就会慢慢消散。当奖励被视为理所当然时，我们的大脑就会把它当作一种沉没利益，只能为我们带来微不足道的乐趣，工作本质上变得不再是值得去做的，外在回报成为越来越差的替代品，正因如此，企业不应该盲目地将外在动机附着在内在动机上。实践表明，参与者内在和外在动机的整合需要有一个好的制度安排作为基础，那就是游戏化设计与传统激励制度的有效衔接和融合，但这并不是一件容易的事情。

（三）游戏化设计的关键要素

游戏是自我决定系统的完美诠释。没有人强迫游戏参与者，大家都是出于自愿。但游戏化的设计却是一种以有计划有方向的方式获取乐趣的机制，它利用现有的资源创建出引人入胜的体验，从而驱使参与者做出你想要的行为。游戏化思维在企业管理中的应用就是希望通过创造乐趣来实现更多的业绩目标。这里的乐趣包括挑战的乐趣，放松的乐趣，新奇的乐趣和分享的乐趣等。乐趣往往是自然发生偶然出现的，它难以被预先验证。证明系统是有趣的最好方式，就是通过严格的设计步骤建设系统，利用适当的工具，测试系统，并对其不断完善。

我们首先来聊聊游戏化系统中最基本的三大设计要素：点数、徽章和排行榜。

1. 点数（points）

点数可以用来激励员工完成某些任务。它有很多管理功效，例如，它可以有效计分，提供反馈，确定获胜状态，成为对外显示成就的方式，它还可以在事件进程和外在奖励之间构建联系并为企业管理提供分析数据。

2. 徽章（badges）

徽章可以看作是点数的集合。它是一种视觉化的成就，可以表明员工在事件进程中取得的进步。通过颁发徽章，可以简单地划定点数的级别。

徽章可以为参与者提供努力的目标方向，并对动机产生积极影响。徽章可以提供一定的指示，使其了解系统内什么是可以实现的，以及系统是用来做什么的。它可以被视为入伙或参与某个系统的重要标志（名人堂、劳模）。它甚至是一种信号，可以传递组织关心什么，表现如何，它是一种记录员工声誉的视觉标记，员工往往会通过获得的徽章向别人展示自己的能力。徽章也是一种虚拟身份的象征，是对员工在游戏化系统中个人历程的一种肯定。作为团体标记物，一旦获得徽章，就会与其他拥有相同徽章的个人或团体产生认同感，一个精良的游戏设计会将徽章与参与者的认同感结合在一起。徽章的设计还有很好的灵活性，不同种类的徽章可以被用来鼓励不同种类的活动，徽章的范围仅受到游戏化设计师的想象力和业务需求的限制，这就使得多种利益诉求的表达成为可能，这是单一点数系统所不能提供的服务。同样的工作场景，可能拥有完全不同的徽章系统。当然，徽章还可以发挥认证功能，例如，大学文凭就是一种徽章，它背书了拥有者具备一定程度的技能和知识。

3. 排行榜（leaderboards）

如果我们想知道相比于其他人自己达到了何种水平，排行榜就能给出点数和徽章不能表达的事件进程。在使用得当的情况下，排行榜是有力的激励机制，但有时会削弱士气。

排行榜不必作为一个静态的记分牌，也不必只追踪一种特征，它需要在不同属性和维度上进行追踪。企业可以拥有测量不同维度的排行榜。竞争不一定有效，一个有趣的竞争却可以帮助公司生产出更好的产品。

其实，游戏化系统中可以有更多的设计元素，如团队合作、徽章收集、任务达成、赠予与奖励等。一个好的游戏化系统需要明确商业目标，划定目标行为，构建制衡机制并能激发员工的好奇心。商业中的游戏化是一件严肃的事情，但绝对不应忘记乐趣的重要性。不要把游戏化视为一种变相的、能更多地压榨客户和员工的工具，游戏化是一种方式，能为人们提供真正意义上的快乐，能帮助参与者在推进进程的同时实现自己和组织的业绩目标。

本章思考

1. 你在投资合作中的股权问题如何充分利用股权动态调整机制？
2. 你在激励机制的制度设计中如何借鉴游戏化的策略？
3. 你将如何运用平衡计分卡的价值管理逻辑改善企业的营运绩效？

第四章

资本模式创新：财务结构 + 金融结构 + 增长结构

对于很多企业领导者而言，财务领域一直是独立于其他管理板块的，无论是战略、营销还是人力资源领域，只要在商场上厮杀过的管理者，都会有自己独到的看法，不一定完全对，但一定可以分享。唯独在财务领域，不可能靠自己的顿悟就能弄明白"三张主表"（资产负债表、利润表和现金流量表）之间的逻辑依存关系。

在这个板块，我们并没有打算让企业家秒懂财务的全面细节，但是，把企业的三大财务主表之间的基本逻辑关系弄明白是可以做到的，这也为财务与业务之间的互动奠定了一个良好的认知基础。

一、财务结构：会计循环与结构安排

（一）会计钩稽：资产·负债·权益·利润·现金流

我们通过一个简单的案例来解读企业会计循环系统，这个案例的数据也将与我们下一章的公司估值问题连接起来。

1. ABC公司的资产负债表

企业资产负债表的基本逻辑就是"资产 = 负债 + 所有者权益"，这非常好理解，"负债"代表了企业找债权人借的钱，"所有者权益"代表了企业股东自己筹的钱，二者一起代表了企业资金的来源，它们都在资产负债表的右边呈现，而资金的来源一定等于资金的去向，它们最终形成的就是各种形式的"资产"，包括现金、应收账款、存货和固定资产等，它们会按照资产的流动性水平从高到低排列在资产负债表的左边。ABC公司的资产负债表如表4-1所示。

表 4-1　ABC 公司资产负债表　　　　　　（单位：万元）

项目＼时间	2015.12.31	2016.12.31	2017.12.31
资产			
流动资产			
现金	600	1 400	1 250
应收账款	4 600	5 000	5 700
存货	5 200	5 700	7 200
固定资产			
原值	9 000	9 000	9 300
累计折旧	3 400	3 900	4 000
总资产合计	16 000	17 200	19 450
负债和所有者权益			
流动负债			
短期负债	1 500	2 200	2 300
应付账款	3 900	4 400	5 200
长期负债	4 200	3 400	3 800
所有者权益	6 400	7 200	8 150
负债和所有者权益合计	16 000	17 200	19 450

企业的资产负债表是关于企业经营在某一个时点上（比如 12 月 31 日）资源配置的呈报。在每个呈报时点上，资产负债表的左右肯定平衡，因为资金的来源一定等于资金的去向。在实践中，虽然大多数企业家可能更关注利润表，毕竟利润表给了你一个结果——今年一共赚了多少钱，但是企业几乎所有的经营运作都是围绕着资产负债表的项目来进行的，包括兼并收购、债务重组、售后回租等，所以，从企业管理的角度来说，资产负债表更为核心。企业对资产负债表经营管理的结果体现为一个时期的经营成果，对这个经营成果有两种计量模式：权责发生制和收付实现制，最终，公司财务部门依据权责发生制编制了利润表，依据收付实现制编制了现金流量表。

2. ABC 公司的利润表

利润表的编制在不同的会计准则要求下会有差异，但是基本的逻辑是一致的，那就是

$$利润 = 收入 - 成本 - 费用 - 所得税$$

我们来看看 ABC 公司近三年的利润表，如表 4-2 所示。

表 4-2　ABC 公司利润表　　　　　　　　（单位：万元）

年份 项目	2015	2016	2017
销售净额	39 000	42 000	48 000
销售成本	32 800	35 300	40 000
毛利润	6 200	6 700	8 000
销售和管理费用	3 980	4 370	4 800
折旧	500	500	800
营业利润	1 720	1 830	2 400
非经常项目	0	0	0
EBIT	1 720	1 830	2 400
净利息费用	550	500	700
EBT	1 170	1 330	1 700
所得税	290	330	430
EAT	880	1 000	1 270
股利	200	200	320
留存收益	680	800	950

在上面的计算逻辑中，没有考虑非经常项目对收益的影响，EBIT 是指息税前利润，英文的全称是"Earnings Before Interest and Tax"，EBT 是指税前利润，英文的全称是"Earnings Before Tax"，EAT 是指税后利润，英文的全称是"Earnings After Tax"。

3. 资产负债表与利润表的钩稽

为了解读 ABC 公司资产负债表和利润表之间的钩稽关系，我们对 ABC 公司近 3 年（2015 年、2016 年、2017 年）的相关业务补充如下：

2016 年没有处置或购置固定资产；

2017 年，公司扩建仓库花费了 1 200 万元；同时以账面价值 200 万元出售一部分固定资产，该资产原值 900 万元；

长期借款以每年 800 万元的速度偿还，2016 年没有新的长期借款，2017 年为扩建仓库筹资，从银行取得抵押借款 1 200 万元；

公司在 2015—2017 年没有发行或购买新的股票；

公司没有利息收入，故净利息费用等于利息支出费用。

在前文的案例中，我们把资产负债表的权益项合计在一起，其实，如果更细致地了解资产负债表，在所有者权益部分至少包括实收资本（股本）、资本公积、盈余公积和未分配利润这几个项目。

因为资产负债表是一个时点报表，而利润表是一个时期报表，两个不同时点之间就是一段时期，资产负债表与利润表之间的联系主要是：资产负债表中未分配利润的期末数减去期初数应该等于利润表中当期创造的留存收益。留存收益其实就是企业在赚取了收入，支付了成本费用，交了税金后，将所得的净利润分一部分红利给股东之后余下的部分。

从ABC公司利润表中可以看到，2015年至2017年的ABC公司的净利润分别为880万元、1 000万元、1 270万元，净利润分红之后的留存收益分别为680万元、800万元、950万元。

这些留存去了哪里呢？

我们在前面阐述过，企业的资本一般来源于两个渠道：资产负债表右半部分的负债和所有者权益。负债是债权人对企业的投入，而所有者权益是股东对企业的投入。

ABC公司创造的净利润除去发放给股东的股利，剩余部分的留存收益最终流进了资产负债表右边所有者权益中的未分配利润，这一点是整个资产负债表与利润表之间最为重要的钩稽关系。

企业经营得到的净利润原本是可以全部发放给股东的，但是为了ABC公司的长远发展，将净利润切分为两个部分，一部分作为股利发放给股东；另一部分则以留存收益的形式继续投入到ABC公司，形成ABC公司的实业积累，这体现在资产负债表的未分配利润项下。ABC公司通过这种实业的积累方式不断壮大。

我们来验算一下ABC公司这几年资产负债表和利润表之间的钩稽关系。

2016年ABC公司利润表上列示的留存收益为800万元，2015年的所有者权益为6 400万元，2016年的所有者权益为7 200万元，2016年所有者权益比2015年增加了800万元（7 200-6 400=800），这里800万元就是2016年的留存收益。也就是说，利润表中列示的留存收益最终流向当年资产负债表的所有者权益。

我们继续用这个原理来验证2017年的相关数据。2017年留存收益为950万元，2017年所有者权益为8 150万元，比2016年的所有者权益正好增加950万元（8 150-7 200=950）。资本以这种方式耐心地累积着。

我们再看看 ABC 公司资产负债表和利润表中其他几个隐藏的细节。

固定资产的原值在 2017 年增加了 300 万元（9 300-9 000=300），其原因是 2017 年增加了 1 200 万元的资本支出，同时又处置了 900 万元的存量资产；

累计折旧在 2016 年增长了 500 万元（3 900-3 400=500），ABC 公司的利润表在 2016 年计提了 500 万元的折旧费；

累计折旧在 2017 年增长了 100 万元（4 000-3 900=100），这里的原因是，在 2017 年公司计提了 800 万元的累计折旧，同时在 2017 年由于处置了 900 万元的存量资产，变现值等于其账面值 200 万元，所以冲销了 700 万元的累计折旧，这导致资产负债表上的累计折旧在 2017 年净增加 100 万元；

长期借款在 2016 年减少了 800 万元（3 400-4 200=-800），而在 2017 年却增加了 400 万元（3 800-3 400=400），这是因为根据还款计划，2017 年也需要偿还 800 万元的贷款，与此同时，ABC 公司又增加了 1 200 万元的借款。

4. ABC 公司的现金流量表

资产负债表主要从一个存量的角度反映报告单位某一时点上资产、负债与股东权益的状况，利润表则是从一个流量的角度反映报告单位某一时期的经营成果，现金流量表则是从一个现金流量的角度反映报告单位某一时期的资金运用状况。

企业在权责发生制的基础上编制了资产负债表和利润表，对自身的财务状况和经营成果做出了反映，但由于权责发生制本身脱离了现金的收付，导致报表使用者无法从现金衡量的角度去评价企业实际可执行的财务能力。让企业破产的不一定是利润的亏损，但压死骆驼的最后一根稻草一定是资金链断裂。因此，现金流量表变得越来越重要。

现金流量表的基本结构包括：经营活动现金流量、投资活动现金流量和筹资活动现金流量。资产负债表同现金流量表之间的关系，主要是资产负债表的库存现金，银行存款及其他货币资金等项目的期末数减去期初数，应该等于现金流量表中的现金流量净额。用公式表示如下：

本期现金流量净额＝经营活动产生的现金流量＋投资活动产生的现金流量＋筹资活动产生的现金流量＝期末现金余额－期初现金余额

一般而言，资产负债表中的现金是指库存现金、银行存款以及其他货币资金，现金流量表中不涉及现金等价物。

我们可以根据 ABC 公司的资产负债表和利润表资料，简单推演出 ABC

公司的现金流量表。

首先，分析经营活动的现金流量。

我们可以把 ABC 公司的收入、成本、费用和缴纳的税金直接从利润表中复制到现金流量表的经营活动现金流量部分。但是要把数据从权责发生制转换到收付实现制，我们需要对经营中的往来账进行一个简单的整理。

这里学习一个重要的财务概念：营运资本需求 WCR。

WCR 的英文是"Working Capital Requirement"，它等于企业经营性资产扣减经营性负债，在这里我们可以简单的定义公式：

WCR=（应收账款+存货）-应付账款

WCR 的净增加意味着现金的流出，WCR 的减少意味着现金的流入。举例说明一下，应收账款的增加，对应着收入的增加，但是并未换回现金流入，所以要扣减收入数据；存货的增加意味着现金流出，但是却并未影响损益，也就是说没有影响利润表中的收入和成本，所以视为现金流出；应付账款的减少则意味着现金的流出。

下面根据这个公式来计算一下 ABC 公司经营活动现金流的状况：

营运资本需求变动 WCR=（应收账款+存货）-应付账款

$$WCR_{2015}=4\,600+5\,200-3\,900=5\,900$$
$$WCR_{2016}=5\,000+5\,700-4\,400=6\,300$$
$$WCR_{2017}=5\,700+7\,200-5\,200=7\,700$$

所以，2016 年的营运资本需求增长 400 万元（6 300-5 900=400）；2017 年的营运资本需求增长 1 400 万元（7 700-6 300=1 400）。

由此，我们可以推演出 ABC 公司现金流量表的经营活动部分的相关数据，如表 4-3 所示。

表 4-3　ABC 公司经营活动现金流量　　　　　　　　　（单位：万元）

年份 项目	2016	2017
经营活动现金流量		
销售收入净额	42 000	48 000
销售成本	35 300	40 000
销售及管理费用	4 370	4 800
税金	330	430
营运资本需求变动	400	1 400
经营净现金流	1 600	1 370

ABC 公司 2016 年的经营净现金流 = 42 000-35 300-4 370-330-400=1 600 万元；

ABC 公司 2017 年的经营净现金流 = 48 000-40 000-4 800-430-1 400=1 370 万元。

ABC 公司投融资活动相对直观，可以一并进行讨论。

在投资活动中：

ABC 公司在 2017 年出售固定资产现金收入 200 万元；

ABC 公司在 2017 年修建厂房投资支出 1 200 万元。

除此之外，没有更多的事项。

在筹资活动中：

ABC 公司在 2017 年长期借款融资流入 1 200 万元；

ABC 公司在 2016 年短期借款融资流入 700 万元（2 200-1 500=700），在 2017 年短期借款融资流入 100 万元（2 300-2 200=100），这些可以根据资产负债表数据得到。

根据案例资料，2016 年偿还长期借款 800 万元（3 400-4 200=-800），2017 年也将偿还长期借款 800 万元，但是由于又借了 1 200 万元，所以长期借款在资产负债表中的数据是 3 800 万元（3 400-800+1 200=3 800）。

ABC 公司在 2016 年和 2017 年分别支付利息 500 万元和 700 万元；

ABC 公司在 2016 年和 2017 年分别支付股利 200 万元和 320 万元。

根据以上分析，ABC 公司近两年（2016 年、2017 年）的现金流量表数据，如表 4-4 所示。

表 4-4　ABC 公司现金流量表　　　　（单位：万元）

年份 项目	2016	2017
经营活动现金流量		
销售收入净额	42 000	48 000
销售成本	35 300	40 000
销售及管理费用	4 370	4 800
税金	330	430
营运资本需求变动	400	1 400
A 经营净现金流	1 600	1 370

续表

投资活动现金流量		
出售固定资产	0	200
资本性支出及并购	0	1 200
B 投资净现金流	0	-1 000
筹资活动现金流量		
增加长期借款	0	1 200
增加短期借款	700	100
偿还长期借款	800	800
支付利息	500	700
支付股利	200	320
C 筹资净现金流	-800	-520
D 总净现金流	800	-150
E 期初现金	600	1 400
F 期末现金	1 400	1 250

2016年经营净现金流为1 600万元，投资净现金流为0元（因为没有相关事项），筹资净现金流为-800万元（700-800-500-200=-800），总现金流为三者之和800万元（1 600-800=800）。

2017年经营净现金流为1 370万元，投资净现金流为-1 000万元（200-1 200=-1 000），筹资净现金流为-520万元（1 200+100-800-700-320=-520），总现金流为三者之和为-150万元（1 370-1 000-520=-150）。

现金流量表与资产负债表的钩稽关系体现在现金这个科目上。

现金流量表中的总净现金流直接影响资产负债表中现金的变化。

2015年资产负债表中现金为600万元，2016年资产负债表中现金为1 400万元，说明2016年比2015年现金增加了800万元，这部分增加的现金来自哪里？2016年的现金流量表生动具体地展现了800万元增量现金的来源：经营净现金流为1 600万元，投资净现金流为0元，筹资净现金流为-800万元，总现金流为三者之和800万元。

运用公式表示：

本年末资产负债表中现金 = 上年末资产负债表中现金 + 本年现金流量表中总净现金流

用此公式来验证2017年，可以得到下面的式子：

$$1\,250=1\,400-150$$

等式两边相等,验证了公式。

现金流量表完整地记录了每一笔现金的流入、流出、结余情况,评价企业当前及未来的偿债能力和支付能力,科学预测企业未来的财务状况,从而为其科学决策提供充分有效的依据。判断一家企业经营状况的好坏,可以通过现金流量表来反映。如果一家企业利润丰厚但是现金流枯竭,再不注入资金就离破产不远了。有的企业账面上没有盈利但有充裕的现金流,则企业一定可以存续。

(二)财务分析:杜邦分析体系与财务战略矩阵

当我们对公司三大主表的逻辑有了一定的认知之后,就需要对报表的数据进行分析解读。对一家企业进行财务解读,我们认为可以分为两个层次:基础的杜邦分析体系和高阶的财务战略矩阵。前者主要对企业的偿债能力、营运能力、盈利能力进行分析,而后者则主要对企业财务战略决策提供支持。

1. 杜邦分析体系

(1)偿债能力分析。 偿债能力指企业偿还债务的能力。企业偿债能力的强弱能够决定企业的财务状况和财务风险,影响到利益相关者比如管理者、股东和债权人等的利益。股东考虑到公司的长远发展从而进行偿债能力的分析,企业如果能够按期偿还债务,则其持续经营就不会受到影响;管理者考虑到企业生产经营的正常运营从而进行偿债能力的分析,偿债能力的强弱体现了企业资金的循环与周转能力;而债权人需要评价借贷决策的风险从而也需要进行偿债能力的分析,企业如果能够按期偿还借款本金并且支付相应的利息,则债权人愿意借出资金,反之则不愿意。

企业的偿债能力分析一般分为短期偿债能力分析和长期偿债能力分析。前者主要关注流动比率和速动比率,而后者则主要关注企业的资产负债率。

$$流动比率 = 流动资产 \div 流动负债$$
$$速动比率 = 速动资产 \div 流动负债$$
$$资产负债率 = 负债总额 \div 资产总额$$

以上节内容中的案例数据为基础来计算企业的偿债能力相关指标,如表4-5所示。为了简化计算,我们在这里都选取各年末的财务数据而不是年初加年末的数据除以2,由于案例公司相对成熟稳定,这样的处理并没有太大问题。我们在这里主要还是侧重财务原理的应用,后面的相关计算也遵循同样的逻辑。

表 4-5 企业偿债能力分析相关指标表

年份 项目	2015	2016	2017
流动比率	1.93	1.83	1.89
速动比率	0.96	0.97	0.93
资产负债率	0.60	0.58	0.58

流动比率

2015 年:10 400÷5 400=1.93

2016 年:12 100÷6 600=1.83

2017 年:14 150÷7 500=1.89

速动比率

2015 年:5 200÷5 400=0.96

2016 年:6 400÷6 600=0.97

2017 年:6 950÷7 500=0.93

资产负债率

2015 年:9 600÷16 000=0.60

2016 年:10 000÷17 200=0.58

2017 年:11 300÷19 450=0.58

企业偿债能力分析相关指标的变化趋势如图 4-1 所示。

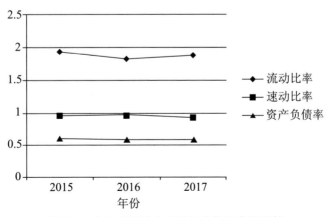

图 4-1 企业偿债能力分析相关指标变化趋势

流动比率呈现先下降后上升的趋势,速动比率呈现先上升后下降的趋势,但均变化不大,且流动比率接近2,速动比率接近1,表明企业的短期偿债能力较强。资产负债率呈现逐年下降的趋势,表明企业的长期偿债能力逐年增强。

其实,企业在进行偿债能力分析时,一定要对企业的债务类型进行多维度的讨论。例如,企业的负债是长期债还是短期债?是有息负债还是无息负债?这些细节都不可能在一个资产负债率指标的计算中解读出来。更进一步来谈,资产负债率高就一定是坏公司吗?一部分实证研究的结论却发现:越是好的企业有时会把自己的负债率提高到一个劣质企业所不敢模仿的高度,从而使自己同其他企业区别开来,这是信号理论的经典结论。

(2)**营运能力分析**。营运能力是指企业的资产运营的效率与效益。该能力体现了企业资产管理能力的高低,该能力的提高意味着投入的减少或产出的增加。企业应该占用尽量少的资产,花费最短的周转时间,但生产尽可能多的产品,实现最多的收入和净利润,创造最大的价值。营运能力有时也体现了企业组织的商业哲学,你到底是希望拥有资产的所有权还是使用权?当你更倾向于持有一项资产的时候,周转就会变得缓慢。

企业的营运能力分析一般分为流动资产营运能力分析、非流动资产营运能力分析、总资产营运能力分析,分别通过应收账款和存货周转率、固定资产周转率、总资产周转率等相关指标进行讨论。

$$应收账款周转率 = 营业收入 \div 应收账款$$
$$存货周转率 = 营业成本 \div 存货$$
$$固定资产周转率 = 营业收入 \div 固定资产净值$$
$$总资产周转率 = 营业收入 \div 总资产$$

我们以上节内容中的案例数据为基础来计算企业的营运能力相关指标,如表4-6所示。

表4-6　企业营运能力分析相关指标表

年份 项目	2015	2016	2017
应收账款周转率	8.48	8.40	8.42
存货周转率	6.31	6.19	5.56
固定资产周转率	6.96	8.24	9.06
总资产周转率	2.44	2.44	2.47

应收账款周转率

2015 年：39 000÷4 600=8.48

2016 年：42 000÷5 000=8.40

2017 年：48 000÷5 700=8.42

存货周转率

2015 年：32 800÷5 200=6.31

2016 年：35 300÷5 700=6.19

2017 年：40 000÷7 200=5.56

固定资产周转率

2015 年：39 000÷5 600=6.96

2016 年：42 000÷5 100=8.24

2017 年：48 000÷5 300=9.06

总资产周转率

2015 年：39 000÷16 000=2.44

2016 年：42 000÷17 200=2.44

2017 年：48 000÷19 450=2.47

企业营运能力分析相关指标的变化趋势，如图 4-2 所示。

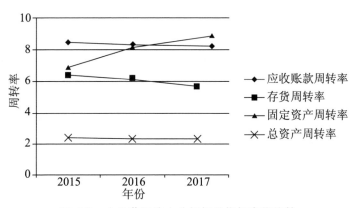

图 4-2　企业营运能力分析相关指标变化趋势

应收账款周转率先下降后上升，但变化不大，存货周转率逐年下降，表明企业的流动资产运营能力逐年减弱；固定资产周转率和总资产周转率都在逐年上升，这表明企业整体的运营能力是逐年增强的，但是这些数据背后的原因也有可能是因为企业计提了更多的折旧从而导致固定资产的净值下降了，进而在收入没有显著增加的时候，周转率指标却提高了。

（3）盈利能力分析。盈利能力是指企业在一定的时期内赚取利润的能力。企业能够赚取利润是企业持续经营且稳定发展的目标和保证，企业通过资本积累的方式能够扩大生产规模，快速健康地成长。同时，盈利能力能够很好地衡量管理者业绩，通过它管理者能够发现企业运营中存在的问题，从而更好地管理企业，提高企业运营能力和偿债能力，最终提高企业的盈利能力。

当前摆在企业家或创业者面前的一个难题是，如果你一直追求企业的盈利至上，那么，一直在赚钱的你可能会慢慢变得不值钱。你到底是想做一家赚钱的企业还是做一家值钱的企业呢？也许二者都不可偏废。如何让你的公司既赚钱又值钱，这需要更好地领悟商业的本质。

企业的盈利能力分析一般通过净资产收益率、销售毛利率和销售净利率来进行讨论。

$$净资产收益率 = 净利润 \div 净资产$$
$$销售毛利率 = 毛利润 \div 营业收入$$
$$销售净利率 = 净利润 \div 营业收入$$

以上节内容中的案例数据为基础来计算企业的盈利能力相关指标，如表 4-7 所示。

表 4-7 企业盈利能力分析相关指标表

年份 项目	2015	2016	2017
净资产收益率（%）	13.75	13.89	15.58
销售毛利率（%）	15.90	15.95	16.67
销售净利率（%）	2.26	2.38	2.65

净资产收益率

2015 年：880÷6 400=13.75%

2016 年：1 000÷7 200=13.89%

2017 年：1 270÷8 150=15.58%

销售毛利率

2015 年：6 200÷39 000=15.90%

2016 年：6 700÷42 000=15.95%

2017 年：8 000÷48 000=16.67%

销售净利率

2015 年：880÷39 000=2.26%

2016 年：1 000÷42 000=2.38%

2017 年：1 270÷48 000=2.65%

企业盈利能力分析相关指标的变化趋势，如图 4-3 所示。

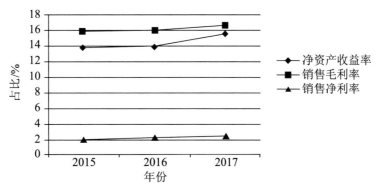

图 4-3　企业盈利能力分析相关指标变化趋势

企业的净资产收益率、销售毛利率和销售净利率均逐年上升，表明企业的盈利能力逐年增强。

（4）**增长能力分析**。增长能力是指企业在未来一定时期内生产经营的增长趋势和增长水平。它是企业通过自身的生产经营活动、不断扩大积累而形成的发展潜能，体现了企业的未来增长趋势。通过关注企业的增长能力能够促进企业的领导者克服短期行为，注重企业的长远发展和持续经营的能力。我们在分析企业的增长能力时，不仅要重视短期的财务指标增长率，更要重视客户增长、技术创新、客户口碑等方面的协调发展，达到企业长期价值最大化。

企业的增长能力与可持续增长率关系密切，可持续增长率将在下文中详细阐述。

（5）**杜邦分析：一个整合的体系**。杜邦分析法的基本思想是将企业净资产收益率逐级分解为多项财务比率乘积，如图 4-4 所示，从而深入分析比较企业经营业绩。

一般将净资产收益率分解为销售净利率、资产周转率和权益乘数三个部分。

净资产收益率＝销售净利率（净利润÷销售收入）×资产周转率（销售收入÷总资产）×权益乘数（总资产÷权益）

销售净利率和资产周转率这两个指标决定了资产净利率。其中，销售净利率反映了企业的盈利能力，资产周转率反映了企业的营运能力。扩大销售收入、降低成本费用是提高企业销售利润率的根本途径，而扩大销售，同时也是提高资产周转率的必要条件和途径。

权益乘数表示企业的负债程度，反映了公司利用财务杠杆进行经营活动的程度和偿债能力。资产负债率高，权益乘数就大，这说明公司负债程度高，公司会有较多的杠杆利益，但风险也高，偿债压力大；反之，资产负债率低，权益乘数就小，这说明公司负债程度低，公司会有较少的杠杆利益，但相应所承担的风险也低，偿债压力小。

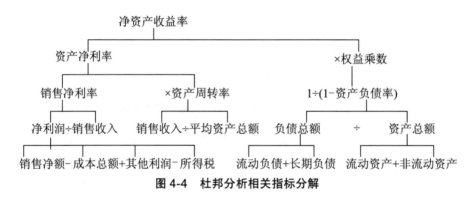

图 4-4　杜邦分析相关指标分解

以上节内容中的案例数据为基础来计算杜邦分析的相关指标，如表 4-8 所示。

表 4-8　杜邦分析之相关指标数值表

年份 项目	2015	2016	2017
净资产收益（%）	13.75	13.89	15.58
销售净利率（%）	2.26	2.38	2.65
资产周转率	2.44	2.44	2.47
权益乘数	2.49	2.39	2.38

权益乘数

2015 年：13.75%÷（2.26%×2.44）=2.49

2016 年：13.89%÷（2.38%×2.44）=2.39

2017 年：15.58%÷（2.65%×2.47）=2.38

杜邦分析相关指标的变化趋势，如图 4-5 所示。

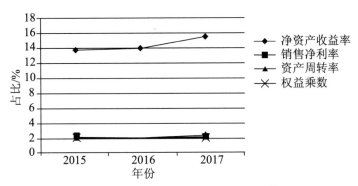

图 4-5　杜邦分析之相关指标变化趋势

2015 年至 2017 年销售净利率和资产周转率呈现相同变化趋势，逐年增长，权益乘数呈现下降趋势，但变化不大，最终公司净资产收益率逐年增长，呈现增长趋势。销售净利率的增长表明企业的盈利能力逐年增长，资产周转率逐年增长表明企业的营运能力逐年增强，权益乘数呈现略微下降趋势，表明企业的偿债能力逐渐增强，但变化不大。净资产收益率逐年增长表明企业的股本回报率逐渐增强，资本增值能力不断增强。由此可见，杜邦财务分析系统把企业的盈利能力分析、资产周转能力分析和偿债能力分析都整合到了一个体系。

2. 财务战略矩阵

（1）经济增加值。经济增加值（economic value added，EVA）由美国思腾思特公司于 1991 年提出，用来评价企业的真实价值创造。EVA 揭示出，如果企业想要在投资后获得真实回报，就必须使赚取的收入在完全补偿经营的全部成本费用后，还要充分补偿投资者投入资本的资金占用费，这里的投资者既包括债权人也包括股权人。公司只有在扣除了所有经营成本与资本成本后还有净所得，才叫真正创造了价值，这就是 EVA。

EVA 的公式可以进行如下变化：

$$EVA = 息前税后利润 - 资本费用$$
$$= EBIT \cdot (1-T) - I \cdot (1-T) - E \cdot K_s$$
$$= NOPAT - WACC \cdot C$$
$$= ROIC \cdot C - WACC \cdot C$$
$$= (投入资本回报率 ROIC - 加权平均资本成本 WACC) \times 投资成本 C$$

公式中：

EBIT 指息税前利润；

I 指利息费用；

T 指企业所承担的所得税率；

E 指企业占用的股权资本；

K_s 指企业的股权资金成本；

WACC 指企业的加权平均资金成本；

C 指企业的占用资本，包括股权资本和债权资本；NOPAT 指税后净营业利润，即息前税后净利润；

ROIC 指投入资本回报率，它等于税后净营业利润（NOPAT）除以占用资本（C）。

当投入资本回报率大于加权平均成本时，EVA 大于零，企业创造了价值。

以上节内容中的 ABC 案例数据为基础来计算企业的经济增加值相关指标，如表 4-9 所示。

表 4-9 EVA 相关指标表

年份 项目	2015	2016	2017
投入资本 C（万元）	12 100	12 800	14 250
息前税后利润（万元）	1 290	1 373	1 800
ROIC（%）	10.66	10.73	12.63
WACC（%）	10.50	10.50	10.50
ROIC-WACC（%）	0.16	0.23	2.13
资本费用（万元）	1 271	1 344	1 496
EVA	19	29	304

假设公司的 WACC 是 10.5%，我们在第五章的估值案例分析中会讨论这个数据的来源。

WACC=（权益资本在资本结构中的百分比×权益资本成本）+（债务资本在资本结构中的百分比×债务资本成本）×（1-公司所得税税率）

息前税后利润 =EBIT·（1-T）

2015 年：1 720×（1-25%）=1 290

2016 年：1 830×（1-25%）=1 373

2017 年：2 400×（1-25%）=1 800

ROIC

2015 年：1 290÷12 100=10.66%

2016 年：1 373÷12 800=10.73%

2017 年：1 800÷14 250=12.63%

EVA

2015 年：1 290-1 271=19

2016 年：1 373-1 344=29

2017 年：1 800-1 496=304

三年的 ROIC 分别为 10.66%、10.73% 和 12.63%，只有在三年 WACC 小于对应的 ROIC 时，即回报率之差（ROIC-WACC）大于 0，EVA 才大于 0，我们将 WACC 设定为 10.50%，三年的 EVA 均大于 0，且处于上升趋势，回报率差（ROIC-WACC）越大，EVA 越大。

（2）**可持续增长率**。企业的增长往往体现为销售增长，销售增长会引起资金需求的增长。企业获取资金的方式有很多，从资产负债表左边来看，可以通过资产变现来获得。例如，固定资产的售后回租。从资产负债表右边来看，则主要包括增加债务和权益资本。债务包括有息负债和无息负债，好的企业更能借助无息负债来做经营的蓄水池；权益资本则包括股东的增量投入和企业的留存积累，好的企业往往依靠自身的利润留存就能支撑公司未来的增长。

企业从外部获得资金最主流的方式包括增加负债和股东投资，但这两种方式各有利弊。片面增加企业负债虽然可以利用债务资金的杠杆作用提高权益资金利用率，但会增加企业的财务风险，而且随着资产负债率的提高会导致企业筹资能力下降，财务结构变得脆弱；另外，如果一味增加股东投入资本，就无法充分利用债务的杠杆作用，不仅会分散公司控制权，而且会稀释每股盈余。由此可见，单纯依靠增加债务资本或股权增量投入都会导致公司的财务结构失衡。

仅靠内部资金增长（留存收益）会限制企业发展，完全依靠外部资金增长（负债或股东投入）也不具有持久性，要使企业保持长期稳定的增长，唯一的办法就是兼顾企业内外资金的增长，这就是可持续增长的含义。

保证企业的发展必须在内部资金增长的同时筹措外部资金。**可持续增长率是指不增发新股并保持目前经营效率和财务政策条件下企业销售所能增长的最大比率。**

从企业经营的角度可以发现，限制营业收入增长的是资产，限制资产增长的是资金来源，包括负债和股东权益。**因此，假设不发行新股，不改变资**

本结构，根据留存收益引起的股东权益的增长比例同比例增加负债，那么， 限制资产增长比率的其实就是股东权益的增长率。

也就是说，资产周转率不变，资产增长率＝营业收入增长率；由于资产负债率不变，资产增长率＝净资产增长率。另外，销售净利率和股东支付率也维持不变。

因此，可持续增长率的计算公式可推导如下：

可持续增长率＝资产增长率＝净资产增长率

＝留存收益增加额÷期初净资产

＝[本期净利润×（1-股东支付率）]÷期初净资产

＝（本期净利润÷本期营业收入）×（本期营业收入÷期末总资产）×（期末总资产÷期初净资产）×（1-股利支付率）

＝销售净利率×总资产周转率×权益乘数×（1-股利支付率）

＝销售净利率×总资产周转率×权益乘数×留存收益比

＝净资产收益率×留存收益比

由上述公式可知，企业的可持续增长率受到**销售净利率、总资产周转率、权益乘数和留存收益率**四个因素的影响。

其中，销售净利率体现了企业生产经营的经营结果和盈利能力，资产周转率说明企业资产的营运效率，这两个指标综合反映企业经营策略的效果；权益乘数体现了企业的融资政策和负债情况，不过需要注意的是，这里的权益乘数特指期末总资产除以期初净资产；留存收益比反映了企业的股利政策，它等于"1-股利支付率"，这个指标受企业融资安排的影响。权益乘数和留存收益比综合反映了企业的财务策略。一个企业要改变发展速度，就必须改变企业的经营策略或财务策略或二者同时改变。

以上节内容中的 ABC 案例数据为基础来计算企业的经济增加值相关指标，如表 4-10 所示。

表 4-10 可持续增长率相关指标表

年份 项目	2016	2017
可持续增长率（%）	12.50	13.22
销售净利率（%）	2.38	2.65
资产周转率	2.44	2.47
权益乘数	2.69	2.70
留存收益比（%）	80	74.8

可持续增长率

2016 年：（2.38%×2.44×2.69）×80%=12.50%

2017 年：（2.65%×2.47×2.70）×74.8%=13.22%

权益乘数＝期末总资产÷期初净资产

2016 年：17 200÷6 400=2.69

2017 年：19 450÷7 200=2.70

留存收益比＝留存收益÷净利润

2016 年：800÷1 000=80%

2017 年：950÷1 270=74.8%

可持续增长率相关指标的变化趋势，如图 4-6 所示。

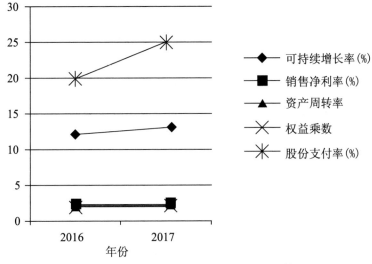

图 4-6　可持续增长率相关指标变化趋势

企业的可持续增长率在 2016 年至 2017 年呈现上升的趋势，由 12.50% 上升到 13.22%，与销售净利率、资产周转率和权益乘数的变化方向相同，留存收益比也呈现上升趋势，在综合作用下，企业的可持续增长状态良好。

（3）财务战略矩阵的构建。财务战略矩阵可以综合评价企业的价值创造和良性增长。如图 4-7 所示，在财务战略矩阵中，纵轴衡量企业的价值创造，用回报率差（ROIC-WACC）来表示，回报率差大于 0，EVA 为正，企业创造了价值；当回报率小于 0，EVA 为负，企业摧毁了价值。横轴衡量了企业为销售增长提供资金的能力，该能力用企业预期或实际的销售增长率和可持续增长率之差来衡量。该差值为正，表明企业会出现现金不足的问题，企业的销售增长所需资金大于企业为维持可持续增长所筹集的资金；该差值为负，表明企业会出现资金沉淀，企业的销售增长所需资金小于企业为维持可持续增长所筹集的资金。

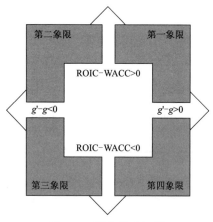

图4-7　财务战略矩阵

财务战略矩阵揭示了一家企业或某一个业务单元会面临的四种不同的财务状态：

第一象限：创造价值但现金短缺；

第二象限：创造价值但现金过剩；

第三象限：损害价值且现金过剩；

第四象限：损害价值且现金短缺。

企业可能处于四个象限中的某一个，在对此进行的诊断完成后，企业可以根据自身在财务战略矩阵中的位置来选择相应的财务策略以改善企业的价值。

如果企业处于第一象限，在这种情况下可以有三个选择：一是企业可以减少或取消任何红利分配以留存更多现金缓解资金短缺；另一个选择是企业寻求新的权益资本。当然，若增加的资本不能有效地经营，即企业的资金不能投资于价值创造的业务，在这种情况下，可以通过取消低边际利润率、低资产周转率的产品和服务来缩小经营的规模，降低企业的预期增长率到可持续水平。

如果企业处于第二象限，在这种情况下公司可以从两方面着手：一是用过剩现金促进业务的增长，可以通过增加内部投资和收购相似和相关业务来完成；另一个途径是把过剩现金投放到不相关的预期盈利业务中，但是这种不相关多元化的战略需要非常谨慎。若过剩现金不能投资于预期回报率超过加权平均资本成本的项目中，它应该返还给已在企业投入相关资源的利益相关者，这可以通过红利支付和股票回购计划来完成。

如果企业处于第三象限，那么这种状况应在现金过剩结束前尽快稳固。多余现金的一部分可以返还给投资者，其余应尽可能快地用于业务的重构，目标是提高投资资本的回报率并使之超过资本成本。投资资本回报率可以通过以下方法来提高，如扩大规模、提高价格、控制经营费用以增加经营的边际利润；或者更有效地管理资产，特别是营运资本需求，也就是加快应收账款的回收和存货的周转率。另外，若企业当前的资本结构并不处于一个合适的区间，则可以调整资本结构以降低加权平均资本成本。企业在这种状态下面临的最大风险是，一旦企业的冗余现金没有找到合适的价值创造项目，则会使退出该业务的机会减少或消失，鉴于此，一个值得考虑的策略是将相关业务出售给可以把它管理得更好的人。

如果企业处于第四象限，企业的业务一旦不能快速和彻底重构，就应该尽可能迅速地出售它。对于彻底重构而言，企业应该尽快出售某些资产以换取现金的及时增加，同时降低保留业务的规模到一个更可控的财务状态，其最终的目标是使保留业务成为价值创造的业务。若没有希望进行快速和成功的转换，企业应该立即出售给能够重新带给它们活力的买家。当然，这种认知往往是针对成熟的业务单元而言的，一些新兴的业务单元在早期往往对资金的需求量非常大，与此同时也并没有给投资人带来可见的价值回报。因此，当一家企业的财务状况处于第四象限的时候，它到底是老企业病入膏肓还是新兴企业枕戈待旦，这需要结合企业的生命周期和行业趋势来具体分析。

以上节内容中的 ABC 案例数据为基础来计算企业的财务战略矩阵表的相关指标，结果如表 4-11 所示。

表 4-11　财务战略矩阵表

项目＼年份	2016	2017
销售额增长率（%）	7.69	14.29
可持续增长率（%）	12.50	13.22
销售额增长率 - 可持续增长率（%）	-4.81	1.07
ROIC-WACC（%）	0.23	2.13

销售额增长率

2016 年：（42 000-39 000）÷39 000=7.69%

2017 年：（48 000-42 000）÷42 000=14.29%

2016 年和 2017 年企业的回报率差均大于 0，表明企业有能力创造价值，2016 年的可持续增长率小于 2017 年的销售增长率，这表明企业的增长会受到资金紧张的影响，ABC 公司在 2017 年的经营状态位于第一象限，公司在这个状态下需要适度减少分红，提升盈利能力，加快周转，从外部筹集更多的资金。

二、金融结构：公司未来价值的及时变现

（一）价值管理："上楼梯"与"坐电梯"

我们对企业的会计循环和钩稽已经有了基本认知，对报表的数据意义也有了框架性的理解，这些都对经营一家企业意义重大。

从某种意义上来说，企业的价值创造有两条基本路径：实业的价值创造和金融的价值创造。

从会计钩稽与财务分析的角度可以发现，企业实业经营的价值创造其实就是利润在时间轴上的积累，它是从过去到今天的积累，需要的是经营的"耐心"，经营业绩的日积月累最终体现为留存收益，在资产负债表的权益项下表现为盈余公积和未分配利润的总和。

如果从企业资本运作的角度来看，公司金融的价值创造就是现金流在时间轴上的贴现，它是从未来到今天的贴现。我们对公司金融可以这样来理解，那就是公司把自己的预期未来包装成一个产品，然后编织一个产品故事讲给投资人听，接下来再把这个产品定一个价卖给投资人，于是企业从投资人那里融得资金，与此同时，把有价证券发行给投资人，企业用融得的资金来实现自己对未来的承诺，如果最终实现的经营业绩比今天讲的故事更精彩，那么投资人持有的有价证券将升值，反之，如果最终实现的经营成果没有达到预期，那么这些有价证券将贬值。因此，金融只不过是现金流的跨时空调整，它把未来贴现到今天，企业的股东可以一夜暴富，但是我们必须明确的是，

金融只能改变现金流的时空，但是改变不了现金流的实质，"出来混总是要还的"。

干实业就是"上楼梯"，做金融就是"坐电梯"，今天我们都喜欢"坐电梯"，不喜欢"上楼梯"，但是有没有谁敢住在一个50层高的摩天大楼的顶楼，只有电梯却没有楼梯呢？也许你这一辈子都不会爬一次楼梯，但是没有楼梯的电梯房你敢住吗？因此，实业一定是基础，实业不兴旺，金融就是"吹泡泡"，但是如果没有金融带给实业更好的想象力，资本市场和产品市场的活跃度都会显著降低。

接下来，我们将借助热播剧《武林外传》里的人物场景，给大家描述一个有趣的财富童话，看看我们怎么一步一步把"同福客栈"做到上市，这里我们抽象了具体的实业细节和会计数据，只聚焦于资本运作的逻辑。

（二）财富童话："同福客栈"的金融演绎

1. 创业伊始

关中七侠镇有个姓吕的落难秀才，乡亲们都喜欢称他为吕秀才。在七侠镇镇政府创新创业政策的鼓励下，吕秀才鼓足勇气开始创业，开了一家同福客栈。此时吕秀才对公司100%控股，股权结构简单。客栈只提供单一客房服务，再加上吕秀才自身工作能力不足，缺乏创业团队——就他自己一人，独木难支，所以公司生意一般，资金周转也时常出现问题，几乎面临关门的窘境。

2. 伙伴出现

佟湘玉（佟掌柜）带着嫁妆来到了七侠镇，得知吕秀才正在寻找创业伙伴的消息。佟掌柜一眼就看到这是个不错的商业机会，餐饮、客房服务行业是个朝阳行业，并且在七侠镇没有第二家，因此在市场前景和竞争地位上都不错，她决定以部分嫁妆入股。

于是两人以创始人的身份在客栈工作——佟湘玉做掌柜，吕秀才做账房先生。在资金的支持下佟掌柜很快搭建了一个不错的创业团队：

大堂经理——白展堂（老白）

客服主管——郭芙蓉（小郭）

行政主厨——李大嘴（大嘴）

同时，经过商量，佟掌柜和吕秀才一致同意无偿送给老白股份，使其成为创始股东一员。公司按净资产账面价值初步估测为 2 000 两白银，细分为 2 000 股，一股一两银。他们三人按照上述股权比例正式注册公司——"同福客栈"有限公司。具体股权分配方案如表 4-12 所示。

表 4-12　创始人股东股权比例

股　　东	股权比例（%）	股份数额（股）
佟掌柜	60	1 200
吕秀才	20	400
老白	20	400

此时，"同福客栈"资产负债表如表 4-13 所示。

表 4-13　"同福客栈"成立时的资产负债表　　　　（单位：两）

资　产　方		负债及所有者权益方	
现金	500	负债	0
其他资产	1 500	普通股	2 000
合计	2 000	合计	2 000

3. 天使降临

新的团队经营有方，同福客栈的生意越来越好，这吸引了万利当铺和钱庄的掌柜——钱老板的关注。钱老板以客人的身份隔三岔五来店里实地考察（这在专业上叫"尽职调查"），发现同福客栈的商业模式和管理模式都有独到之处，战略定位清晰，客房服务流程标准，餐饮酒水独具特色，如果能够借助资本模式的运作，就有做大、做强的机会。而此时，同福客栈也有开设分店的打算，于是双方一拍即合。

天使投资人老钱在启动资金入股时，对同福客栈此时的股权采用了不同的方法进行估值。钱老板估算了一下，大概测算出同福客栈一年的净利润是 400 两银子，于是用 10 倍市盈率进行估值，最终估算的股权价值就是 4 000 两（400 两 ×10 倍市盈率 =4 000 两）。这是最好理解和应用的一种估值方法，我们一般将其称为市盈率法，更多具体的估值方法介绍请参见第五章的相关内容，我们也希望大家能够前后对照、反复阅读。

根据以上估值方法，钱老板和佟掌柜双方共同确定，"同福客栈"公司的市场价值为 4 000 两白银，这时相当于一股二两银，股权价值已经升值了。钱老板准备投资 1 000 两，其中 500 两作为增加注册资本，500 两作为资本公积。在钱老板资金入账后，公司价值从融资前的 4 000 两增加为融资后的 5 000 两。

钱老板对同福客栈进行股改，将股东在公司的股份写在纸上，做成股票，各自拿着作为凭证。与此同时，对公司团队成员进行了重新任命，佟掌柜担任董事会主席、吕秀才和钱老板任董事。同时佟掌柜为公司 CEO，吕秀才任 CFO，老白任主管营销的副总裁兼首席运营官（COO），大嘴任首席技术官（CTO），小郭任市场主管（CMO）。公司为了在未来对优秀员工进行股权激励，董事会一致同意设立 500 股的期权池，这样一来，公司一共设置了 3 000 股，所有股东同比例稀释自己所占有的股权比例。于是引入钱老板（天使投资者）之后，同福客栈的股权比例如表 4-14 所示。

表 4-14　天使投资后股权比例

股东	股票数量（股）	股权比例（%）	股权价值（两）
佟掌柜	1 200	40.00	2 000
吕秀才	400	13.30	665
老白	400	13.30	665
天使投资者——钱老板	500	16.70	835
未分配（可以代持）	500	16.70	835
合计	3 000	100	5 000

在引入了天使投资者之后，同福客栈原来的所有股东的股权价值都有所稀释：

原股份价值 =4 000 两 /2 000 股 =2 两

现股份价值 =5 000 两 /3 000 股 =1.67 两 / 股

虽然大家的股权价值被稀释，但是真金白银的投资资金可以支持同福客栈进一步发展，而期权池的建立则能够提升优秀员工的忠诚和效率。

为了更细腻地阐述这个过程，我们给出最核心的账务处理分录以便大家理解资本运作背后的财务操作。

钱老板投资 1 000 两白银在同福客栈的会计记录为

借：现金　1 000 两

　　贷：普通股　500 两

　　　　资本公积——股本溢价　500 两

"同福客栈"引入天使时的资产负债情况如表 4-15 所示。

表 4-15　"同福客栈"引入天使投资者时的资产负债表　（单位：两）

资　产　方		负债及所有者权益方	
现金	1 500	负债	0
其他资产	2 200	普通股	3 000
		公积金和未分配利润	200+500
合计	3 700	合计	3 700

我们在这里简单讨论以下几个问题：

（1）公积金和未分配利润的理解。根据以上表格，此时同福客栈的账面值为 3 700 两，而市值是 5 000 两，公司价值的账面价值和市场价值已经有很大差距了。另外，这里的公积金和未分配利润是指所有者权益部分除普通股之外的项目金额，假设前期已经有 200 两的积累，加上钱老板的部分，合计数就是 700 两。

（2）期权池。前面提到股改设置了 3 000 股股票，而多出来的 500 股是尚未分配的，由佟掌柜代持，这笔股份我们称为股票期权池，也叫库存股，它有两个用途：佟掌柜等人将根据自己的贡献，在后续以部分股票作为补偿；公司的关键员工（小郭、大嘴），以及日后招聘的核心员工，则需要给予**股票期权**。

然而，在我国的公司立法及实践中长期以来并无期权池的做法。中国《公司法》框架下股权必须与注册资本对应，因而无法预留股权。在现实中，股权期权激励也有许多灵活性的做法，如创始人代持、员工持股计划或建立虚拟股票。创始人代持是指，设立公司时由创始人多持有部分股权（对应于期权池），公司、创始人、员工三方签订合同，行权时由创始人向员工以约定价格转让。中国公司上市前一般采用员工持股公司的做法，即员工通过持股公司持有目标公司的股份，这可以避免员工直接持有公司股权带来的一些不便。而华为则采取的是虚拟股票的方式，在公司内部建立特殊的账册，员工按照在该账册上虚拟出来的股票享有相应的分红或增值权益。

为了将案例解读清晰，我们保留了期权池的设计。在实践中，公司在上市前所有会引起股权比例不确定的事项必须了结，而上市之后，证监会则有一整套针对上市公司的股权激励的制度要求，这些其实都有比较规范的做法，我们就不在这里赘述了。

（3）投资协议。钱老板作为天使投资人，投资一个处于初步发展期的同福客栈是具有相当大的风险的，为了维护天使投资人的利益，激励佟掌柜等人提高客栈的经营业绩，提高钱老板的投资回报率，钱老板此次的投资其实可以有不同处理办法：

第一种：500两银计入资本公积，以备在未来转增股本。在需要进行股本扩张时，用股东会特殊决议的方式将增加的股权部分授予特定对象来达到股权激励的目的；与此同时，钱老板会与公司签署对赌协议，如果公司业绩没有达标，同福客栈需要溢价回购钱老板的股份。

第二种：直接承认钱老板的1 000股股权，但在他与公司之间签订对赌协议，即在特定条件完成的前提下，钱老板须将其中的500股股权无偿转让给符合条件的股东。

第三种：将钱老板的投资形成公司的可转债，在达到相关条件后，可以转换成"同福客栈"公司的股票。针对上市公司发行的可转债证监会有明确的业绩要求，比如近三年净利率不低于6%等。可转换债券是一种混合型证券，它既给了投资人一个稳定的回报，也给了投资人一个有想象力的未来。

当然，钱老板为了保护自己的投资权益，还可以在投资协议中设定一些限制性条款。例如，在没有新的投资进来之前，佟掌柜等高管的薪酬不得高于每月5两白银（当时、当地中等工资水平）；佟掌柜等人必须在客栈干满至少4年，否则，每少干1年，他就要无偿将1/4的股份转让给其他股东；如果有新的任何融资行为必须通知钱老板等。这些限制性条款的目的都是协同投资人和经营方的利益保持一致，更详尽的讨论请参见第五章关于投资协议条款的解读内容。

有了外部投资人的资金支持，公司发展更为迅猛，但是1 000两白银的新增投资已经花完了，预留的500股库藏股票也用去了400股（用于吸引和激励优秀员工），期权发放后的股权比例如表4-16所示。

表4-16　期权发放后的股权比例

股　东	股票数量（股）	股权比例（%）
佟掌柜	1 300	43.30
吕秀才	440	14.70
老白	440	14.70
天使投资者——钱老板	500	16.70
其他员工	220	7.30
未分配	100	3.30
合计	3 000	100

天使投资人钱老板进入后，同福客栈的部分库存股采用授予员工期权方式奖励优秀员工和吸引新的骨干员工，而授予员工期权的相关账务处理如下：

借：管理费用　　　　　　　　　　220×1.67
　　贷：资本公积——其他资本公积　　220×1.67
借：资本公积——其他资本公积　220×1.67
　　贷：实收资本　　　　　　　　　　220
　　　　股本溢价　　　　　　　　　　220×1.67-220

这里需要注意的是，对于股票期权的会计处理，在授予日不做账务处理，以后每年年末再计提管理费用和追加资本公积减去其他资本公积，待行权日再将资本公积转增股本。

4. VC 光临

公司发展到这个阶段，为了满足公司的大规模拓展，必须面临再融资的问题。由于公司前景可观，终于得到了知名 VC——红树资本的青睐。红树资本为该公司作价 15 000 两白银，这时公司的股票就是每股 5 两白银，是钱老板投资时股票价格的 2.5 倍。

红树资本同意投资 5 000 两白银，即公司融资后估值为 20 000 两白银，占公司 25% 股份。同时，红树资本要求投资后新增 5% 的股票，作为以后的员工期权，而红树资本的股份不参与稀释，全部稀释由原股东承担。这 5% 的期权价值是 20 000 两 ×5%=1 000 两白银，那 3 000 股老股的价值就只有 14 000 两白银，所以公司融资前的每股价格为：

融资前股价 = 公司价值 ÷ 股份总数 =14 000÷3 000=4.67 两 / 股

红树资本的股份数 = 投资额 ÷ 股价 =5 000÷4.67=1 071 股

5% 新期权股份数量为：新期权股份数 = 期权价值 ÷ 股价 =1 000÷4.67=214 股

公司的总股份数为：3 000+1 071+214=4 285 股，算上原来未发完的 100 股期权股票。投资后期权池里的总数为 314 股。

另外，红树资本此时的股权比例为 25%，成为第二大股东，因此，红树资本将委派一人作为公司董事，寻找一位职业经理人做公司 CEO，佟掌柜改做 COO。此时，公司的股权比例如表 4-17 所示。

第四章 资本模式创新：财务结构 + 金融结构 + 增长结构

表 4-17　VC 投资后的股权比例

股　　东	股票数量（股）	股权比例（%）	股权价值（两）
佟掌柜	1 300	30.30	6 060
吕秀才	440	10.30	2 060
老白	440	10.30	2 060
天使投资者——钱老板	500	11.70	2 340
其他员工	220	5.10	1 020
红树资本	1 071	25.00	5 000
未分配	314	7.30	1 460
合计	4 285	100.00	20 000

5. VC 再融资

两年后，公司总部搬到京城，并在全国各地开连锁分店 100 多家，同时请到前龙门客栈集团 COO 郭巨侠出任 CEO，并进入董事会，同时分配 200 股作为股票期权奖励，其他员工也分配了一些期权股票。

郭巨侠到任后，公司进一步发展，董事会决定再一次融资，进入国际市场。由红树资本领头协同另两家 VC 进行了第二轮 15 000 两白银的投资。其中红树持 7 500 两，其他 VC 持 7 500 两。股份价格为每股 25 两白银，即增发了 15 000/25=600 股，其中其他 VC 持 300 股，红树资本持 300 股。此时，公司的股权比例如表 4-18 所示。

融资前公司估值 =4 285×25=107 125（两白银）

融资后公司估值 =107 125+15 000=122 125（两白银）

表 4-18　VC 第二轮投资后的股权比例

股　　东	股票数量（股）	股权比例（%）	股权价值（两）
佟掌柜	1 300	26.60	32 500
吕秀才	440	9.00	11 000
老白	440	9.00	11 000
天使投资者——钱老板	500	10.20	12 500
其他员工	300	6.10	7 500
红树资本	1 371	28.10	34 275
郭巨侠	200	4.10	5 000
其他 VC	300	6.10	7 500
未分配	34	0.70	850
合计	4 885	100.00	122 125

此时，天使投资者及 VC 投资者的股份已占到 44.4%（10.20%+28.10%+6.10%=44.40%），拥有了公司一半左右的控制权。

此时，库存股和已经分发的股票期权的数额为：

其他员工 + 郭巨侠 + 未分配 =（220+80）+200+34=514

接受新 VC 风投的会计分录：

借：银行存款　15 000

　　贷：实收资本——红树资本　　　300

　　　　实收资本——其他 VC　　　　300

　　　　资本公积——股本溢价　　14 400

6. IPO 上市

又过了两年，公司成为行业最优秀的企业之一，利润非常可观。在知名投行高盛的帮助下在纳斯达克 IPO 上市，并增发 1 200 股，上市时原始股定价每股 125 两白银。上市后，该公司总股本为 6 085 股，市值大约 760 625 两白银。此时，公司的股权比例如表 4-19 所示。

融资后公司估值 = 6 085×125=760 625 两白银。

表 4-19　IPO 后的股权比例

股　　东	股票数量（股）	股权比例（%）	股权价值（两）
佟掌柜	1 300	21.40	162 500
吕秀才	440	7.20	55 000
老白	440	7.20	55 000
天使投资者——钱老板	500	8.20	62 500
其他员工	320	5.30	40 000
红树资本	1 371	22.50	171 375
郭巨侠	200	3.30	25 000
其他 VC	300	4.90	37 500
高盛及股民	1 200	19.70	150 000
未分配	14	0.20	1 750
合计	6 085	100.00	760 625

这时，创始人佟掌柜、吕秀才等人变成了充满传奇色彩的创业"大咖"，大嘴等员工也持有价值万两白银的股票，也成了人生赢家。但是，佟掌柜等全体公司员工只持有 44% 左右的股份，公司所有权的大部分从创始人和员工手里转移到投资者手中。一般来讲，一个创始人在公司上市时还能握有超过

20%的股份已经很不错了。对于民营企业而言,IPO上市相当于创业道路已经走到了顶峰,公开上市使得同福客栈的股票可以在市场上公开流通,企业的融资将更加便利,而初创股东的退出机制也更加完善。

发行上市的相关账务处理如下:
借:银行存款　　　150 000
　　贷:股本——高盛　　　　　　　1 200
　　　　资本公积——股本溢价　　148 800

《首次公开发行股票并上市管理办法》于2006年颁布,发行条件从主体资格、独立性、规范运营、财务与会计、募集资金运用五个方面进行了具体规定。对于在主板上市的企业,办法规定发行人的财务业绩要满足这些条件:最近3个会计年度净利润均为正数且累计超过人民币3 000万元,净利润以扣除非经常性损益前后较低者为计算依据;最近3个会计年度经营活动产生的现金流量净额累计超过人民币5 000万元;或者最近3个会计年度营业收入累计超过人民币3亿元;发行前股本总额不少于人民币3 000万元;最近一期期末无形资产(扣除土地使用权、水面养殖权和采矿权等后)占净资产的比例不高于20%;最近一期期末不存在未弥补亏损。

而在公司章程和规范运营方面,办法要求发行人的资产完整、人员独立、财务独立、机构独立、业务独立;而且发行人已经依法建立健全股东大会、董事会、监事会、独立董事、董事会秘书制度,相关机构和人员能够依法履行职责;发行人的内部控制制度健全且被有效执行,能够合理保证财务报告的可靠性、生产经营的合法性、营运的效率与效果。

7. 故事解读

作为最早的投资者,"天使"钱老板的收益最高,投入1 000两白银,产出62 500两,回报高达62.5倍。红树资本的第一轮获利26.8倍(125/4.67=26.8),第二轮和其他两家VC均获利5倍。显然,越早投资一个有希望的公司获利越大。当然,失败的可能性也越大。一般的VC基金都会按一定的比例投入到不同发展阶段的公司,如果公司发展得好,后续还会追加投资。

在这个虚拟的财富童话创业故事中,每一个阶段创始人和投资人的股权比例和股权价值的计算,都可以为那些寻找VC融资的创业者提供一个有益的参考。从这个故事可以看到,引入风险资本必须是渐进的,在每一个阶段需要投入多少钱、释放多少股权，对一家创业公司而言都至关重要，过早大量融资会使得自己的股权稀释太多，自己不仅在经济上不划算，而且还会失去对公司的控制权，甚至在创业的途中就被投资人赶走。而对投资人来讲，没有任何一家风险投资机构会在刚开始时就把目标公司今后若干年的支出全部承担下来，都是走一步看一步，小规模试错，随时可以止损，不然风险就太大。

上面这个财富童话是一个非常简化的企业成长设计，在现实中，任何一个成功的投资都会比这个童话故事曲折复杂。例如，天使投资人通常可能是几家而不是一家，每一家都希望有董事会席位，这样在真正的 VC 投资时，董事会已经变得很庞大。在这种情况下，VC 通常会以当时合理的股价从天使投资人手中买回股权，并把他们统统从董事会中清理出去。大部分天使投资人也愿意更早地兑现他们的投资收益，以降低自己的投资风险。另外，我们设想的同福客栈的发展是一帆风顺，公司每一轮估值都比前一轮高，实际情况可能并非如此。现实可能是下一轮融资时公司估值还会下降，此时天使投资人和 VC 往往会在投资协议中设置很多保护条款。因此，投资协议条款的设计非常重要，我们将在第五章的相关章节着重为大家分析，到时候大家再回头读这个案例会有更多启发。

三、增长结构：公司生命周期的迭代跨越

实业和金融是企业创造价值的两种模式。这两种模式所带来的公司经营的增长结构都可以看作"对数增长"和"指数增长"的组合。

（一）"对数增长"与"指数增长"

这里我们首先分享两篇文章：一篇是纽约时报 2014 年的专栏文章《增长的结构：学习可不是简单任务》（the structures of growth: learning is no easy task），另一篇是 Scott Young 2013 年的博客文章《两种增长类型》（two types of growth）。

这两篇文章其实探讨的是同一个主题：技能水平的增长有两种不同的类

型。一种我们称为对数增长 $y=\log_a^x$，如图 4-8 所示；另一种我们称为指数增长 $y=a^x$，如图 4-9 所示。

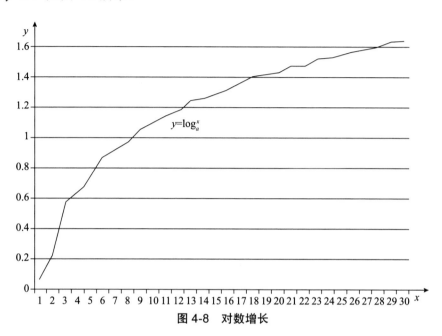

图 4-8　对数增长

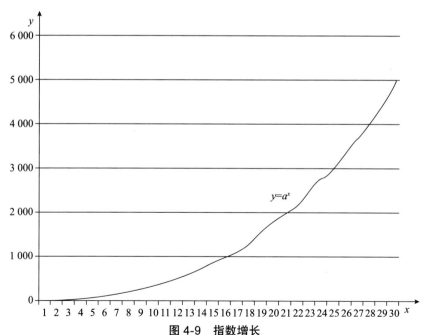

图 4-9　指数增长

我们会发现对数增长的初期，进步速度非常快，到后面则越来越慢，最后几乎是一个平台期，哪怕你付出极大的努力，也只能获得一点小小的突破，体育运动就是这样的情况。顶级运动员与一般专业选手的差异就只有那么一点点。博尔特的百米，刘翔的跨栏，孙杨的游泳……他们的成绩都符合对数增长的逻辑。

然而，指数增长则是另一种"画风"。从你开始做这件事情，一直到很长时间内，几乎没有任何能让外人看出来的进步。一直到某个时候，你就好像突破了一个什么障碍一样，水平一下子就显现出来，然后还增长得越来越快。技术进步和文明进化就是这样。最初阶段有很多困难要克服，要么就是性能不佳，要么就是成本太高，要么就是市场不认，甚至根本看不到什么希望。慢慢摸索迭代，性能越来越好，成本越来越低，直到有一天被市场广泛接受，然后就是爆发式的增长。摩尔定律就是典型的指数增长，人类文明的进步也可以视为指数增长。

（二）对数增长 + 指数增长 =S 形曲线

如果将这两类增长进行结构化的组合，即将一条对数增长曲线衔接一条指数增长曲线其实就是一条 S 形曲线，如图 4-10 所示。

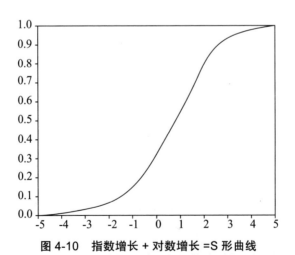

图 4-10　指数增长 + 对数增长 =S 形曲线

一项成功的新业务起初销售收入增长缓慢，随后进入迅猛增长阶段，最后又逐渐减少，这可以视为指数增长衔接一个对数增长，这就是生生不息，周而复始的迭代。

企业未能进行业务重塑或模式创新，未必是因为管理者不善于修补已经决口的防波堤，而在于他们迟迟不去修缮翻新日渐腐朽的堤身。当核心业务开始停滞的时候，他们便陷入了困境。

S形曲线的增长揭示出，在指数增长的早期需要耐得住寂寞，需要执着和信念，懂得悄无声息地野蛮生长，而在指数增长的后期和对数增长的早期都不可过于自负，水满则溢，月满则亏，企业需要在守住已有创新的基础上，积极向下一次创新投资，这时需要尽力避免路径依赖的掣肘。

然而，最艰难的是：你怎么知道自己是处于对数增长的后期还是指数增长的早期呢？这决定了你到底是应该转型还是坚持。

对数增长的最大风险是"一条路走到黑"，从而错过整个"新时代"，而指数增长最大的风险是中途退出，从而错失窗口期。显然，这二者间的风险提醒是相互矛盾的，这期间的拿捏建立在企业家的认知能力上，当然，商业时运往往左右着最终的格局。

（三）S形曲线+S形曲线=双S形曲线

企业总是在寻求基业长青，一根S形曲线就是一家企业的兴衰史。然而，一家企业不可指望自身所处的这条S形曲线的指数增长来得及时且迅猛，而随之的对数增长又是绵绵不绝，企业必须跨越商业的不连续性。

麦肯锡公司的福斯特借用了罗杰斯在《创新的扩散》（1962）中提出的S形曲线，创造出了双S形曲线，如图4-11所示。

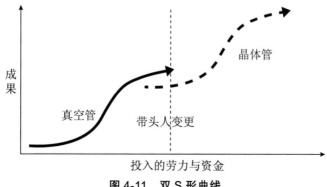

图4-11 双S形曲线

这里的双 S 形曲线能够很好地揭示熊彼特所说的"创新的非连续性"，它所带来的商业意义在于：没有单一项目可以长期的连续成功，对数增长的后期往往会有路径依赖的惯性，而新兴企业可能已经牵引出下一根 S 形曲线，这就是所谓的"商业的非连续性"。为此要培养组织的对话、观察和思考能力，组织需要跨越内部管理结构上的"不连续性"，才能更好地应对市场上的"不连续性"，以避免"带头人变更"。

S 形增长是事物发展的基本逻辑，而双 S 形曲线所蕴含的最大悬念是：如何跨越不连续性。它需要企业从一个惯性的舒适区跨越到一个不确定的边缘地带。这里需要遵循精益创业的原则：先小规模试错，再大规模投放。两根 S 形曲线就可以描述一部商业的兴衰史。

许多耳熟能详的企业都没有跨越不连续的"双 S 形曲线"。柯达发明了全球第一部数码相机，却被数码相机时代抛弃，因为它的胶片业务当时垄断全球，如果大家都是去数码照相，谁来洗照片呢？它站在胶片 S 形曲线的顶端，却没能够跨越到下一根数码 S 形曲线上。

当然，跨越成功的企业也不在少数。腾讯的 QQ 是 PC 时代的社交之王，它能够推出微信，从而再次成为移动时代的社交之王，与其说是"自己干掉自己"，不如说是懂得如何跨越商业的不连续性，从"一根 S 形曲线"跳跃到"下一根 S 形曲线"。

实业的积累与金融的变现会嵌入企业的对数增长和指数增长的结构中。当企业处于指数增长的早期，这考验着资本的耐心，这个时候特别需要金融资本对实业的支持，也需要企业领导者能够讲一个漂亮的金融故事以融入资本捕获指数增长的机会；当企业处于对数增长的晚期，这又考验着资本的信心，它需要企业勇敢地抛弃存量，通过小规模的试错跨越到下一根 S 形曲线。

（四）如何跨越不连续性

双 S 形曲线意味着企业从一个惯性的舒适区跨越到一个不确定的边缘地区。那么，哪里是舒适区？哪里又是边缘地区呢？

本书将企业的创新分为两类：延续性创新和破坏性创新，也把企业的客户市场分为两个部分，即现存市场和新兴市场，并且构建了一个 2×2 的"创新—市场"结构矩阵，如图 4-12 所示。

第四章 资本模式创新：财务结构 + 金融结构 + 增长结构

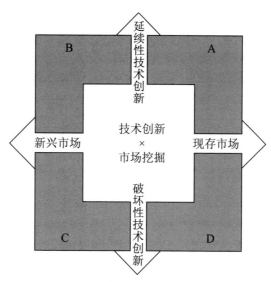

图 4-12 创新—市场 2×2 矩阵

（1）**A 区：先发优势与路径依赖**。在位的领先企业最强大的区域就是在现存市场中通过延续性创新不断积累自己的先发优势，这包括建立标准、推出新品、创新服务体系。但是我们必须注意到，先发优势的一个副产品就是路径依赖。企业一旦建立起自己的先发优势，往往在商业的惯性作用下会不断巩固自己在该领域的领先优势，在捕获高端客户的同时，也会产生性能过剩，这会给后发者提供低端切入的机会。

（2）**B 区：赢者的诅咒与回不去的低端**。在位企业从 A 区向 B 区的迁徙是困难的。现存市场的优势会造成企业的商业惯性，"毕竟我们现在还在赚钱，我怎么革自己的命"，这就是"赢者的诅咒"。企业偏好稳定可预见的收益，而新兴市场在开始阶段往往盈利预期不稳定并且利润率也难以令人满意，这都会导致企业资源难以配置到新兴市场。然而，一旦边缘市场成为中心，过去领先的企业再回头就为时已晚，这就会出现"带头人更替"的情形。

（3）**C 区：低端切入与得"屌丝者"得天下**。破坏性创新理论出自克里斯坦森，现在已经成了一个脍炙人口的商业词汇。它的基本内涵揭示了一种普遍存在但又被长期忽略的商业现象：很多带来行业颠覆的创新往往在一开始都毫不起眼，甚至在科技上都谈不上杰出，但由于改善了某一被主流产品忽略的性能属性，从而可以将过去主流产品眼中的非客户转变成客户，进而对现存市场秩序带来冲击。这种创新产品往往成本更低，性能够用，但在低端切入之后会获取一个大的市场利基。

（4）**D区：后发优势与"屌丝逆袭"**。破坏性创新带来的低端切入在开始会创造一个竞争真空，这种后发优势可以让企业悄无声息地野蛮生长。当然，模仿者会迅速跟进并填满市场空白，但从整体上而言，优秀的后发者会积累利润并带来创新的可能。他们起步于低端但不会止步于低端，在低端市场获取的成功，将支撑品牌的成长，并自发地向高端挺近，最终有可能逆袭。一旦逆袭成功，其实，后发创新者慢慢就会从D区进入新的A区，一旦再次僵化，下一轮的颠覆将悄然开始。

其实，A区就是领先企业的舒适区，在这个区域，领先企业具有先发优势，但也会有路径依赖；而B区就是领先企业的挑战区，回不去的低端会导致赢者的诅咒；C区则更是领先企业的无人区，它也是强大者的遮蔽区，领先者往往看不见、看不懂、瞧不起这里的企业，最后往往是被低端切入者渗透，悄无声息地野蛮生长，最后劣势企业逆袭到D区；但是，D区仍然是领先企业的鄙视区，这种傲慢会让新进入者杀到自己面前时才发现自己已来不及应对新的潮流了。

因此，A区是成熟大企业的天地，C区是小企业逆袭的天堂，这中间存在天然的不连续性，如图4-13所示。C区牵引出来的可能是一根崭新的S形曲线，从而替代惯性依然强大的老旧S形曲线，此时企业已经进入到对数增长的后期了。

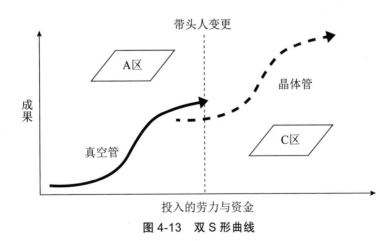

图4-13 双S形曲线

一家企业真正要做到基业长青，必须学会从A区跨越到C区，只有跨越这样的不连续性，企业才能得以长久生存。这就需要企业在自己最强大的时候懂得谦卑，懂得尊重市场的边缘，并用合适的组织结构在不确定的相关边缘地带布局自己的产业，为下一轮增长做好准备。

但是令人"细思极恐"的是，当新兴企业从 C 区攻进 D 区的时候，自己其实已然处于一个全新时代的 A 区了，因为破坏性创新已经演变成延续性创新了，如果不能再次跨越到 C 区，等待自己的将是下一轮的颠覆。

本章彩蛋

企业经营的保守主义与创新精神

虽然我们对中国经济整体向好充满信心，但未来的不确定性显著增加。对企业而言，不确定性就是风险，而风险的实质到底是什么？我们认为：凡是能够被你预见到的，都不是风险；风险一定来源于你未预见到的事物。从这个意义上说，企业领导者的首要职责就是管理风险，那风险管理又是什么？一个普遍性的观点是，风险管理就是要预测未来，但是我们的研究指出，真正的风险管理不是去预测未来，而应该是无论未来怎么动荡我都要能够活下去。

我们描述的"同福客栈"的成长故事只是一个美好的设想，故事剥离了所有的不确定性，按最完美的节奏把公司推向资本市场。但是现实肯定十分复杂和难以预料。例如，客栈在扩张的过程中是否需要借助债权人的资金？资产负债率可以承受多高的水平？在开分店的过程中，是用直营的模式还是加盟？持有物业还是租赁物业？这涉及客栈是重资产经营还是轻资产运作。在公司的成长过程中，真正的风险都是不可预知的，管理者必须克服面对不确定时的傲慢，学会用结构去抵挡不确定性，这里我们应首先聚焦于财务结构。

（一）保守主义与创新精神

企业财务结构的稳健是所有创新的基础，然而，企业的创新活动又会显著增加企业面临的不确定性，从这个意义上说，创新活动本身就会带来风险。我们必须意识到，真正的创新往往是试错的副产品，用哈耶克的观点来解释，企业的创新往往是人类知识活动不经意的结果，它难以被一个所谓的权威来全面设计，而只能依靠一种自下而上的试错来积累。基于此，我们认为创新精神中一定要包含谦卑心。另外，用财务学的观点来看，创新投入相当于企业购买了一份或多份看涨期权，昂贵的期权费必然会给企业带来财务压力。

因此，创新的不可设计所消耗的企业资源需要企业管理者意识到遵循财务保守主义的意义所在。鉴于此，我们首先来分析一个企业财务结构的矩阵系统。

1. 财务结构的2×2矩阵

从财务的视角分析，企业的管理应该以资产负债表的管理为核心，对资产负债表管理的结果，从两个维度进行评价，依据权责发生制编制利润表，依据收付实现制编制现金流量表。企业对资产负债表结构的管理，体现了企业经营的财务思维。我们构建一个2×2的"资产—负债"结构矩阵来进行探讨。

下面对企业资产负债表的左右两边简单地做一个结构区分，将资产负债表左边资产方的运作分为轻资产和重资产，将资产负债表右边负债的管理区分为高负债和低负债。与资产负债表左右相对应的财务结构矩阵，如图4-14所示。

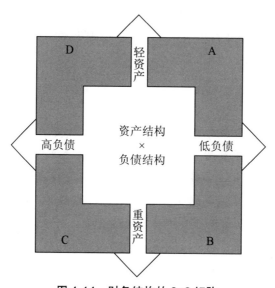

图4-14 财务结构的2×2矩阵

（1）A区：轻装上阵。当企业投入一个新项目或进入一个新领域，我们建议轻装上阵。在新项目的导入期，企业需要通过合同设计为自己拟定一种进可攻、退可守的商业态势，要么成功要么低成本地退出。企业的投资行为应该注重可行性研究的独立性和科学性。程序上的不慎将导致可行性研究变成一种迎合。投资也特别忌讳一脚油门、一脚刹车，仓促上马又进退维谷。广泛的研究认为，投资活动先慢一点再快一点是一种合适的节奏。早期的可行性研究需要投入精力，甚至可以运用AB角制度，一个团队专门做可行性研究，一个团队专门做不可行性研究，两个团队独立行动且不要相互沟通，出具的报告最好同时递交给风险决策委员会以避免决策者先入为主的偏见。

（2）B区：从长计议。初期的投资一旦打开了市场，企业可以逐渐巩固自己的行业地位，这个时候资产规模可以扩大，快速形成市场竞争的壁垒，建立先发优势。从A区到B区的转换是随着企业市场能力的提升来推动的。如果企业对市场充满信心，可以更快地进行规模扩张，迅速形成规模效应。

（3）C区：重装上阵。如果行业未来发展看好，这个时候企业可以借债权人的钱来加速业务的成长。重资产叠加高负债是一种高风险、高回报的资产负债结构，它只适合一个企业在行业中处于领先地位，而且行业也正处于上升趋势。重资产和高负债的双高结构能够更好地捕捉到市场的成长机会，用债权人的钱帮自己赚钱，用别人的水浇灌自己的花园，当然，这必须要求项目的投资回报率能够覆盖企业的加权平均资金成本。

（4）D区：四两拨千斤。优秀的企业一定是用无形资产在赚钱。企业的实质就是消耗有形资产，转化成无形资产，然后再用无形资产驱动有形资产，创造增量价值。重资产叠加高负债的财务结构缺乏必要的弹性，优质企业不会长期在C区运营，增强资产的流动性是自然趋势。

（5）再次回到A区：保守主义的财务结构。一家真正优秀的企业总会向A区趋近。因为好企业是在用无形资产赚钱，所以资产不会太重，好企业往往盈利能力很强，所以可以通过利润的留存补充资金，从而不会过度依赖银行借贷，这将使企业的有息负债水平也不会太高。研究发现，好企业的财务结构往往呈现轻资产叠加低负债的特征，它将使企业拥有更多财务上的弹性空间。

2. 创新结构的2×2矩阵

企业的创新可分为延续性创新和破坏性创新两类；企业的市场也可以分为现存市场和新兴市场。例如，同福客栈在管理精细化和菜品质量上不断提升就属于持续性创新，而如果有个"刘秀才"想到把乡亲们的闲置客房发布出来供外地人选择居住而不必单独开家实体店，这就是一个破坏性创新，它在现存的市场之外又开辟了一个全新的新兴市场。

3. 财务结构的保守主义与商业决策的创新精神

对"创新—市场结构"矩阵进行研究后，我们会发现，先发优势的在位企业想从A区挺进B区，困难重重，企业组织结构的抵触、资源配置的逻辑、管理层思维的惯性等，都会阻挡这一进程，毕竟我们没有道理从一个稳定且占优的市场转战到一个不确定且看上去无利可图的领域。然而，带来破坏性产品或服务的后发企业从C区向D区的挺进却是一种自发趋势，它几乎不会受到太多合理性的障碍，这就是市场秩序重构的内在逻辑。为了更好地分析这个微妙的状况进而提出相应的策略，我们在图4-12的基础上进行了加工，如图4-15所示。

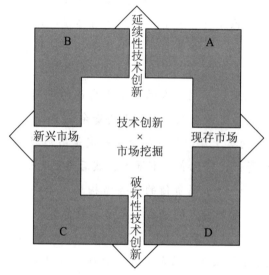

图4-15　创新结构矩阵的区域迁徙

企业在不同区域（A、B、C、D）间的迁徙受到的压力是完全不一样的，而一旦忽略这种迁徙的内在阻力和自发动力，企业将难以理解创新所带来颠覆的内在逻辑，与此同时，企业在区域迁徙的过程中还应该匹配相应的财务结构。

（1）从A区向C区覆盖的策略。在现存市场通过延续性创新占据先发优势的在位企业，为了避免商业上的路径依赖，需要关注市场边缘地带的创新并通过复制或并购将威胁消灭在萌芽状态。这里的复制策略可以通过先发的优势企业设立一个独立的小的商业组织来应对不确定的新兴市场里的挑战，新设的商业组织必须能成功存活于小的市场且能被这一成功所激励，这个阶段适合于用轻资产加低负债的财务结构进行早期的培育，一旦前景可期，可以迅速获得A区在位企业的财务支持，扩张规模、快速发展。而并购则是优势企业迅速进入新兴市场的重要策略，它要求企业具备足够的资产流动性才能发挥自身强势地位的效用。当然，这两个策略可以双管齐下。

（2）从C区向A区渗透的策略。在新兴市场通过破坏性创新低端切入的初创企业，在早期往往也是通过权益资本来进行商业上的探索，一般也不会有大量固定性资产投入，所以轻资产加低负债也是其普遍的财务结构。C区的初创企业为了能够悄无声息地野蛮生长并最终重构市场秩序，需要聚焦于低成本策略，这里的低成本有三层意思：①它让今天贵且繁的产品或服务变得廉且简；②它可以昂贵，但可以改善与之相关的客户体验，让客户生态总成本更低、价值更高；③它一开始可能昂贵，但可以导致未来整个商业活动的成本降低且（或）效率提高。一旦低成本的优势体现出来，现存结构就会遭到破坏性渗透、攻击进而被颠覆。这其实与文明进化的基本原则是一致的，我们在本书的开篇内容中就谈到过。

通过以上策略分析，我们认为，"轻资产×低负债"的财务结构适合于初创企业作为财务结构的起点，也是在位优势企业能够在延续性创新上持续投入并关注市场边缘破坏性创新的财务基础，这样的资产负债结构体现了财务上的保守主义逻辑。同福客栈一开始也是从轻资产加低负债的财务结构切入，在检验了市场的真实需求之后才有更多的可能性。

创新从来都是商业的精髓。唯有创新的企业最终才会得到市场的尊重。无论是延续性创新还是破坏性创新，它们都推动了市场的进步，提升了客户的价值。然而，我们必须明确的是，企业在商业决策上的创新精神是以财务结构上的保守主义为基础的。无论是在位企业还是初创企业，维持一个稳健的财务结构，让企业在财务上拥有容错的资本，创新所带来的风险才不会演变成财务灾难，创新才会变成一种组织习惯。所以创新不是不成功就成仁的英勇行为，它是试错的副产品。企业在一个脆弱的财务结构中，只能做最稳健的商业决策，稍有闪失，将覆水难收。

本章思考

1. 你是否理解了企业基本的会计循环和财务结构？
2. 你是否理解了企业从初创到IPO的基本环节？
3. 你怎么理解企业指数增长和对数增长的辩证关系？

第五章

公司价值重塑：一个多维的评估视角

当完成了对商业模式、管理模式和资本模式的讨论之后,接下来就是对整个公司估值以及投资协议条款的讨论。这将指导我们在创造价值之后,如何计量价值及去资本市场交换价值。

一、公司估值的艺术和技术

公司价值评估是对公司的一种综合价值分析,涉及的信息量很大,不仅涉及公司资产、盈利水平、经营管理能力、技术品牌、无形资产等因素,还与市场环境的产业政策导向、资本市场发达程度、行业爆发性增长预期等外在因素高度相关,它既带有客观公允的价值认定,也带有主观的价值判断,还有不可预计的非确定性因素影响。同时,公司估值还与股权投融资双方的风险偏好、预期收益、权利让渡等博弈环节有关。

因此,公司估值既是一门技术也是一门艺术。

这里的技术体现在公司估值确实有一套数学模型,而艺术则体现在这些模型的参数往往难以客观确定。特别是对于当今风起云涌的互联网行业而言,新兴公司的估值更像是一门艺术。但是我们必须理解公司估值的技术,才能走向公司估值的艺术。公司估值的技术一般是以现金流贴现模型为基础的。

(一)预期现金流量估值模型

你知道自己的公司值多少钱吗?

很多企业家会说,我的家底我自己比谁都清楚。其实,这句话背后的观点可能是专业上的一种历史观,也就是说,公司积累到现在,账面上有多少钱就值多少钱。这里有多少钱当然不仅仅是指货币资金,应该包括所有账面资产。

判断一个企业到底值多少钱,就如同评估一棵果树的价值。一棵果树到底值多少钱不取决于你给它浇了多少水、施了多少肥、培了多少土，而取决于它在未来能够给你结多少果，对于企业而言就是未来现金流量的贴现值。

当钱老板在同福客栈做尽职调查时，他的目的就是评估一下同福客栈这棵果树到底能在未来结多少现金流的果实。如果同福客栈门可罗雀、生意清淡，那么它的价值可以理解为账面资产的变现值，这是一种历史成本或重置成本的观点。但是，钱老板看好的就是同福客栈的未来，因为它今天生意兴隆，团队强大，管理科学。从这个角度来看，钱老板算是有良心的，他对同福客栈的估值（4 000 两银）是远超客栈的账面值的。当然，这也从侧面反映了，以佟湘玉为首的经营层的智慧，他们虽然在干实业，但也完全能够意识到跟钱老板谈投资入股时不能只盯着看得见的资产价值。

这个部分将通过案例解析基于折现的现金股利（dividend discount model，DDM）公司估值原理，介绍三个扩展模型：折现的超常收益估值模型、折现的超常收益率估值模型、折现的自由现金流量估值模型，它们可以统称为预期现金流量估值法。

这部分内容一般在大学的本科生和研究生课堂中讲授，其主体内容也已发表在一些较专业的财务期刊上。若阅读起来感觉吃力，初步了解即可，但是模型推算的逻辑还是需要清楚，它是后面估值应用的基础。

1. 折现的现金股利估值模型原理

折现的现金股利模型也称作股利贴现模型（dividend discount model，DDM），是一种最基本的股票内在价值评价模型。威廉姆斯（Williams）在1938年提出了该模型，为定量分析虚拟资本、资产和公司价值奠定了理论基础，也为证券投资的基本分析提供了强有力的理论根据。

股权的表现形式是股票，投资者从股票上获得两种现金流量，一是从公司获得的现金股利，二是通过卖出股票获得的现金流量。因为投资者通过卖出股票获得的现金流量同样取决于公司未来向股东派发的股利，所以在公司持续经营的情况下，股票价值等于其未来股利的现值。

在财务管理的理论中，任何金融权利的价值都应该是对权利所有人现金支付的现值。因为股东从公司中收到的现金以现金股利的形式存在，所以公司对于股东的价值（也就是公司权益价值）为未来股利（包括破产时对股东的最终支付）的现值，即"权益价值 = 预期未来股利的现值"，因此：

$$\text{Equity} - \text{Value} = \frac{\text{DIV}_1}{(1+K_s)^1} + \frac{\text{DIV}_2}{(1+K_s)^2} + \cdots + \frac{\text{DIV}_n}{(1+K_s)^n}$$
$$= \sum_{n=1}^{n} \frac{\text{DIV}_n}{(1+K_s)^n} \tag{5-1}$$

其中，DIV_n——给定年份的预期未来股利；

K_s——股权资本成本，即相关的贴现率；

n——相关年份。

上述公式中暗含了一个公司持续经营的假设，即假定公司具有无限存续期。当然现实中公司会破产和被接管，此时股东会收到其股票的最终股利。如果公司有固定的无限期的股利增长率，则权益价值公式可化简为

$$\text{Equity} - \text{Value} = \frac{\text{DIV}_1}{K_s - g} \tag{5-2}$$

其中，g——固定股利增长率。

需要注意的是，未来股利增长率对估价的结果影响很大，特别是当未来股利增长率接近于折现率时，利用折现的现金股利估值模型评估出来的企业价值将趋向于无穷大。

以上的估值公式就是折现的现金股利模型，该模型是大多数股票和公司估值理论方法的基础。我们用一个最简单的虚拟案例来验证这个模型，这个案例也将贯穿于后面的估值方法的解读中。

假设在第一年年初，TF 公司筹集 6 000 万元的权益资金，购置资产，正常营运。预计第一年现金收益（净利润 + 折旧）为 4 000 万元；第二年为 5 000 万元，第三年为 6 000 万元。

TF 公司将所有现金收益作为股利支付出去，第三年年末公司终止经营且没有残值。不考虑相关税费，权益资金成本为 10%。运用折现的现金股利模型对公司进行估值。

$$\text{Equity} - \text{Value} = \frac{\text{DIV}_1}{(1+K_s)^1} + \frac{\text{DIV}_2}{(1+K_s)^2} + \cdots + \frac{\text{DIV}_n}{(1+K_s)^n}$$
$$= \frac{4\,000}{(1+10\%)} + \frac{5\,000}{(1+10\%)^2} + \frac{6\,000}{(1+10\%)^3}$$
$$= 12\,276.48$$

运用电子表格可以更加清晰的列式计算结果，如表 5-1 所示。

表 5-1 折现的现金股利模型的计算结果

折现的现金股利法			
year	dividend	PV factor	PV of dividend
1	4 000	10%	3 636.36
2	5 000	10%	4 132.23
3	6 000	10%	4 507.89
Equity value			12 276.48

现金股利折现模型的估价结果主要受到企业的经营收益和分红水平的影响，因此追求稳定现金分红的投资者可能更偏好运用股利折现模型对股权进行估价。

2. 折现的超常收益估值模型原理

超常收益（abnormal earnings）是相对于正常收益（normal earnings）而言的。公司获得的正常收益是指公司的净利润正好能够弥补资本成本（投资者要求的报酬率与权益账面价值之积）；相对而言，公司获得的超常收益则指的是公司的净利润超过了资本成本，此时投资者愿意为公司的股票支付更高的价格，因此也有人将超常收益称作经济利润，它其实就是我们在第四章节中提及的 EVA。

股东收到股利的金额与被投资公司的收益情况是分不开的。如果所有对权益（除了资本交易）造成的影响都来自利润表，那么年末股东权益预期账面值（book value of equity at the end of year one，BVE_1）为年初账面值（book value of equity at the beginning of year one，BVE_0）加上预期净收益（net income of year one，NI_1）减去预期股利（dividend income value，DIV_1），即

$$BVE_1=BVE_0+NI_1-DIV_1 \quad (5\text{-}3)$$

将 BVE_1 与 DIV_1 调换在等式两边的位置，从而得到：

$$DIV_1=NI_1+BVE_0-BVE_1 \quad (5\text{-}4)$$

将上述关系式代入折现的现金股利模型：

$$Equity-Value=\sum_{n=1}^{n}\frac{DIV_n}{(1+K_s)^n} \quad (5\text{-}5)$$

可以得到：

$$Equity-Value=\frac{NI_1+BVE_0-BVE_1}{(1+K_s)}+\frac{NI_2+BVE_1-BVE_2}{(1+K_s)^2}+\cdots +\frac{NI_n+BVE_{n-1}-BVE_n}{(1+K_s)^n} \quad (5\text{-}6)$$

因为:
$$BVE_0 = (1+K_s)BVE_0 - K_s \times BVE_0 \qquad (5\text{-}7)$$

将其代入式（5-6）中，得到：

$$\begin{aligned}
\text{Equity} - \text{Value} &= \frac{NI_1 - K_s \times BVE_0 + (1+K_s)BVE_0 - BVE_1}{(1+K_s)} \\
&+ \frac{NI_2 - K_s \times BVE_1 + (1+K_s)BVE_1 - BVE_2}{(1+K_s)^2} + \cdots \\
&+ \frac{NI_n - K_s \times BVE_{n-1} + (1+K_s)BVE_{n-1} - BVE_n}{(1+K_s)^n} \qquad (5\text{-}8) \\
&= BVE_0 \frac{NI_1 - K_s \times BVE_0}{(1+K_s)} + \frac{NI_2 - K_s \times BVE_1}{(1+K_s)^2} + \cdots \\
&+ \frac{NI_n - K_s \times BVE_{n-1}}{(1+K_s)^n}
\end{aligned}$$

这样就得出了折现的超常收益估值法对权益价值的估值公式。

利用超常收益贴现模型所估计出的股票价值如果高于当前股价，表明该股票具有正向的异常未来股票收益；而具有较低的价值、市价比率的公司则显现负向的股票收益表现。与传统的基础价值估值法相比，异常收益贴现估值法具有优良的数据可获得性和预测简便性的优点，同时，根据异常收益贴现估值法计算出的估值乘数也可被用来估计亏损型或现金流量为负的公司，而这一点是市盈率或者价格、现金流乘数都无法做到的。

延续上一节的案例，假设第一年年初，TF 公司筹集 6 000 万元的权益资金，购置资产，正常营运。预计第一年现金收益（净利润＋折旧）为 4 000 万元；第二年为 5 000 万元，第三年为 6 000 万元。

TF 公司将所有现金收益作为股利支付出去，第三年年末公司终止经营且没有残值。不考虑税，权益资金成本为 10%。用折现的超常收益法对公司进行估值，同时假设上例为直线折旧法，每年的折旧费用为 2 000 万元。

$$\begin{aligned}
\text{Equity} - \text{Value} &= BVE_0 + \frac{NI_1 - K_s \times BVE_0}{(1+K_s)} + \frac{NI_2 - K_s \times BVE_1}{(1+K_s)^2} + \cdots + \frac{NI_n - K_s \times BVE_{n-1}}{(1+K_s)^n} \\
&= 6\,000 + \frac{2\,000 - 10\% \times 6\,000}{(1+10\%)} + \frac{3\,000 - 10\% \times 4\,000}{(1+10\%)^2} \\
&+ \frac{4\,000 - 10\% \times 2\,000}{(1+10\%)^3} \\
&= 12\,276.48
\end{aligned}$$

折现的超常收益模型计算结果如表 5-2 所示。

表 5-2 折现的超常收益估值模型的计算结果

折现的超常收益法				
年份	期初账面值（万元）	利润（万元）	资本费用（万元）	超常收益（万元）	权益价值（万元）
1	6 000	2 000	600	1 400	
2	4 000	3 000	400	2 600	
3	2 000	4 000	200	3 800	
超常收益现值					6 276.48
期初账面价值					6 000
权益价值					12 276.48

其实，企业的价值不应该因会计处理的不同而发生变化。

如果 TF 公司不是采用直线折旧法，而是某种非直线折旧方法，这只会对企业的现金收益（净利润＋折旧）进行不同比例的切割，也即折旧提得多，当期利润就少，当期超常收益减少，但下期的资本费用会下降，这将导致下期的超常收益会填回。

例如，依照上例，采取了不同的折旧方法，其计算结果如表 5-3 所示。

表 5-3 不同折旧方法下的计算结果

折现的超常收益法				
年份	期初账面值（万元）	利润（万元）	资本费用（万元）	超常收益（万元）	权益价值（万元）
1	6 000	1 567	600	967	
2	3 567	2 667	356.7	2 310.3	
3	1 234	4 766	123.4	4 642.6	
超常收益现值					6 276.48
期初账面价值					6 000
权益价值					12 276.48

因此，只要企业的现金收益确定，资产的残值确定，项目的寿命期确定，企业的权益价值就不会变化。

3. 折现的超常收益率估值模型原理

折现的超常收益率模型是在折现的超常收益模型上发展出来的。如果超常收益公式两边都除以账面价值，左边变为权益价值账面值比率，即

$$\text{Equity} - \text{Value} = \text{BVE}_0 + \frac{\text{NI}_1 - K_s \cdot \text{BVE}_0}{(1+K_s)} + \frac{\text{NI}_2 - K_s \cdot \text{BVE}_1}{(1+K_s)^2} + \cdots$$

$$+ \frac{\text{NI}_n - K_s \cdot \text{BVE}_{n-1}}{(1+K_s)^n}$$

$$\frac{\text{Equity} - \text{Value}}{\text{BVE}_0} = 1 + \frac{\text{ROE}_1 - K_s}{(1+K_s)} + \frac{(\text{ROE}_2 - K_s)(1+\text{GBVE}_1)}{(1+K_s)^2} + \cdots$$

$$+ \frac{(\text{ROE}_n - K_s)(1+\text{GBVE}_1)\cdots(1+\text{GBVE}_{n-1})}{(1+K)^n}$$

（5-9）

分解来看，得出上式是因为：

$$\frac{\text{NI}_n - K_s \cdot \text{BVE}_{n-1}}{(1+K_s)} + \left(\frac{\text{NI}_n}{\text{BVE}_{n-1}} - K_s\right)\frac{\text{BVE}_{n-1}}{\text{BVE}_0} = (\text{ROE}_n - K_s)(1+\text{GBVE}_1)\cdots(1+\text{GBVE}_{n-1})$$

$$\frac{\text{NI}_2 - K_s \cdot \text{BVE}_1}{\text{BVE}_0} = \left(\frac{\text{NI}_2}{\text{BVE}_1} - K_s\right)\frac{\text{BVE}_1}{\text{BVE}_0} = (\text{ROE}_2 - K_s)(1+\text{GBVE}_1)$$

（5-10）

其中，GBVE——growth book value of equity，即账面值 BVE 从 $t-1$ 年到 t 年实现的增长，其表达式为

$$\frac{\text{BVE}_t - \text{BVE}_{t-1}}{\text{BVE}_{t-1}}$$

（5-11）

因此，原表达式又可以进行简化，简化过程如下：

$$(1+\text{GBVE}_1)(1+\text{GBVE}_2)\cdots(1+\text{GBVE}_n) = \frac{\text{BVE}_n}{\text{BVE}_0}$$

（5-12）

以上表明，公司"权益价值账面值比"受三个因素的影响：未来超常权益收益率，定义为 ROE 与 K_s 的差值（ROE-K_s）；账面值增长率（GBVE）和权益资本成本（K_s）。

具有正的超常权益收益率的公司能够为股东带来增值，所以"权益价值/账面值"比率大于1；当公司创造的收益小于资本成本时，则"权益价值/账面值"比率小于1。

公司价值账面值乘数的大小也依赖于公司账面值的增长。公司可以通过发行新股或再投资利润来增加权益基础。如果新权益投资于"权益价值账面值比"大于1的方案，即该方案的 ROE 超过资本成本，那么公司权益账面值乘数将增大。当然，对于 ROE 低于资本成本的公司，权益的增长会进一步降低乘数，反而出现更糟的结果。

进一步分析权益价值与利润的关系：

$$权益价值/利润比率 = 权益价值/账面值比率 \times \frac{账面值(BVE)}{利润}$$

$$= \frac{权益价值/账面值比率}{ROE} \quad (5-13)$$

将权益价值比账面值的比率简称为 PB（price-to-book ratio），权益价值与利润的比值简称为 PE（price-to-earnings ratio）。由式（5-13）可见，PB 值和 PE 值之间是有关系的。它们之间最大的区别就是 PE 值受到当期 ROE 的影响，这会导致更低的 ROE 带来更高的 PE 值，使得用 PE 值做乘数波动性更大。

这里介绍的折现的超常收益率估值法也是根据股利贴现模型扩展出来的估值模型。折现的超常收益率模型更适用于中国市场，因为至少从数据的可获得性上来说是简便的。由于中国大多数公司很少派发现金股利，或者即使派发其比例也很不稳定，所以传统的股利贴现法在中国很难得到广泛的应用。与股利贴现模型和自由现金流模型相比，超常收益贴现估值法的优越性除了在于获取数据较容易外，更加重视账面值的分析，因而重视"市值/账面值"比率，而这一比率被越来越多的分析师认为是优于市盈率的一个估值比率。

延续上一节的案例，假设在第一年年初，TF 公司筹集 6 000 万元的权益资金，购置资产，正常营运。预计第一年现金收益（净利润＋折旧）为 4 000 万元；第二年为 5 000 万元，第三年为 6 000 万元。

TF 公司将所有现金收益作为股利支付出去，第三年年末公司终止经营且没有残值。不考虑相关税费，权益资金成本为 10%。运用折现的超常收益率估值模型对公司进行估值，计算结果如表 5-4 所示。

表 5-4 折现的超常收益率估值模型的计算结果

项目\年份	市值与账面值比		
	1	2	3
期初账面值	6 000	4 000	2 000
利润	2 000	3 000	4 000
ROE	0.333	0.750	2.000
Ks	0.100	0.100	0.100
abnormal ROE	0.233	0.650	1.900

续表

项目＼年份	市值与账面值比		
	1	2	3
账面价值增长率	1.000	0.667	0.333
乘积	0.233	0.433	0.633
现值	1.046		
1	1.000		
市值与账面值比	2.046		
市值	12 276.484		

从结果可得出一个结论：企业的价值不应该因会计处理的不同而发生变化。

如果 TF 公司不是采用直线折旧法，而是某种非直线折旧方法，这只会对企业的现金收益（净利润＋折旧）进行不同比例的切割，也即折旧提得多，当期利润就少，当期超常收益减少，但下期的资本费用会下降，这将导致下期的超常收益会填回。所以只要企业的现金收益确定，资产的残值确定，项目的寿命期确定，企业的权益价值就不会变化。

在基于现金股利折现模型下，折现的超常收益与折现超常收益率法都存在对会计信息的依赖。如果分析师知道企业会计数据的偏差源于管理层采用了更激进或保守的会计政策，那么超常收益估价法不会受会计处理的影响。这一点揭示了企业的战略分析和会计分析是超常收益法的先导，它能够帮助分析师确定超常收益是源于可持续的竞争优势还是不可持续的会计操纵。如果对此不甚了解，分析师就会对企业未来的超常收益给出错误估计。

4. 折现自由现金流的公司估值模型（DCF）原理

自由现金流这一概念最早是由美国西北大学拉巴波特（Alfred Rappport）、哈佛大学詹森（Michael Jensen）等学者于 20 世纪 80 年代提出的。詹森教授（1986）提出了自由现金流量理论（free cash flow theory），用来研究公司代理成本（agency cost）的问题。科普兰（Tom Copeland）教授（1990）——麦肯锡公司（McKinsey & Company，Inc.）的资深领导人之一，比较详尽地阐述了自由现金流量的计算方法。康纳尔（Bradford Cornell）教授（1993）（美国 FinEcon 咨询公司的创立者兼总裁）对自由现金流量的定义与之类似。达姆达兰教授还提出了股权自由现金流量的概念——股权资本自由现金流量。汉克尔（K. S. Hackel）（1996）——系统金融管理公司

（Systematic Financial Management，L.P.）的创始人兼总裁，则提出自由现金流量等于经营活动现金净流量减资本支出，再加上资本支出和其他支出中的随意（discretionary）支出部分。不同的学者对自由现金流量的理解不尽相同。简单地讲，自由现金流就是企业产生的在满足了再投资需求之后剩余的现金流，这部分现金流是在不影响公司持续发展的前提下可供分配的最大现金余额。企业自由现金流量的计算公式如下：

$$\begin{aligned} FCFA &= NOPAT - \Delta BVA \\ &= EBIT(1-T) - \Delta WCR - \Delta NLTA \\ &= NI + I(1-T) - \Delta WCR - \Delta NLTA \end{aligned} \quad (5-14)$$

公式中：FCFA 是指"free-cash-flow-from-assets"，即源于资产的现金流量；NOPAT 是指"net-operating-profit-after-taxes"，即税后的净营业利润，也称作息前税后利润；ΔBVA 是指"book-value-assets"的变化额，即企业经营性资产的当期账面变化额；EBIT 是指"earning-before-interest-and-taxes"，即企业的息税前利润；I 是指企业的借款利息；T 是指企业的实际所得税率；ΔWCR 是指"working-capital-requirement"的变化额，即企业的营运资本需求的当期变化额，WCR 可以简化处理为：应收账款＋存货－应付账款；ΔNLTA 是指"net-long-term-assets"的变化额，即企业的净长期经营资产的变化额，包括企业当期的资本性投资增量和回收以及计提的折旧（增量的资本支出－折旧）；NI 是指"net-income"，也即企业的净利润。

需要说明的是，公司自由现金流可分为股权自由现金流和债权自由现金流，而债权自由现金流的市场价值一般就是账面价值，比较好估计，所以理论上权益的折现加上负债的账面价值就是资产的价值。但实际中对权益的估值＋负债的账面价值≠对资产的估值，这里面的一个重要原因是作为贴现率的 WACC 是以期初的资本结构为基础的，在随后的时期中，其变化难以被及时捕捉到，因而 WACC 得不到适时的调整。因此，建议直接使用权益的评估方法，相应的股权自由现金流量的计算公式如下：

$$\begin{aligned} FCFE &= NOPAT - \Delta BVA - [I(1-T) - \Delta ND] \\ &= EBIT(1-T) - \Delta WCR - \Delta NLTA - [I(1-T) - \Delta ND] \\ &= NI + I(1-T) - \Delta WCR - \Delta NLTA - [I(1-T) - \Delta ND] \\ &= NI - \Delta WCR - \Delta NLTA + \Delta ND \end{aligned} \quad (5-15)$$

其中：NI——净收益

ΔWCR——营运资本变化额

ΔNLTA——包括企业当期的资本性投资增量和回收以及计提的折旧

ΔND——净债务增加额

I——利息

$$\text{Equity} - \text{Value} = \sum_{t=1}^{n} \frac{\text{FCFE}_t}{(1+K)^t} + \frac{\text{FCFE}_{n+1}}{K-g} \times (1+K)^{-n}$$

有了以上分析基础,我们就可以来讨论折现现金流模型(discount cash flow,DCF)的具体应用。它是指通过选定恰当的折现率,将企业未来的自由现金流量折算到现在的价值之和作为企业真实价值的一种价值评估方法。由于 CAPM 和 APM 理论进一步揭示了金融风险和收益之间的对应关系,从而为较准确地估计企业资本化率提供了条件,这使得 DCF 法成为公司估值的主流方法之一,其计算模型如下:

$$\text{Equity} - \text{Value} = \frac{\text{FCFE}_t}{(1+K)} \tag{5-16}$$

其中,FCFE_t——第 t 年的股权自由现金流量;

K——股权资本成本

实务应用当中有三种基本的企业自由现金流量模型,分别为永续增长的自由现金流量模型、两阶段自由现金流量模型和三阶段自由现金流量模型,其中两阶段自由现金流量模型又是最符合现实中企业发展的模式。两阶段自由现金流量估价法将企业的连续价值期分为两个时期,即增长率较高的初始阶段和随后的稳定增长阶段。竞争均衡理论认为:一方面,一个企业不可能永远以高于宏观经济增长的速度发展下去,否则迟早会超过宏观经济总规模;另一方面,超额利润的存在必定会吸引更多的竞争对手,导致营运成本上升或产品价格下降,从而使得投资资本回报率降至社会平均水平,企业的经营将处于平均利润的状态。实践表明,只有很少的企业具有长时间的可持续竞争优势,绝大多数企业都会在 3 年至 10 年中恢复到正常的回报率水平。假设企业在前 n 年保持高速增长,在 n 年后达到稳定增长状态,稳定增长率为 g,则该企业的价值可以用以下公式表示:

$$\text{Equity} - \text{Value} = \sum_{t=1}^{n} \frac{\text{FCFE}_t}{(1+K)^t} + \frac{\text{FCFE}_{n+1}}{K-g} \times (1+K)^{-n} \tag{5-17}$$

仍然延续上一节的案例,假设在第一年年初,TF 公司筹集 6 000 万元的权益资金,购置资产,正常营运。预计第一年现金收益(净利润 + 折旧)为

4 000 万元；第二年为 5 000 万元，第三年为 6 000 万元。

TF 公司将所有现金收益作为股利支付出去，第三年年末公司终止经营且没有残值。不考虑相关税费，权益资金成本为 10%。运用折现的现金流量法估值模型对公司进行估值。

由于后面三项都是零，所以，其计算与折现的现金股利法相同，折现的现金流量法估值模型的计算结果，如表 5-5 所示。

表 5-5 折现的现金流量法估值模型的计算结果

折现自由现金流量法			
year	FCF	PV factor	PV of divident
1	4 000		
2	5 000		
3	6 000		
Equity value			12 276.48

由于折现股权自由现金流量法估值模型与现金股利折现的原理类似，在模型原理上体现为用股权自由现金流量代替了现金股利，所以理论上最终的估值应该是一致的。但在实际中，股权自由现金流量折现模型比现金股利折现模型有较大变动，因为有些公司的股权自由现金流量呈稳定增长状态，而公司现金股利却呈非稳定和不规则状态，公司现金股利有时高于股权自由现金流量，有时低于股权自由现金流量，这时运用股权自由现金流量折现模型对股权进行估价时较股利折现模型方便和简化。

运用股权自由现金流量折现估价法，由于解释变量即股权自由现金流量受资本市场供求关系的影响较小，所以这类方法不仅可以适用于上市公司，也完全可以用于未上市公司股权的定价。同时，由于股权自由现金流量的构成并不仅限于经营收益，比起股利能够更全面地反映企业短期的周转能力和长期发展潜力。特别重要的是，股利容易受到管理层或大股东的操纵，而股权自由现金流量则相对比较难以操纵。因此，使用股权自由现金流量折现模型比股利折现模型更能准确地估计一个公司的价值。

5. 一个综合案例的应用

我们在研究会计钩稽关系时，分析讨论了 ABC 公司的历史财务状况。这里我们继续沿用 ABC 公司的数据，谈谈怎么对它进行估值。

如果 ABC 公司近年来的发展日新月异，盈利能力逐年增强，市场占有率不断扩大，客户知名度也越来越高。行业龙头 W 公司的危机感越来越强烈。据悉，W 公司的高管已有入股 ABC 公司的意愿。那么，作为 ABC 公司的股东该如何应对呢？知己知彼，百战不殆。ABC 公司股东要做的第一件事就是要估算自己公司的价值，换言之，即 ABC 公司的股权到底值多少钱？这是由公司的未来前景决定的。ABC 公司 2015—2017 年的历史财务数据，以及 2018—2023 年的财务预测数据如表 5-6 所示。

表 5-6　ABC 公司经营情况表

年份 项目	2015	2016	2017	2018	2019	2020	2021	2022	2023
销售额增长率		7.7	14.3	10	8	7	5	4	3
销售成本率	84.10	84.05	83.33	83.33	83.33	83.33	83.33	83.33	83.33
销管费用率	10.21	10.40	10.00	10.00	10.00	10.00	10.00	10.00	10.00
WCR 销售比	15.13	15.00	16.04	16.04	16.04	16.04	16.04	16.04	16.04
销售额	390	420	480	528.0	570.2	610.2	640.7	666.3	686.3
减销售成本	328	353	400	440.0	475.2	508.4	533.9	555.2	571.9
减销管费用	39.8	43.7	48	52.8	57.0	61.0	64.1	66.6	68.6
减折旧费用	5	5	8	8.0	8.0	7.0	6.0	6.0	6.0
EBIT	17.2	18.3	24	27.2	30.0	33.7	36.7	38.4	39.8
EBIT（1-0.25）	12.9	13.7	18.0	20.4	22.5	25.3	27.5	28.8	29.8
年折旧	5	5	8	8.0	8.0	7.0	6.0	6.0	6.0
年 WCR	59	63	77	84.7	91.5	97.9	102.8	106.9	110.1
WCR 年变化额		4	14	7.7	6.8	6.4	4.9	4.1	3.2
净资本支出			10	8.0	8.0	7.0	6.0	6.0	6.0
资产现金流量			2	12.7	15.8	18.9	22.7	24.7	26.6
2022 年年末资产值					CFA/ （WACC-g）			355	

同时假设该公司从 2023 年起将保持 2022 年的财务状况永续营运；

（1）销售额增长率从 2018 年的 10% 将降至 2022 年的 4%，并从 2023 年起持续保持 3% 的增长；

（2）销售成本率将一直保持与 2017 年同样的水平，即 83.33%；

（3）销售费用率将一直保持与 2017 年同样的水平，即 10.00%；

（4）WCR（working capital requirement）指营运资本需求，它等于：（应收账款 + 存货 + 预付费用）-（应付账款 + 预提费用）；

（5）WCR 占销售额的比重也将一直保持与 2017 年同样的水平，即 16.04%；

（6）假设该公司在 2017 年净资本支出为 1 000 万元（2015 年度和 2016 年度净资本支出为 0），并且在以后年度公司除了维持现有资产外，没有其他投资活动，资产的维持费用等于每年的折旧费（2018 年度和 2019 年度折旧费为 800 万元，2020 年度降至 700 万元，而后保持 600 万元）；

（7）公司所得税率为 25%；

（8）公司加权资本成本为 10.50%。

在表 5-6 中可以看到，ABC 公司一直在不断成长，销售增长率一直大于 0，并且预测到 2023 年后，销售增长率一直维持 3% 不变。销售成本率和销售管理费用率自 2018 年起一直维持在 83.33% 及 10%。表 5-8 中的数据可以通过 EXCEL 表生成。公司估值的若干公式中最简洁的一种只需要知道公司每年的资产现金流量及加权平均资本成本 WACC 即可。

表 5-6 中的基本数据，可以利用 EXCEL 中 NPV 函数计算贴现值。现金流量折现法是一种理论性较强的方法，它是以现金流量预测为基础，充分考虑了目标企业未来创造现金流量的能力对其价值的影响，在崇尚"现金为王"的现代理财环境中，对企业并购决策具有现实的指导意义。该估值方法的基本原理在前面已经介绍过，任何资产的价值等于其预期未来产生的全部现金流量的现值之和，用公式表示为

$$\text{Equity} - \text{Value} = \sum_{t=1}^{n} \frac{\text{FCFE}_t}{(1+K)^t} + \frac{\text{FCFE}_{n+1}}{K-g} \times (1+K)^{-n} \tag{5-18}$$

计算过程如下：

第一步，ABC 公司 2023 年起保持 2022 年的财务状况永续营运，需先将 2023 年及以后年度的现金流量折现到 2022 年年末。

$$V = \frac{\text{FCFA}_0(1+g)}{(1+\text{WACC})^1} + \frac{\text{FCFA}_0(1+g)^2}{(1+\text{WACC})^2} + \cdots + \frac{\text{FCFA}_0(1+g)^n}{(1+\text{WACC})^n}$$

$$\frac{1+\text{WACC}}{1+g}V = \text{FCFA}_0 + \frac{\text{FCFA}_0(1+g)}{(1+\text{WACC})} + \cdots + \frac{\text{FCFA}_0(1+g)^{n-1}}{(1+\text{WACC})^{n-1}}$$

$$V = \frac{\text{FCFA}_0(1+g)}{(1+\text{WACC})^1} + \frac{\text{FCFA}_0(1+g)^2}{(1+\text{WACC})^2} + \cdots + \frac{\text{FCFA}_0(1+g)^n}{(1+\text{WACC})^n}$$

$$\frac{\text{WACC}-g}{1+g}V = \text{FCFA}_0 + \frac{\text{FCFA}_0(1+g)^n}{(1+\text{WACC})^n} = \text{FCFA}_0$$

$$V = \frac{FCFA_1}{WACC - g}$$

$$V = \frac{26.6}{10.5\% - 3\%}$$

$$V = 355(万元)$$

因此，2022年年末的现金流量应为：355+24.7=379.7（万元）

第二步，分别将2018—2022年的现金流量折现到2017年年末。

$$V = \frac{CF_1}{(1+i)^1} + \frac{CF_2}{(1+i)^2} + \frac{CF_3}{(1+i)^3} + \frac{CF_4}{(1+i)^4} + \frac{CF_5}{(1+i)^5}$$

$$V = \frac{12.7}{(1+10.5\%)^1} + \frac{15.8}{(1+10.5\%)^2} + \frac{18.9}{(1+10.5\%)^3} + \frac{22.7}{(1+10.5\%)^4} + \frac{379.7}{(1+10.5\%)^5}$$

公司价值V=284（万元）

股权价值V=284－61=223（万元）

其中61为ABC公司2017年年末资产负债表中有息负债的账面价值，也即负债的市场价值，我们一般认为负债的账面值和市值保持一致。

因此，ABC公司的股权价值为223，所有者权益的账面价值仅为81.5。如果此时W公司表示出收购ABC公司股权的意愿，并且将所有者权益的账面价值81.5作为收购价格，那么ABC原有股东是万万不能同意的，这一点连同福客栈的佟掌柜都明白。

在运用现金流折现法评估公司价值的时候，如果利用股权现金流和股东要求的回报率来评估，则计算出的是股权价值；如果利用公司资产现金流和平均加权资本成本来评估，则计算出的是公司整体价值，这个时候需要减去净负债的市场价值才能得到公司的股权市值，即"股权价值＝公司价值－净负债市场价值"。

（二）市场乘数效应估值模型

基于自由现金流的估值方法是一种针对公司价值本质的估值方法。还有一类估值方法可以统称为乘数法，市盈率乘数是一个最常用的估值乘数。现金流的估值法和市盈率估值法之间也是有联系的。

1. 市盈率（PE值）的基本含义

市盈率（PE值）由公司股价除以每股收益得出，也可用公司市值除以净利润得出。市盈率是股票或公司估值最常运用的指标之一。

它的优点在于简单明了地告诉投资者在假定公司利润不变且利润全部用来分红的情况下,以交易价格买入,投资股票靠利润回报(现金股利)需要多少年的时间回本,这其实等同于一个投资回收期的概念。

同时,市盈率也代表了市场对一只股票的悲观或者乐观程度。

市盈率的公式可以这样来理解:

$$市盈率 = 股价 / 每股收益 \quad (5\text{-}19)$$

$$市盈率 = P/EPS = (P \cdot N)/(EPS \cdot N) = 总市值 / 净利润 \quad (5\text{-}20)$$

式(5-19)的分子、分母同时乘上股票数量 N 就等于第二个公式了。

由于企业的股本基本是持续扩大,这样就会稀释每股收益和股价,为了能够在同一标尺上分析企业的市盈率,用第二个公式最方便,不用考虑除权因素。

式(5-20)也常常用来针对一家非上市公司进行股权估值,那就是用公司的当期(或预期)的净利润乘上一个合理的市盈率倍数就可以估算出这家非上市公司的股权市值。

我们在讲解同福客栈的故事时,钱老板对同福客栈的估值就是典型的市盈率法。他首先匡算出同福客栈一年的净利润大概是 400 两银,然后按照一个 10 倍的盈率倍数来估算客栈的权益价值,最后得出了 4 000 两银的市值。其实,很多企业老总都知道这个做法,但不一定明白其中的逻辑。下面,换个角度再来理解一下。

前面已研究过永续增长的公司估值模型:

$$\text{Equity} - \text{Value} = P = \frac{DIV_1}{K_s - g} \quad (5\text{-}21)$$

这里的 DIV_1 指的是未来第一期的现金股利,如果我们把它摊到每一股,并进一步假定公司的净利润全部分红(针对成熟稳定的企业),那么,上面的公式就变形为:

$$P = \frac{EPS}{K_s - g} = \frac{EPS}{r - g} \quad (5\text{-}22)$$

如果继续假设企业的增长率为 0,那么:

$$P = \frac{EPS}{K_s} = \frac{EPS}{r}$$

$$PE = \frac{P}{EPS} = \frac{1}{r} \quad (5\text{-}23)$$

所以说，市盈率估值法本质上是永续零增长的贴现模型，市盈率的倒数就是当前的股票投资报酬率（r）。

按照经验判断，对于正常盈利的公司，净利润保持不变的话，给予10倍市盈率左右合适，因为10倍的倒数为1/10=10%，刚好对应一般投资者要求的股权投资回报率或者长期股票的投资报酬率。

为什么这里强调的是正常盈利状态的公司，因为亏损的公司计算的市盈率是负数，该指标失效，而微利的公司因为其净利润的分母小，计算出来的市盈率会高达成千上万，指标会非常高，但是公司的估值实际未必真的高。

2. 从 PE 值到 PEG

用市盈率进行估值更多适用于稳定的标的公司。高增长的公司往往会有更高的市盈率与之匹配。PEG（PE to Growth）指标于是应运而生，该指标是用公司的市盈率除以公司未来3年至5年的每股收益复合增长率，也即

$$PEG=PE/g \tag{5-24}$$

PEG指标是著名基金经理彼得·林奇发明的一个股票估值指标，是在PE（市盈率）估值的基础上发展起来的，它弥补了PE对企业动态成长性估计的不足。PEG告诉投资者，在同行业的公司中，在市盈率一样的前提下优先选择那些增长速度高的公司，或者在同样的增长速度下选择市盈率较低的公司。

市盈率仅仅反映了某股票的当前价值，PEG则把股票当前的价值和该股未来的成长联系起来。比如一只股票当前的市盈率为30倍，从传统市盈率的角度来看可能并不便宜，但如果其未来5年的预期每股收益复合增长率为30%，那么这只股票的PEG就是1，这表示其物有所值。

因此，当PEG等于1时，表明市场赋予这只股票的估值可以充分反映其未来业绩的成长性。如果PEG大于2，说明公司的利润增长跟不上估值的预期，则这只股票的价值就可能被严重高估。如果PEG小于0.5，说明公司的利润增长远好于估值的预期，则这只股票的价值就可能被严重低估。

PEG告诉投资者相对市盈率估值而言更应该关注公司的利润增长情况。短期内，利润增速高的股票在一段时间内走势都会强劲，即便估值已经偏高。然而，高增速往往不可持续，特别是整个市场的高增速预期往往透露出一种非理性繁荣的气息。

公司想同时拥有超高的盈利能力和超快的增长速度，长远来看是不现实的。从历史经验来看，60 倍以上的市盈率可以说是一个"死亡魔咒"，这时候股票价格的上涨最为迅猛，市场情绪最为乐观，但是很难有公司、板块以及整个市场能够持续保持如此高的估值。例如，2000 年美国的纳斯达克市场，2000 年和 2007 年的中国 A 股市场，1989 年的日本股市等，无一能够从市盈率魔咒中幸免。

美国股票市盈率整体处于 10～20 倍的波动区间，平均在 14～15 倍，其倒数对应 6.5%～7% 的长期回报率，而 6.5%～7% 长期回报率是由每年利润实际增速 g（3%～3.5%）及其股息回报（EPS/P）构成的，这可以通过前面的公式（K=EPS/P+g）来理解。

因此，市场对高市盈率的不信任，其实是对可持续性高增长的不信任。这个世界需要由耐心来构筑价值。

只有极少数的公司能够不断地跨越商业市场的不连续性，从而带来利润连续性的高增长，然后再借助投资人对未来的高预期所支撑的高市盈率倍数引领公司股票（估值）持续高涨。这时公司的 PEG 仍在可接受的范围。如果这样的公司被你投中，"你说你有眼光，我说你有运气"。

3. 市盈率估值法的原理

根据：市盈率 = 总市值 × 净利润

可以得到：股权价值 = 净利润 × 市盈率

由此可见，估算公司股权价值的两个关键数据指标是净利润和市盈率。净利润可能会有各种粉饰，因此在实践中需要仔细甄别：

（1）是不是核心业务带来的利润？

（2）是否剔除了一次性收益或非核心业务收益？

（3）是否通过存货和应收账款的变化来调节公司短期业绩？

（4）企业有多久没有调薪？

（5）人力成本及原材料成本的稳定性如何？

（6）企业的价格稳定性如何？

（7）企业的税负稳定性如何？

分析盈利质量往往需要对所在企业很熟悉。分析好当下盈利质量，才能更好预期下一年真实的盈利水平。

我们需要购买能够在未来长期赚钱的企业股权，我们需要关注的是当下的盈利质量和未来的盈利能力,这些才是确保未来长期投资回报的根本。

当确定了预期净利润后,下一步就是要确定一个合理的市盈率倍数。目前大概有三种基本算法:一是用行业平均市盈率作为合理倍数,二是用企业历史平均市盈率作为合理倍数,三是根据行业长期增速、目前企业增速和企业长期品质来确定合理市盈率倍数。

把一只股票的市盈率与整个行业的平均市盈率做比较需要很谨慎。在一个行业内,有龙头企业,也有不良企业,把所有参差不齐的企业放在一起进行平均,显然不合理。每一家企业的净利润增速是不同的,从逻辑的角度来看,一家企业的市盈率高低应该取决于企业的增速:企业增速快,就可以给予高估值;企业增速慢,就应该给予低估值。

用企业的历史平均市盈率作为其合理倍数,也不是太合理。任何一家企业,你去回顾历史,它的成长轨迹不太可能是线性的,可能在某个阶段增速快,也可能在某个阶段增速慢,甚至在某个阶段可能还亏损,你把不同增速下的市盈率进行平均,显然得出的市盈率也是不合理的。这个指标只适合于那些业绩持续稳定增长的企业。只有业绩持续稳定增长,至少过去10年没有大起大落,才能用历史平均市盈率去衡量它的估值高低,因为业绩稳定增长的企业,其未来的净利润增速会跟过去差不多。

此外,还要综合考虑采用第三种算法,这也是所谓的预期市盈率的逻辑。我们继续用同福客栈的例子:钱老板在投资入股的时候对客栈利润匡算出400两左右,这样一来,每股盈余就是400两除以2 000股得到0.2两每股,如果给一个10倍市盈率来估算,客栈价值就是4 000两银。考虑到同福客栈未来业绩的高增长,钱老板这个时候以10倍市盈率入股是非常划算的一笔买卖。

4. 基于市盈率估值模型的进一步讨论

不能简单地认为市盈率越低越好,因为低市盈率的背后可能真的是暗淡无光的经营前景。只有在充分考虑了影响市盈率的各种因素后,才能对公司的市盈率是否合理作出判断。

一般来说,优秀的企业多数可以把净利润视为自由现金流(计提的折旧可以用来维持一定的增长率),那么一个常数增长的贴现模型可以表达为:

$$P = EPS/(r-g)$$
$$P/EPS = 1/(r-g) \qquad (5-25)$$

P= 公司股票价值

EPS= 下一年预期的每股收益

r= 股权投资的要求回报率（贴现率）

g= 每股收益的增长率（永久性）

因此，从这个角度可以看到，市盈率指标最主要和贴现率（*r*）和增长率（*g*）这两个参数相关。我们通常采用 10% 的固定贴现率去计算优秀、稳健公司的内在价值，并直接把贴现率视为目标回报率，*g* 的取值是 0%～6%。

当我们把贴现率 *r* 取固定值 10% 时，根据 PE=*P*/EPS=1/（*r*−*g*）

当 *g*=0 时，合理 PE=10；

当 *g*=1% 时，合理 PE=11.1；

当 *g*=2% 时，合理 PE=12.5；

当 *g*=3% 时，合理 PE=14.2；

当 *g*=4% 时，合理 PE=16.6；

当 *g*=5% 时，合理 PE=20；

当 *g*=6% 时，合理 PE=25。

按上述公式计算时，会发现市盈率主要跟我们假设的永继增长率 *g* 有关。

按长期回报率为 10% 计算：

医药行业的 *g* 乐观时可取到 6%，对应 25 倍 PE 的买入价，医药行业的合理市盈率范围为 20～30；

食品饮料行业的 *g* 乐观时可取到 5%，对应 20 倍 PE 的买入价，食品饮料行业的合理市盈率范围为 15～20；

水电行业的 *g* 可以取到 1%，对应 11 倍 PE 的买入价，水电行业的市盈率范围为 8～25。

消费品公司为何会有溢价？其表面上看是抗通胀、逆周期，转嫁成本和提价的能力相对于工业用品强，有定价权，重复消费频率高，本质上是其行业的永继增长率高。因此，PE 为 20 的茅台并不比 PE 为 10 的水电股有任何溢价，其对应的长期回报率极可能前者更高。不同行业的估值不同，表面上看是由其眼前增速决定的，本质上是由其永继增速决定的。

需要注意的是，永续增长率设为 5% 往往对应的是优秀行业的极品公司，所以通常我们买入市盈率大于 20 的公司需要非常慎重。

实际估值举例：对于具备长期经营价值的水电公司，取 *g*=1%，股权回

报率 $r=10\%$，得 $PE=1/(r-g)=1/(10\%-1\%)=11.1$。可以看出，这个假设要求企业可以无限期经营到永远，不太现实。但打 7 折后 PE 接近 8 时买入这类长寿且稳定分红的公司应该是一笔好买卖。但这样计算的前提是，企业净利润得接近自由现金流，水电企业折旧现金流较多，是符合这个前提的。只有极少数优质公司才符合这个前提，投资支出大或 ROE 持续下移的零成长公司都是在损毁价值，只不过有时企业的战略性亏损是在构建自身的商业护城河。

这里我们会发现自己面临了一个问题，每家企业不同阶段的增速是不同的，直接用一个永续增长率 g 来贴现不太合适。尤其是对于近几年高增速的公司，用此方法估值会偏差很大。但是，直接采用偏低永续增速来折现，也是一种折扣或安全边际的艺术处理，毕竟价值投资的逻辑就是："不想拥有企业十年就不要拥有一分钟。"

5. 一个综合案例的应用

我们在前面介绍了公司估值的折现现金流法和市盈率估值法的基本原理。

市盈率其实是众多估值乘数中的一种，说简单点，PE 值就是将可比替代的上市公司市值与净利润相除得到的倍数，我们再用这个倍数乘以目标公司的净利润就可以合理得出目标公司的权益市值。

那么，依此原理，还可以将可比替代的上市公司市值与经营现金流量相除得到一个倍数（P/CF 值），再用这个倍数乘以目标公司的经营现金流量就可以合理得出目标公司的权益市值。

此外，还可以将可比替代的上市公司市值与净资产账面值相除得到一个倍数（P/B 值），再用这个倍数乘以目标公司的账面净资产值也可以合理得出目标公司的权益市值。其实，理解了这个逻辑，我们可以创造出很多乘数用来估值，比如"市值与客户数量比""市值与销售收入比"等。借助这个逻辑，我们再次对 ABC 公司的价值进行估算。

由于 ABC 公司目前并未上市，所以挑选了一家可比公司进行对比估值。根据可比公司的选择标准，选择了同行业的，并且还是生产同一产品的市场地位类似的 XYZ 公司。表 5-7 列示了 XYZ 公司和 ABC 公司的会计与金融数据比较，其中 ABC 公司拟发行股票 1 000 万股。

表 5-7 会计数据与金融数据比较

单位：万元；万股	XYZ 公司	ABC 公司
会计数据（2017年）		
1 税后收益（EAT）	6 350	1 280
2 现金收益（EAT+折旧）	10 350	2 080
3 权益账面价值	40 600	8 150
4 股票发行量	5 000	1 000
5 每股收益	1.27	1.28
6 每股现金收益	2.07	2.08
7 每股账面价值	8.12	8.15
金融市场数据		
8 股票价格	20	
乘数		权益价值估算
9 市盈率	15.7	20 157.5
10 股价与现金收益比	9.7	20 096.6
11 股价与账面价值比	2.5	20 073.9

（1）P/E 估值法。 P/E 估值法就是前文提到的市盈率估值法。市盈率指标把外在的市场价值和内在的收益加以对比，反映了两种价值的对比状况，既体现了风险性，也反映了收益性。从经济内涵意义上讲，市盈率反映的是投资者为获得未来预期收益的权利所支付的成本，也可以理解为静态的投资回收期。市盈率越高，表明为获得这种权利所支付的成本越高，静态投资回收期也越长，投资者每年获得的投资收益越低；反之则成本越低，回收期越短，投资者每年获得的投资收益就越高。

市盈率是衡量股价高低和企业盈利能力的一个重要指标，由于市盈率把股价和企业盈利能力结合起来，其水平高低更真实地反映了股票价格的高低。利用市盈率对比估值的方法被广泛接受并使用，以下是公式推导和计算：

$$市盈率 = PE 值 = \frac{股票价格}{每股盈余}$$

$$每股盈余 = \frac{当前净利润}{股票数量}$$

$$PE = \frac{P}{EPS} = \frac{P \cdot N}{EPS \cdot N} = \frac{股票市值}{净利润} \quad (5\text{-}26)$$

$$V_{ABC} = PE_{XYZ} \times ABC公司2015年净利润 = \frac{20}{1.27} \times 1280 = 20\,157.5$$

利用 P/E 估值法得出 ABC 公司股权市值为 20 157.5 万元，与现金流量折现法估算出的股权价值 22 300 万元差别不大。

（2）P/CF 估值法。 P/CF 是用当前每股市场价格除以现金流，即市现率估值法。市现率可用于评价股权的价格水平和风险水平。市现率越低，表明上市公司的每股现金增加额支撑的市值越小，经营压力也越小。对于参与资本运作的投资机构，市现率还意味着其运作资本的增加效率。在对上市公司的经营成果进行分析时，每股的经营现金流量数据更具参考价值。利用市现率对比估值也能很好地反映股票价格和公司价值。这里的现金流，用净利润加折旧来表示。公式计算及估值如下：

$$PCF = \frac{每股市价}{每股现金流}$$

$$V_{ABC} = PCF_{XYZ} \times ABC公司现金流量$$

$$V_{ABC} = \frac{每股市价}{每股现金流} \times ABC公司现金流量 \qquad (5\text{-}27)$$

$$V_{ABC} = \frac{20}{2.07} \times 2\,080 = 20\,096.6$$

利用 P/CF 估值法估算出的企业价值为 20 096.6 万元。

（3）P/B 估值法。 P/B 是用当前每股市场价格除以权益的账面价值，也即市净率。权益净值是决定公司股票市场价格走向的主要根据。每股净资产是股票的本身价值，它是用成本计量的，而每股市价是这些资产的现在价格，它是证券市场上交易的结果。市净率的作用还体现在可以作为确定新发行股票初始价格的参照标准。如果股票按照溢价发行的方法发行的话，要考虑按市场平均投资潜力状况来定溢价幅度，这时股市各种类似股票的平均市净率便可作为参照标准。同理，可以利用上市公司的市净率来估算未上市公司的企业价值。估算方法及计算过程如下：

$$PB = \frac{股票市价}{每股权益的账面价值}$$

$$V_{ABC} = PB_{XYZ} \times ABC公司的权益账面价值 \qquad (5\text{-}28)$$

$$V_{ABC} = \frac{20}{8.12} \times 8\,150 = 20\,073.9$$

利用 P/B 估值法估算出的企业价值为 20 073.9 万元。

我们用表 5-8 综合比较不同的估值方法下，ABC 公司的股权价值差异。

表 5-8　不同估值方法下的计算结果比较

估值方法	账面净值	自由现金流量模型	市盈率模型	市现率模型	市净率模型
ABC 公司股权价值／万元	8 150	22 300	20 158	20 097	20 074

当不同的估值方法估算的结果集中在一个狭窄的区域时，这是比较幸运的情形。如果不同的估值方法差异很大，这就需要对不同的估值方法给予不同的信任权重，然后将结果加权平均。

（三）客户终生价值估算模型

传统的估值方法往往是基于公司的财务层面，估值的数据来源也多提取自公司的财务会计信息系统。然而，随着互联网时代的来临，初创企业越来越多，它们都还未建立起稳定的财务数据供合理估算，这个时候对公司价值的估算则更需要在技术性的基础上叠加一些艺术性。

1. 初创企业估值的关注要点

初创企业估值往往需要关注团队能力、行业风口和客户数据等几个方面。钱老板在同福客栈蹲点做尽职调查一定也是在做这几个方面的工作，佟掌柜带领的创业团队优秀，行业发展空间广大，客户流量巨大且满意度高，这些可能才是他决定入股 1 000 两银的根本原因。下面我们分别来讨论一下这几个核心问题。

（1）**团队能力**。互联网有个很大的特点，就是它在业务高速运行中，能够飞快地转型和高效地试错。互联网创业企业更多的都属于轻资产模式，并且很多互联网企业没有线下的渠道，所以它的核心竞争力最后就集中在创业者或者创业团队上。创业者对这个商业模式想没想清楚？创业者或者创业团队是不是有一个特别牛的产品技术？创业团队是不是对用户的理解和运营的能力超强，比别人更有优势？创业团队和创业者是不是有很深厚的互联网行业经验，特别是对互联网未来发展的直觉判断？这些都是决定一家互联网企业能否获得成功的核心竞争力。

风险投资人特别愿意选择那些连续创业者，如果这些人再开一个新的创业项目的话，投资人往往趋之若鹜。这是因为连续创业者对整个互联网的直觉和经验是别人无可比拟的，他们对用户的理解和运营能力已经操练过了，知道坑在哪里,也知道成功的可能在哪里,他们有自己的产品技术或者后端资源、团队,能够更快速地实现自己的商业模式。所以投资就是投人,估值就是估人的价值。

(2) **行业风口**。不管你是做互联网的产品还是服务,最终都会被归到一个细分的行业当中。每个行业都有自己市场的总容量、业务的天花板。以机器人行业为例,现在它是一个很新兴的领域,机器人在未来的五年、十年当中,市场容量到底有多大?有多少中国人和中国家庭会使用到机器人?若2018年,机器人领域国内可能有300亿的市场容量,这就是业务的天花板。如果你想投资一个做机器人的企业,你就要判断它在这300亿当中能占到多少市场份额。如果它所占的市场份额超过10%,那这家公司未来的销售收入就可能就会达到30亿,你就知道应该估值多少。

其他很多行业都是这个道理,你都可用天花板的方式算出它可能占到的百分比,进而知道它未来的价值有多大。一个企业再优秀,若其所处的细分行业过于狭窄,那这家企业就很难有想象空间。

(3) **客户数据**。企业做天使轮融资,其实投资人最看重关于客户维度的非财务数据。基于客户视角的价值理念变得越来越流行,公司的价值并不是会计系统计量出来的,它一定是来源于客户的。客户赋予了公司价值,这一点是毋庸置疑的,所以德鲁克早就说过,"公司的本质工作就是创造客户"。正是从这个意义上来说,站在公司的维度,计量获取一个客户的成本和客户终身价值是至关重要的。客户终身价值应该超越客户获取成本,否则就是非理性地烧钱,而客户终身价值的累积最终就体现为公司价值。

2. 客户获取成本(CAC)与客户终身价值(CLV)

当一家公司在为创造客户而消耗组织资源的时候(其实,也就是烧钱的时候),必须要清楚这钱烧得值不值。在此,我们全新构建了一个基于客户视角的估值逻辑,有两个基础概念非常重要:

①客户获取成本(customer acquisition cost,CAC)

②客户终身价值(customer life-time value,CLV)

(1) **CAC——客户获取成本**。客户获取成本(CAC)是指你获取一个新用户需要花多少钱。比如,你花了1万元投放了一个电视广告,带来了1 000个新用户,那么这个渠道的用户获取成本就是10元。同样,你在另一个渠道上做宣传,用5 000元带来了200个新用户,那么这个渠道的用户获取成本就是 25 元。显然比第一个渠道要贵一些。

总的来说，一个企业总的 CAC 应该是它市场相关的总花费除以带来的总的用户的增长。如果计算得更细致的话，总花费还要包括相关人员的工资福利、研发投入甚至场地租金等。

当然，如果你是一个好的企业领导者，就应该懂得怎么样去调整企业的经营策略以优化 CAC。在计算 CAC 时，要注意以下两个问题。

第一，用户留存率。有很多营销渠道，可能瞬间能带来很多新用户，但是这些用户来了以后很快又走了，所以也很难给企业贡献价值。因此，有些渠道 CAC 虽然低，但是用户留存率也不理想；另外，如果要让客户"上瘾"而留下来，这又需要企业持续补贴，或在产品设计上有独到之处。

第二，自然增长和营销增长。一个企业的用户增长应该分为两类，一类是自然增长；另一类是靠营销带来的营销增长。所以在计算 CAC 的时候，最好能把这两类用户增长区分开。否则的话，决策会受到误导，但是精确的数据确实很难得到。理论上一个企业最低的 CAC 可以为零。当然现实中这不太可能发生，不过确实有一些产品是可以做到非常低的 CAC。

以微信为例，想象一下当初你是怎么用上这个 APP 的——大多数人不是听到别人主动宣传，就是因为自己的朋友或者家人开始用了，然后自己自然也就开始使用。在这个过程中，所有的传播和用户的获取都是自发的，腾讯投入的宣传成本相对而言并不高，所以微信的 CAC 比起它的体量来说是很低的。

优步（Uber）在早期也是利用了这一点。比如在早期的时候，优步为了鼓励乘客，在科技人群密集的旧金山给当地活动提供免费乘车服务，然后努力使每次乘车体验做到极致，这样就会引发口碑传播。优步的创始人卡拉尼克说过："早期的优步靠的就是传统的口口相传，人们在办公室的饮水机旁，在餐厅结账时，在和朋友参加聚会时，都在说'你们有人打优步回家吗？'然后别人就会问：优步是什么？于是他就会拿出手机，打开我们的 APP，神奇地叫个车——我们 95% 的乘客都从别的优步乘客那里听到优步的。"我们熟悉的"滴滴"和"快的"也是这样起步的，这种"网络效应"和"口碑效应"本质上就是因为它们能让 CAC 变得很低。

（2）CLV——客户终身价值（customer life-time value）。客户终身价值是指一个用户从第一天开始使用你的服务，到他离开你的那一天，一共能给你贡献多少利润——这里的利润一般用毛利计算，而不是收入。

以爱彼迎（Airbnb）为例来讲，这家公司应该怎么计算客户终身价值呢？

首先，它应该知道平均一个用户一年使用爱彼迎的次数；

其次，它要知道用户每次会花多少钱，也就是客单价；

最后，还要乘以每笔交易的毛利率。

对于爱彼迎来说，由于它是一个交易平台，自己并不持有房屋，所以毛利率基本就是每次收的预订手续费。这时候，用"客单价乘以每年使用频次乘以毛利率"，就得出平均每个用户1年给爱彼迎贡献了多少毛利。

当然我们还需要计算平均一个用户在爱彼迎这个服务上停留多久，或者也可以用留存率这个指标来定义，比如，90%的留存率就意味着获取的100个客户，1年之后就只剩下90个了，2年过后就只剩下81个了，以此类推。

3. 客户终身价值的计算模型

对于客户终身价值的计算，我们又需要用到一些基本的估值模型。这部分的分析视角更多的是借鉴了古普塔等学者在《客户终身价值》一书中的研究，在这里将其融入我的整个研究框架中。

首先，假设客户在和公司交易的年限里每年所产生的利润保持不变（先从简单的开始）。这一领域的学术研究得出了相互矛盾的结论，一些研究认为利润会随时间提高，而另一些研究则认为使用年限对利润没什么影响。这里我们就假设客户每年产生的利润不随时间变化。

其次，我们认为，尽管一个群体的流失模式（这影响到客户留存率）可能会随时间而发生系统性的变化，一些颇有影响的研究也说明这些变化可能反映客户群体的异质性，而不一定是客户忠诚随时间的动态变化。

最后，可采用无限的时间维度来估计客户终身价值，而不是截至某个具体时间。有了这些假设以后，我们开始估计客户的终身价值（CLV），客户产生的现金流如图5-1所示。

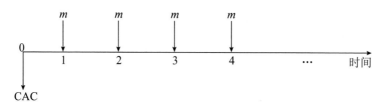

图 5-1　在无限的时间期限内客户的终身价值

在时刻 0，公司投入获取成本 CAC。然后，在这个客户身上每年会产生利润 m 元。然而，由于今天的 100 元要远比明天的 100 元值钱，第 1 年年末的利润 m 在今年初只值 $m/(1+i)$，其中 i 是指年贴现率。

此外，公司也可能会失去这个客户。如果客户的留存率是 r，那么在第 1 年回报的预计现值就是 $m \cdot r/(1+i)$。

在第 2 年，又得到了利润 m 元，把这些货币按两年折算成现值为 $m/(1+i)^2$。第 2 年公司仍然留住这个客户的概率是 r^2。例如，假设保留率时 90%，那么公司第 1 年留住客户的概率是 90%，第 2 年仍然留住这个客户的概率是 90%×90%，也就是 81%，以此类推。这样，这个客户第 2 年带来的预期回报现值是 $m \cdot r^2/(1+r)^2$。以此类推，第 3 年，第 4 年……就可以得到客户终身价值的计算公式：

$$\begin{aligned} \text{CLV} &= \frac{mr}{(1+i)} + \frac{mr^2}{(1+i)^2} + \frac{mr^3}{(1+i)^3} + \cdots \\ &= \frac{mr}{(1+i)}(1+a+a^2+\cdots) \end{aligned} \quad (5\text{-}29)$$

式中，$a = \dfrac{r}{(1+i)}$

设 $S = 1+a+a^2+a^3+\cdots$

那么，$aS = a+a^2+a^3+\cdots$

由于 $a<1$，a^n 趋于 0

因此，$S-aS=1$

或者 $S = \dfrac{1}{1-a} = \dfrac{1}{1-\dfrac{r}{(1+i)}} = \dfrac{1+i}{1+i-r}$

把 S 代入公式中，我们可以得到

$$\text{CLV} = m\left(\frac{r}{1+i-r}\right) \quad (5\text{-}30)$$

我们可以尝试着带入数值进去计算一下：

如果客户留存率 r 为 80%，贴现率 i 为 10%，边际倍数就是 2.67，如果客户利润 m 为 1 000 元，那么意味着公司的单位获客成本 CAC 不可以超过 2 670 元，否则就是不理性地烧钱。

4. 客户终身价值计算模型的拓展

在前面的研究中,我们已经推导出客户终身价值 CLV 的基本公式。

$$CLV = m\left(\frac{r}{1+i-r}\right) \quad (5\text{-}31)$$

为了更深入地了解 CLV 这个概念,我们需要注意以下几个问题:

(1) 当客户保留率较低时。当客户保留率较低,比如说 50% 或者不到 50% 时,边际倍数将小于 1。例如,在贴现率 12% 的情况下,保留率 50% 的边际倍数是 0.81。也就是说,客户在保留率 50% 情况下的终身价值是他产生的年度利润的 0.81 倍。

客户的终身价值不是应该高于年度利润吗?答案是"不一定"。因为客户产生的利润是在年底计算的,而我们可能在第 1 年年底之前就失去了大部分的客户。

(2) 当利润在年初产生时。也有可能客户的利润在每年的年初发生,如在公司投入获取成本的时候就产生利润。在这在这种情况下,图 5-1 被调整为图 5-2。

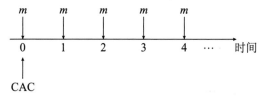

图 5-2 当利润在年初发生时的客户终身价值

与图 5-1 不同,图 5-2 在时刻 0 就产生了利润,因此客户终身价值公式为:

$$CLV = m + m\left(\frac{r}{1+i-r}\right) = m\left(1 + \frac{r}{1+i-r}\right) \quad (5\text{-}32)$$

显然,在公式 5-32 中,公司在投入成本的时候就从客户那里获得了利润,新的边际倍数是过去的边际倍数加 1。

例如,在贴现率 12%、保留率 90% 的情况下,新的边际倍数将是 5.09,而不是 4.09。与此类似,保留率 50% 的边际倍数将是 1.81,而不是 0.81。

(3) 当边际利润 m 稳定增长时。我们的基本模型假设,客户的边际利润在客户与公司交易期间保持不变。下面我们讨论边际利润增长的情况。我们现在从数学的角度详细加以解释。我们假设边际利润以稳定的速度 g 增长。例如,边际利润可能以每年 8% 的速度增长。对于这种情况,式(5-33)调整如下:

$$\text{CLV} = \frac{mr}{(1+i)} + \frac{m(1+g)r^2}{(1+i)^2} + \frac{m(1+g)^2 r^3}{(1+i)^3} + \cdots \quad (5\text{-}33)$$

可以进行与式（5-29）到式（5-31）相类似的简化，我们得到式（5-34）如下：

$$\text{CLV} = m\left(\frac{r}{1+i-r(1+g)}\right) \quad (5\text{-}34)$$

（4）有限使用期间内的客户终身价值。在基本模型中，我们按照时间无限长来估计客户终身价值。由于这样可以避免主观地判断使用年限，所以我们认为是非常合理的。除此之外，保留率和贴现率在把未来利润贴现为现值的过程中，也考虑了未来的不确定性。然而，如果分析时不喜欢按照无限的时间维度来估计客户的终身价值，而且希望估计固定的时间段，比如说 n 年内的客户终身价值，那我们也可以很容易地推导出新的公式，根据式（5-35），在 n 年的时间里，我们得到：

$$\begin{aligned}\text{CLV} &= \frac{mr}{(1+i)} + \frac{mr^2}{(1+i)^2} + \frac{mr^3}{(1+i)^3} + \cdots + \frac{mr^n}{(1+i)^n} \\ &= \frac{mr^2}{(1+i)}(1 + a + a^2 + a^3 + \cdots + a^{n-1})\end{aligned} \quad (5\text{-}35)$$

式中，$a = \dfrac{r}{(1+i)}$

设 $S = 1 + a + a^2 + \cdots + a^{n-1}$

那么，$aS = a + a^2 + a^3 + \cdots + a^n$

因此，$S - aS = 1 - a^n$

或者 $S = \dfrac{1-a^n}{1-a} = \dfrac{1-\left[\dfrac{r}{1+i}\right]^n}{1-\dfrac{r}{(1+i)}} = \dfrac{1+i}{1+i-r}\left(1-\left[\dfrac{r}{1+i}\right]^n\right)$

把 S 代入式（5-35），我们可以得到

$$\text{CLV} = m\left(\frac{r}{1+i-r}\right)\left(1 - \left[\frac{r}{1+i}\right]^n\right) \quad (5\text{-}36)$$

比较计算无限时间维度的式（5-28）和计算 n 年的式（5-34），我们发现有限期间的边际倍数需要乘以一个额外的系数，即式（5-34）中第二个括号内的因素：

这个额外系数小于1；

n 越大，系数越大；

当 n 趋于无穷时，系数为1，也就是在无限时间维度下假设的计算公式。

5. 从客户终身价值到公司价值

从概念上讲，一个公司的价值就是该公司现有和潜在客户终身价值的总和。

我们首先建立模型估算一个群体的客户终身价值，然后按照现有和潜在客户群体加总，最后来预测模型中的关键变量。我们首先来看一个简单的场景。客户在 t 时刻生产利润 m，贴现率为 i，客户保留率为100%，在这种情况下这个客户的终身价值就是这个客户为公司带来收入的现值，或者说

$$\text{CLV} = \sum_{t=0}^{\infty} \frac{m_t}{(1+i)^t} \tag{5-37}$$

这与现金流折现的方法是一致的。考虑到客户保留率 r，那么公式调整为

$$\text{CLV} = \sum_{t=0}^{\infty} m_t \frac{r^t}{(1+i)^t} \tag{5-38}$$

为了估计公司所有客户的终身价值，我们认识到公司在每个阶段都要获取新的客户。每个客户群体都会有流失和利润模式。如表5-9所示，公司在时刻0的时候以每个客户 c_0 的成本获取了 n_0 个客户。随着时间推移，公司的客户会流失，在时刻1的时候只剩下 $n_0 r$ 个客户，在时刻2的时候剩下 $n_0 r^2$ 个客户，依次类推。

表5-9 每个群体的客户数量和边际利润

时刻	群体0 客户	群体0 边际利润	群体1 客户	群体1 边际利润	群体2 客户	群体2 边际利润
0	n_0	m_1				
1	$n_0 r$	m_1	n_1	m_0		
2	$n_0 r^2$	m_2	$n_1 r$	m_1	n_2	m_0
3	$n_0 r^3$	m_3	$n_1 r^2$	m_2	$n_2 r$	m_1
.	.	.	$n_1 r^3$	m_3	$n_2 r^2$	m_2
.	.	.	.	.	$n_2 r^3$	m_3
.	.	.	.	.	.	.

这样，群体0在现在的时刻0的终身价值就是

$$\text{CLV}_0 = n_0 \sum_{t=0}^{\infty} m_t \frac{r^t}{(1+i)^t} - n_0 c_0 \tag{5-39}$$

群体 1 与群体 0 有着类似的模式，只是相差了一段时间，那么群体 1 在时刻 1 的终身价值就是

$$\mathrm{CLV}_1 = n_1 \sum_{t=1}^{\infty} m_{t-1} \frac{r^{t-1}}{(1+i)^{t-1}} - n_1 c_1 \qquad (5\text{-}40)$$

这样就可以很容易将群体 1 在时刻 1 的终身价值折现为现值。群体 1 在时刻 0 的终身价值为：

$$\mathrm{CLV}_1 = \frac{n_1}{1+i} \sum_{t=1}^{\infty} m_{t-1} \frac{r^{t-1}}{(1+i)^{t-1}} - \frac{n_1 c_1}{1+i} \qquad (5\text{-}41)$$

一般来说，第 k 个群体在时刻 0 的终身价值为：

$$\mathrm{CLV}_k = \frac{n_k}{(1+i)^k} \sum_{t=k}^{\infty} m_{t-k} \frac{r^{t-k}}{(1+i)^{t-k}} - \frac{n_k c_k}{(1+i)^k} \qquad (5\text{-}42)$$

公司基于客户计算的价值就是所有这些群体的终身价值之和。

$$\text{公司价值} V = \sum_{k=0}^{\infty} \frac{n_k}{(1+i)^k} \sum_{t=k}^{\infty} m_{t-k} \frac{r^{t-k}}{(1+i)^{t-k}} - \sum_{k=0}^{\infty} \frac{n_k c_k}{(1+i)^k} \qquad (5\text{-}43)$$

式（5-43）计算的是公司的税前价值，即未考虑所得税的影响。

我们在式（5-43）中需要输入 5 个变量：客户数量和增长（n）、每个客户的边际利润（m）、客户保留率（r）、客户获取成本（c）和公司的贴现率（i）。在进行价值匡算时，可以用统计模型中的历史数据来预测这些输入变量。显然，要想精确计算这个价值并不是一件容易的事情。

我们假设钱老板在对同福客栈进行估值时，发现客栈从一个客户身上平均可以赚取大概 1 两银，由于镇上只有这家客栈，几乎没有竞争对手，又由于客户都是口口相传知道同福客栈的服务优良且菜品一流，所以客栈的获客成本和客户流失率几乎都为 0，而钱老板对投资的要求报酬率是 10 个点，那么，套用客户终生价值的计算模型可以知道，一个客户的终生价值就是 10 两银，而同福客栈的稳定客源大概不少于 400 人，所以钱老板运用客户价值法估算的客栈市值也是 4 000 两白银，这与市盈率法的估算结果保持一致。不过，这显然都是完美设计的结果，在实践中，不同的估值方法计算出来的结果往往会有差异。但是，当我们在做研究的时候，应该秉承着的一个核心理念：大概的准确，比精确的错误要更有意义。有时，一个分析问题的视角比问题的答案可能更重要。

6. 烧钱的逻辑

其实，客户终身价值的计算隐藏着很多困难的细节，更复杂的数学问题

这里并没有提及。例如，边际利润 m 不是在年初或年末获得，而是一年中均匀获得，公式怎么衡量？又如，利润 m 的增长速度 g 变化时怎么计算？留存率 r 是动态的怎么计算？

在实践中，问题可能还会更加复杂，比如对于爱彼迎来说，不同季节、不同地区、不同人群的预订频率，客单价以及流失率可能都不一样。因此作为一家企业，数据收集和分析肯定做得越细，预测才越准确，但这只能辅助决策。很多投资之所以关注商业模式就是因为模式对了，未来成功的概率就高，即使今天难以准确地量化结果。

不过到这里，我们终于可以说一说"烧钱的本质"了。那就是，当你的客户终身价值（CLV）大于客户获取成本（CAC）的时候，你烧的钱才有意义；如果你的客户终身价值小于客户获取成本，那么你越烧钱亏得就越多。这句话的通俗理解是：如果你烧10元钱带来了一个用户，但是他总共只能给公司贡献8元钱利润的话，这个钱烧得就有点不理性了。如果同福客栈的一个客户的终生价值是1两银，那么，佟掌柜花超出这个数量的钱去吸引一个客户也是不理性的。这个道理其实非常简单，但是真正创业的时候一切都很难计量和预见，所以企业家的机会感知能力非常重要。

贝宝（PayPal）当年烧钱，烧出了一条网络支付的血路；优步也是烧钱的行家，它是历史上累积融资最多的创业公司，股权加债券融资早就超过了100亿美元，所以，在拿钱换资源和空间这件事上，优步也是一个非常有经验的公司。不过，敢不敢大胆烧钱，还取决于一个重要衡量指标，那就是投资回收期 PBP（payback period）。对于一个企业来说，即使客户终身价值大于客户获取成本，可能也会出问题。投资回收期是指你为一个用户投入的成本，能在多久收回来。假设你获取一个用户的成本是100元钱，六个月就能收回成本和三年才收回成本，这在现金流方面的压力肯定是完全不一样的。因为 CLV 是客户"终身"价值，所以计算跨度甚至有时候是 5~10 年，这时现金流的周转就显得特别重要了。最终你会发现，所有生意的本质都离不开 CAC、CLV 和 PBP 这三个概念，把这三个指标弄清楚，一家企业的运转才会顺畅。

一般来说，客户终身价值最好是客户获取成本的三倍以上，企业才比较健康；而投资回收期在12个月之内，现金流周转和融资压力才比较适中。尤其是新兴的互联网企业，一次有效的 MVP 循环时间越短就越有迭代的优势，投资人也越敢于试错。

然而，如果你过度关注 PBP，你又会错过一些早期需要长时间培育，但是未来可能产生稳定回报且忠诚度非常高的商业项目。很多指标都难有精确的计算依据，最终还是需要投资人和业内人士根据多年经验参考估算。

二、核心投资条款解读

当我们理解了公司价值的估算原理后，接下来的一个重要领域就是如何用公司的金融价值去交换公司经营所需要的金融资本。

公司估值的重要目的就是在对外融资时可以卖出一个合理的价格。然而，公司的经营方和投资方的立场是不一样的：企业家或创业者担心被资本绑架，而资本家则担心企业有黑洞。这就是钱老板要在同福客栈蹲点做调查的原因，而佟掌柜一开始也对钱老板的意图非常谨慎。在一个信息不对称的世界，合作的首要基础当然是信任，但是"丑话说在前面"也是必要的。"丑话"书面化的形式就是投资意向书。

（一）投资意向书模板

我们以 YC（Y Combinator，硅谷最传奇的创业孵化器）和徐小平老师的真格基金投资公司使用的投资意向书作为模板，详尽解读双方要把哪些"丑话"明确下来。这两份投资意向书，一份中文、一份英文，YC 的前主席保罗·格拉姆（Pavl Graham）和现任主席萨姆·奥特曼（Sam Altman）都反复强调，YC 成功的最重要原因就是对创始人非常友好，体现在投资文件里的就是，没有很多对创业者限制很大或者防范很严的条款。同样，真格基金在 2015 年就发布了所谓的"一页纸投资意向书"，也拿掉了很多业界惯常的限制创业者的条款。

"友好"其实就是条款简单且宽松。虽然简单，但这两份文件还是非常有价值，我们还是要花点时间来吃透里面的具体知识，也正好熟悉一些关于投资协议的概念。理解好这里面的条款是企业家融资时候的基本功。

我们在解读这些重要条款时，借鉴了桂曙光在《创业之初你不可不知的融资知识》一书中的相关分析，我们将其与 YC 和真格基金的"一页纸投资

"意向书"的具体条款整合在一起进行研讨，希望对你有所价值。

真格基金的投资意向书模板如图 5-3 所示。

ZhenFund 真格基金

[公司/项目名称]
[种子期/Pre-A轮]优先股融资条款摘要¹
2015年[ ]月[ ]日

发售条款：

发行人/公司： 创始人在中国或其他地域设立的公司及其关联方

投资者： 真格基金或其关联方

拟发行证券： [种子期/Pre-A轮]优先股（"**优先股**"）

投资金额： [____人民币/美元]

股权比例： [__%]

估值： 投资后估值[____人民币/美元]（包括[15]%的员工期权）

附属细则：

清算权： 一旦发生公司清算或整体出售后，全部可分配款项将基于优先股转换成普通股后的比例分配给所有股东（包括投资者）。

保护性规定： 采取以下任何行动需征得真格基金的事先同意：(i)清算、合并、兼并或解散；(ii)修改、变更投资者权利或可能影响投资者权利的事项；(iii)购买或赎回股份；(iv)支付任何股息。

知情权： 公司应定期提供财务报表及投资者可能合理要求的其他信息，一旦发生任何重大变化，应及时通知投资者。

跟投权： 如公司未来进行增资（向员工发行的期权和股份除外），投资者有权按其届时的持股比例以同等条件和价格购买该等股份。

公司治理： 真格基金有权委派一位公司董事和/或董事会观察员。

投资者权利： 投资者应享有不劣于公司现有及未来股东/投资人的股东权益，包括但不限于优先购买权、共售权、分红权、转换权、上市登记权等权利。

创始人股份限制： 各创始人25%的股份将于交割后一年时悉数归属，各创始人其余75%的股份将在之后三年内等额分期归属。

优先投资权： 若交割后创始人从事任何新项目，投资者在同等条件下对该等新项目享有优先投资的权利。

交割： 应根据投资者接受的协议在本文件签署后60天内合理可行时尽快满足交割条件并完成交割。

有约束力条款： 在60天内，公司和创始人同意不招揽要约来自他方的任何融资。在真格基金同意之前，公司将不得向他人透露这些条款，但高级管理人员、董事、主要服务供应商以及在本次融资的其他潜在投资者除外。本条款摘要适用[中华人民共和国]法律。

---

¹未纳入本条款摘要的有利于投资者的典型条款：优先清算权、赎回权、强制随售权、反稀释保护、详尽的保护性规定。

图 5-3 真格基金投资意向书模板

ZhenFund
真格基金

公司：

_____
(公司名称)

投资者：

真格基金

签署：_____
姓名：
职务：法定代表人/授权代表

签署：_____

创始人：

代表创始团队签署

签署：_____
姓名：
护照/身份证号：

图 5-4　真格基金融资条款摘要签字页

YC 投资意向书模板如图 5-5 所示。

[NAME OF ISSUER]

MEMORANDUM OF TERMS

  This Memorandum of Terms represents only the current thinking of the parties with respect to certain of the major issues relating to the proposed private offering and does not constitute a legally binding agreement. This Memorandum of Terms does not constitute an offer to sell or a solicitation of an offer to buy securities in any state where the offer or sale is not permitted.

THE OFFERING

Issuer:	[_____], a Delaware corporation (the "*Company*")
Securities:	Series A Preferred Stock (the "*Preferred*")
Valuation of the Company:	$[_____] pre-money
Amount of the offering:	$[_____]
Number of shares:	[_____] shares
Price per share:	$[_____] (the "*Original Purchase Price*")

TERMS OF THE PREFERRED

Liquidation preference: In the event of a liquidation, dissolution or winding up of the Company, the Preferred will have the right to receive the Original Purchase Price plus any declared and unpaid dividends prior to any distribution to the common stock. The remaining assets will be distributed *pro rata* to the holders of common stock. A sale of all or substantially all of the Company's assets, or of its intellectual property, or a merger or consolidation of the Company with any other company will be treated as a liquidation of the Company.

Conversion: The Preferred may be converted at any time, at the option of the holder, into shares of common stock. The conversion rate will initially be 1:1, subject to customary adjustments.

Dividends: 8% if and when declared by the Board of Directors, prior and in preference to payment of dividends on any other stock.

Automatic conversion: Each share of Preferred will automatically convert into common stock, at the then applicable conversion rate, upon (i) the closing of a firmly underwritten public offering of common stock, or (ii) the consent of the holders of at least a majority of the then outstanding shares of Preferred.

General voting rights: Each share of Preferred will have the right to a number of votes equal to the number of shares of common stock issuable upon conversion of each such share of Preferred.

(a)

图 5-5   YC 投资意向书模板

Protective provisions:	So long as any of the Preferred is outstanding, consent of the holders of at least 50% of the Preferred will be required for any action that: (i) alters any provision of the certificate of incorporation if it would adversely alter the rights, preferences, privileges or powers of the Preferred; (ii) changes the authorized number of shares of Preferred; or (iii) authorizes or creates any security that ranks senior to or on par with the Preferred.
INVESTOR RIGHTS	
Participation Rights:	Major investors will have a right to purchase its *pro rata* share of any offering of new securities by the Company, subject to customary exceptions. The *pro rata* share will be based on the ratio of (x) the number of shares of Preferred held by such holder (on an as-converted basis) to (y) the Company's fully-diluted capitalization (on an as-converted and as-exercised basis). This right will terminate upon the Company's initial public offering or an acquisition of the Company. Such rights shall be assignable to affiliated entities, partners, members, successors and commonly controlled funds.
Registration Rights:	Customary demand, piggyback and S-3 registration rights.
Information rights:	Major investors shall have the right to receive annual financial statements, the Company's annual budget, as well as quarterly and monthly financial statements. Each such major investor shall also be entitled to standard inspection and visitation rights.
Transfer Restrictions:	Standard 180-day lock-up period, subject to customary exceptions and conditions. Bylaws and option plan documents shall include limitations on certain transfers, including on secondary markets, to competitors, or that may trigger public reporting obligations.
Employee Options:	All employee options to vest as follows: 25% after one year, with remaining vesting monthly over next 36 months. All founders equity shall be subject to a repurchase right which also reflects a standard 4 year vesting schedule.
Proprietary Rights:	Each current and former employee and consultant will enter into a non-disclosure and proprietary rights assignment agreement.
ROFR/Co-sale Agreement:	The founders will grant customary first refusal and co-sale rights to the Company and the investors (as applicable).
Purchase Agreement:	The investment shall be made pursuant to a Stock Purchase Agreement with appropriate representations and warranties, covenants and conditions of closing.

(b)

图 5-5 （续）

This Memorandum of Terms may be executed in counterparts, which together will constitute one document. Facsimile signatures shall have the same legal effect as original signatures. If the terms and conditions described above are acceptable to you, please so indicate by your signature below. This proposal will expire upon email notification from Hydrazine Capital to the Company if not accepted before such time.

[INSERT COMPANY NAME]   SAM ALTMAN

_____   _____
Signature   Signature

_____
Print name

_____
Print title

_____   _____
Date   Date

(c)

图 5-5 （续）

（二）投资意向书核心条款解读

1. 投资后估值与投资前估值

首先，这两份文件的开头都是一些基本信息，如双方机构的名称、投资的金额、所占股权比例、估值多少等，这些都是非常标准的信息。

真格基金的基本信息条款如下：

发售条款：

发行人/公司： 创始人在中国或其他地域设立的公司及其关联方

投资者： 真格基金或其关联方

拟发行证券： [种子期/Pre-A轮]优先股（"优先股"）

投资金额： [____人民币/美元]

股权比例： [__%]

估值： 投资后估值[____人民币/美元]（包括[15]%的员工期权）

YC 的基本信息条款如下：

THE OFFERING

Issuer:	[_____], a Delaware corporation (the "*Company*")
Securities:	Series A Preferred Stock (the "*Preferred*")
Valuation of the Company:	$[_____] pre-money
Amount of the offering:	$[_____]
Number of shares:	[_____] shares
Price per share:	$[_____] (the "*Original Purchase Price*")

真格的文件在提到估值的时候用了一个词,即"投资后估值",而对应的 YC 的文件里有个词是"pre-money",翻译过来就是"投资前估值"。这里面"前"和"后"的概念是这样理解的:假设有个投资人看好你的公司,想要进行投资,计划投资 200 万元占公司 20% 的股份,这时他给公司的投资后估值(post-money)是 200/20%,也就是 1 000 万元,投资前估值就是 1 000-200=800 万元。换个角度理解就是,投资人在评估你现在这家企业的时候,觉得它值 800 万元,然后他决定投资你 200 万元,那么你的企业在收到这 200 万元的一瞬间,其实就值 1 000 万元了——因为你的账上多了 200 万元现金。钱老板在对同福客栈估值时也遵循了同样的逻辑,在估算出同福客栈融资前的价值是 4 000 两银之后,决定投 1 000 两银,所以同福客栈的融资后估值为 5 000 两银。

当你和投资人谈估值的时候,一定要分清是投资前估值还是投资后估值,很多时候它们之间的差距还是不小的。

我就碰到过一些投资人这样忽悠企业家:你今年的利润为 1 000 万元,我投 4 900 万元占公司 49% 的股权比例,相当于我们给了你一个 10 倍市盈率的估值。我们的投资款将分三年支付到位,但是公司的销售和利润的年增长率应该保持在 30% 以上。

我们暂不谈条款是否苛刻,这里的一种重要谬误就是,投资方故意混淆了"投资前估值"和"投资后估值"的概念。投 4 900 万元占 49% 的股权比例说明投资前估值是 5 100 万元,这说明真实的市盈率倍数给的是 5.1 倍,远低于 10 倍。创业者很难意识到其中的猫腻。

2. 期权池

除了"投前""投后",还有一个隐含的条款会影响融资的价格,这就是"期权池"。

因为在成立一家公司的时候，很可能人员还不齐备，未来还有很多关键的人物甚至合伙人加入公司，所以投资人一般都会要求你预留出一部分股份作为期权池。未来有比较重要的人加入时就可以从这个"池子"里拿出一部分分配给他们，当然也可以发放给员工。这是业界非常标准的做法。

因此，你可以看到在真格的文件里，"投资后估值"那一栏后面有一个括号，就是说你要留出 15% 的期权池给未来可能加入的员工。

真格基金的期权池条款如下：

估值： 投资后估值[____人民币/美元]（包括[15]%的员工期权）

当然，此处 15% 的数字有两个特性：

第一，没人要求你一定要发完 15% 的全部股份，理论上在你分发完毕前，这些股份都是创业者自己的；

第二，这个期权池也会在后续公司的发展中不断动态地变化。

从本质上讲，这个数字是保护投资者利益的。

假设一个投资人用 200 万元占了公司 20% 的股份，你的企业在投资后估值是 1 000 万元。那么这时你自己所占股份是多少呢？如果没有这个期权池，你的股份显然就是 80%，但有这个期权池后你的股份就是 80%-15%=65%。如果没有这个期权池，未来有人加入，若需要给他 5% 的股份，这 5% 就需要你和投资人一起出，而如果有期权池的话，从这里面拿就行了。因此，这也是投资人明确自己利益的一个条款。

真格的这个做法非常标准。然而，YC 连这个条款都不要了，他们甘心在新人加入的时候和创业者一起稀释股份。这种做法是非常少见的，不过钱老板的确是做到了，他在要求佟掌柜设立期权池的时候，自己的持股已经同比例进行了稀释。

"期权池"这个概念在中国的《公司法》范畴内，实施起来需要注意的一个问题是，因为无法预留股权，灵活的做法是让创始人代持。设立公司时由创始人多持有部分股权（对应于期权池），公司、创始人、员工三方签订合同，行权时由创始人以约定价格向员工转让。也可以构建员工持股公司，员工通过持股公司持有目标公司的股份，可避免员工直接持有公司股权带来的一些不便。

3. 清算优先权

说完了基本信息里面的知识点，我们接下来讲一个非常重要的概念，YC的文件里第一个写的就是这个条款，真格的文件里当然也有，这个概念就是"清算优先权"，英文是"liquidation preference"。它是投资意向书里面非常重要的一个条款。

企业家或创业者首先要明确什么是"清算"事件。通常，企业家往往认为清算事件是一件"坏"事，而对投资人而言，清算就是"资产变现事件"，即股东通过出让公司权益而获得资金，包括合并、被收购或公司控制权变更。结果是，无论公司在经营方面的好与坏，最后资金的分配方式都是由清算优先权决定的。

公司合并、被收购、出售控股股权，以及出售主要资产，从而导致公司现有股东在占有续存公司已发行股份的比例不高于50%，以上事件可以被视为清算。所以这个条款是确定在任何非IPO公司退出时的资金分配（公司在IPO之前，优先股要自动转换成普通股，这样清算优先权问题就不存在了），而大部分的公司最后可能的退出方式也不一定是IPO，所以不管创业者对自己和公司是否有信心，都应该详细了解这个条款。

YC的清算优先权条款如下：

Liquidation preference: In the event of a liquidation, dissolution or winding up of the Company, the Preferred will have the right to receive the Original Purchase Price plus any declared and unpaid dividends prior to any distribution to the common stock. The remaining assets will be distributed *pro rata* to the holders of common stock. A sale of all or substantially all of the Company's assets, or of its intellectual property, or a merger or consolidation of the Company with any other company will be treated as a liquidation of the Company.

清算优先权是"Term Sheet"中一个非常重要的条款，它决定公司在清算后资产如何分配，即资金如何优先分配给持有公司某特定系列股份的股东，然后再分配给其他股东。例如，在A轮（series A）融资的"Term Sheet"中，规定A轮投资人，即A系列优先股股东（series A preferred shareholders）能在普通股（common）股东之前获得多少回报。同样的道理，后续发行的优先股（B/C/D等系列）优先于A系列和普通股，也就是说投资人应该在创业者和创业团队之前收回他们的资金。通常所说的清算优先权有两个组成部分：优先权（preference）和参与分配权（participation），在实践中有三种优先清算权：不参与分配清算优先权（non-participating liquidation preference）、完全参与分配清算优先权（full-participating liquidation preference）和附上限参与分配清算优先权（capped-participating liquidation preference）。在这里我们说得简单一点，所谓的清算优先权就是一旦公司出现了一些情况，比如被收购、与其他公司合并或破产等情况下，大家该以怎样的顺序和优先级分钱。这实际上也是在保护投资人的权益。

我们可以举一个极端的例子：假设投资人给你的公司投资了1 000万元，占40%的股份。结果资金一到账，你就选择把公司彻底关了。如果没有清算优先权的话，而且恰巧你的公司也没什么其他值钱的资产了，那么投资人就只能从企业关门时候的价值——也就是你刚拿到的1 000万元里面拿到40%，就是400万元，你自己就凭空得到了600万元，可投资人当初投的是1 000万元，这显然是非常不合理的。

因此，一般在投资文件里，投资人都会设立一个至少一倍的清算优先权。一倍的清算优先权的意思就是说，投资人退出的时候至少可以把自己之前投资的钱拿回来。这其实让股权有了债权的特性。

当然这里可以补充一下，假设投资人给你累积投了3 000万元，但是清算的时候公司价值最后只有2 000万元，那么创业者当然也不用补上中间差的钱，而是所有投资人按照之前设定好的优先级分这2 000万元就行了，这也是对创业者的保护。

同时，你也可以看到，在YC的投资文件中写到，清算的时候要拿回原始投资，也就是设立了一倍的清算优先权。不过在这一点上，真格基金非常大方。它连这个一倍的清算权都不要了，条款中写着：一旦公司发生清算或者整体出售，全部可分配款项将基于优先股转换成普通股后的比例分配给所有股东（包括投资者）。

真格基金的清算权条款如下：

> **清算权：** 一旦发生公司清算或整体出售后，全部可分配款项将基于优先股转换成普通股后的比例分配给所有股东（包括投资者）。

这里面有一个优先股和普通股的概念，我们在此不过多展开，可以简单地理解为优先股比普通股有更多的权利，所以投资人在投资的时候使用的都是优先股的形式。这里其实是在说，一旦真格投资的公司进行清算，它们都不需要拿回原始的投资额，而是和所有其他股东一起按照比例分配就行了。

相反，其他很多投资机构不仅会要求清算权，还会设立1.5倍等这样的指标，也就是在清算的时候要拿回当时投资的150%才可以。因此，之前说这两份投资文件是对创业者非常友好的，在这个条款上就可充分体现。

4. 股利

投资人给企业出具的"Term Sheet"中的股利（dividends）条款，会让很多第一次融资的创业者感到非常反感和困惑："投给我们公司500万美元，每年要求投资额10%的股利，也就是50万美元。可公司每年的利润才多少？这看起来不是股权投资，而是借贷，并且还是高利贷！"

投资一家企业，尤其是专注于早期项目的风险投资，通常是期望获得高额的"风险回报"，即所谓"高风险、高收益"。考虑到投资的成功概率，风投对被投资企业期待10倍或更高倍数的回报是很正常的。如果把这种高额回报称为"大餐"的话，股利只不过是一点"配料"。至于风投为什么要求股利条款，通常的解释是为了防止所投资的企业发展不好，因此他们需要以股利的方式获得一些回报。

真格的投资意向书中根本就未提及股利，钱老板也没有向佟掌柜索要股利；而在YC的"Term Sheet"中，其条款如下：

Dividends: 8% if and when declared by the Board of Directors, prior and in preference to payment of dividends on any other stock.

简单翻译如下：

股利：一旦董事会宣布发放股利，A类优先股股东有权优先于普通股股东每年获得投资额8%的非累积股利。

不同的股利条款通常表现在对股利的不同约定上，例如：

（1）股利比例，即股利为投资额的百分比，通常的比例范围是5%～15%。

（2）是否为累积股利（cumulative dividends），即如果股利当年没有支付，是否会一直累积，直到支付为止。

（3）是自动股利（automatic）还是董事会宣布股利（when and as declared by the board of directors），即投资人是每年自动获得股利（不一定发放），还是只有经过董事会宣布发放股利时才能获得。

（4）股利是否为复利（compound），即当股利为可累积股利时，如果当年没有发放，下一年度这部分未付股利将计入投资额计算新的股利。

（5）是否有参与权（participation），即投资人在优先获得其要求的股利（优先股利）后，是否还要跟普通股股东一起分配剩余的股利。

对于股利的支付方式，企业拥有选择权，可以选择以现金支付（payment in cash，PIC），也可以选择以普通股支付，即实物支付（payment in kind，PIK）。

股利对投资回报的影响是很微妙的。假设创业者经过艰苦的谈判，跟一个早期投资人达成这样的股利条款：股利比例为投资额的10%、每年自动产生、可累积、非复利。在这种情况下，如果要通过股利获得"大餐"级别的"10倍"回报就需要一百年，而"10倍及以上"的回报才能算是一个成功的投资。风险投资项目通常是5～7年，通过股利是永远无法获得预期回报的。

如果这个投资人投了100万美元，而这个项目非常成功，5年获得了"50倍"的回报，那么上述的股利条款也只会将投资人的回报增加50万美元（5年、每年100万美元的10%，合计50万美元），投资人的总回报从5 000万美元增加到5 050万美元。因此，这种"配料"股利是不会真正影响一个成功投资的回报。

但是，如果企业发展不好，投资人无法吃到"大餐"，那"配料"就会比较重要了，尤其在投资金额比较大的时候更为明显。比如，投资人投资4 000万美元，并持有企业股份的40%（企业投资后估值为1亿美元），如果投资人要求的是不参与分配的"1倍"清算优先权（no participating liquidation preference），股利方式是每年以10%累积股利，企业在5年之后以8 000万美元的价格被出售。在这种情况下，由于企业的出售价格低于VC投资时对企业的估值，企业价值缩水了，但投资人可以执行清算优先权，拿回"1倍"的投资额（4 000万美元）及股利（每年400万美元，5年共2 000万美元）。很明显，投资人拥有股利时的回报（6 000万美元）与没有股利时的回报（4 000万美元）之间的差异就很大了。

由上面的例子可以发现，投资额越大以及期望的退出回报倍数越低，股利就会显得越重要。这也是为什么PE投资项目中，股利的条款会很重要，因为PE投资金额通常很大，并且期望的投资回报倍数也没有风险投资那么高。

既然股利对于风投而言不太重要，那为什么他们在"Term Sheet"中也可能会要求股利条款呢？这可能有以下几方面原因：第一，这是一个标准的条款，几乎所有VC都会这么要求，所以没有VC会放弃；第二，VC在投资后要控制风险，包括经营管理风险和投资回报风险，股利可以作为众多控制投资回报的手段之一；第三，有很多创业者对股利的要求比VC还要强烈，他们可能经营企业很多年，但一直在滚动投入，希望 VC 投资之后，自己能够分红享受阶段性的创业成果。

在"Term Sheet"谈判中，被投资的企业领导者应该将股利发放对未来可能的影响降至最低，比如：

（1）要求非累积股利（non-cumulative dividends），并且股利非自动获得，而是"当董事会宣布"后才获得和发放；

（2）要求最低的股利比例，比如 5%；

（3）要求在获得优先股利后，VC 不参与普通股的股利分配。

其中，第（1）条最为关键，绝大多数创业企业不会产生足够的现金来支付股利，VC 也通常不指望能够获得股利。另外，即使 VC 想要通过股利的方式获得一定回报，因为董事会里有创始人、管理团队成员、不同的投资人，这样的董事会构成基本上可以保证股利很难被宣布发放。

5. 保护性规定与知情权

真格的文件里还有两个比较常规的条款，一个是"保护性规定"；另一个是"知情权"。

什么叫"保护性规定"呢？"保护性规定"也叫"保护性条款"，是投资人为了保护自己的利益设置的条款。这个条款可以很简单，也可以非常复杂，但主要的目的只有一个——要求公司在做某些潜在可能损害投资人利益的事情之前，要获得投资人的批准。实际上就是给投资人一个否决权，对于公司的某些特定的行为，投资人和小股东有权力来阻止。从这个描述里你也能发现，这里面的谈判空间很大。

当然比较好的早期投资人都不会过于纠结这个条款，我们来看看真格是怎么写的：

采取以下任何行动需争取真格基金的同意：

（1）清算、合并、兼并或解散；

（2）修改、变更投资者权利或可能影响投资者权利的事项；

（3）购买或赎回股份；

（4）支付任何股息。

这几条都是非常合理的条件。凭什么说这些条款非常合理？举个例子，你要求公司以 1 000 万美元的价格把自己的股份买走，然后自己退休养老去了；或者，公司突然发行巨量的股票给你自己，这样其他投资人的股份就被稀释到接近于 0；或者，你突然决定利用公司的钱发放一个巨额分红，因为创始人一般都是大股东，所以你拿到的也最多。

这些事情，如果投资人不写到保护性条款里的话，理论上你是都能干的，所以你应该明白这些条款的必要性了吧。而真格这简单的几条保护性条款，其实是有非常大风险的，这恰恰反映了真格对于创业者们的极度信任。在 YC 的文件里，写的基本也是类似的要求。当然在实际的谈判中，不同创业者和投资人之间，不同融资轮次之间，双方都是有谈判空间的。到那个时候，你找一个靠谱的律师就好了。

"知情权"也不难理解：你做的有关公司的重大决策，或者相关的财务信息，投资人是有知情权的。

不过在实践中，靠谱的早期投资人其实很少向你打探各种消息，更多的是给创业者时间和空间把事情想明白、做漂亮，毕竟把公司做大才是双方真正一致的利益。

真格基金的保护性规定与知情权条款如下：

保护性规定： 采取以下任何行动需征得真格基金的事先同意：(i)清算、合并、兼并或解散；(ii)修改、变更投资者权利或可能影响投资者权利的事项；(iii)购买或赎回股份；(iv)支付任何股息。

知情权： 公司应定期提供财务报表及投资者可能合理要求的其他信息，一旦发生任何重大变化，应及时通知投资者。

YC 的保护性规定条款如下：

Protective provisions: So long as any of the Preferred is outstanding, consent of the holders of at least 50% of the Preferred will be required for any action that: (i) alters any provision of the certificate of incorporation if it would adversely alter the rights, preferences, privileges or powers of the Preferred; (ii) changes the authorized number of shares of Preferred; or (iii) authorizes or creates any security that ranks senior to or on par with the Preferred.

YC 的知情权条款如下：

Information rights: Major investors shall have the right to receive annual financial statements, the Company's annual budget, as well as quarterly and monthly financial statements. Each such major investor shall also be entitled to standard inspection and visitation rights.

6. 反稀释条款

"反稀释条款"，也可以叫防稀释条款，或者价格保护机制，这也是投资协议里面非常标准的条款了。本质上这个条款也是用来保护投资人利益的，它的意义就是：防止公司在后续经营的过程中，或者在融资的过程中，把之前投资人的股份过分稀释。

我们举一个稍微夸张点的例子：假设你的公司目前估值一亿元，投资人占 20%，你占 80%。结果你的公司经营不太好，加上资本寒冬很难融到钱，最后只有一家机构愿意投资你，但是要求估值是之前的一半，也就是 5 000 万元，他投资 1 000 万元，占公司股份的 20%。这时候有没有反稀释条款就可以体现出区别了。如果你同意了他提出的条件，而且老投资人没有反稀释条款的话，新投资人这 20% 的股份，就要老投资人和你共同承担。也就是说，按照老投资人和你二八分的比例，老投资人就只剩 16%（20%×0.8=16%）的股份了，你剩 64%（80%×0.8=64%），你们的股份都被稀释了。

但如果老投资人有这个反稀释条款，他就可以这一轮融资的价格，来跟投一部分，把自己的股份提高到 20%。这时候，他只需要付出 5 000 万元的 4%，也就是 200 万元就可以了。相当于虽然公司的价值降低了，但是老投资人也可以保证自己的权益。

那么这里面是谁做出了让步呢？答案是创业者。因为本来创业者只需要稀释 20% 比例的股份，从持股 80% 到持股 64% 就可以了，现在要维持早期投资人的股权比例 20% 不变，那么创始人必须多出让 4 个点的股权，而且是以今天更便宜的价格出让。由于公司经营不善，这也是创始人必须接受的事情。

当然，这个条款也能防范一些最极端的例子。比如你上一轮估值还是一亿元，投资人投了 2 000 万元，占股 20%。结果，你下一轮以估值 10 000 元进行融资，新投资人投 7 000 元，占股 70%，这对老投资人来说意味着什么呢？这意味着你和老投资人的股份加起来就只剩 30% 了，那老投资人就只有 20% 的 30%，也就是 6%。他投了 6 000 万元，占股 6%，而新投资人只投了 7 000 元，就占股 70%。想想这对老投资人来说是一件多么可怕的事。

接着，在融资之后，你还可以继续操作，比如要求董事会给你发放大量的期权，让自己的股份接近甚至回到原来的水平。这么一套操作下来，相当于你就把老投资人挤出公司了。这种情况对投资人来说简直是巨大的打击，而反稀释条款就是防止这种极端案例发生的手段之一。

实际上，反稀释条款一方面可以鼓励公司以更高的价格进行后续融资；另一方面也是老投资人享有的一个权利——既然我一开始就支持了你，那么到后面无论你做得好还是不好，我都可以选择继续加码，当然，也可以选择不继续。这是这个条款赋予投资人的选择权。

反稀释条款还可以变化和延伸出更多条款。比如有一种条款叫作"完全棘轮条款"，英文是："full-ratchet anti-dilution protection"。"棘轮"这个词有点陌生，是直接从英文翻译过来的。这个条款的内容是说：如果公司后续融资发行的股份，低于之前老投资人当时的投资价格的话，那么以前老投资人投资的金额也要按照这个更低的价格来转换股份。

这种方式仅仅考虑低价发行股份时的价格，而不考虑发行股份的规模。在完全棘轮条款下，尽管公司以低于 A 系列优先股的转换价格只发行了一股的股份，但是所有的 A 系列优先股的转换价格也都要调整跟新的发行价格一致。

举例来说，如果公司 A 轮融资 200 万美元，按每股优先股 1 美元的初始价格共发行 200 万股 A 系列优先股。由于公司发展不如预想中那么好，在公司 B 轮融资时，B 系列优先股的发行价跌为每股 0.5 美元，如果根据完全棘轮条款的规定，A 系列优先股的转换价格也将调整为 0.5 美元，那么 A 轮投资人的 200 万优先股可以转换为 400 万股普通股，而不再是原来的 200 万股。

完全棘轮条款是对优先股投资人最有利的防稀释保护措施，使得公司在经营不利的情况下融资使股份被稀释的风险很大程度上由企业家来承担，但是该条款对普通股股东的股份有重大的稀释影响。为了使这种方式不至于太过严厉，下面有几种修正方式：

（1）只在后续第一次融资（B 轮）才适用。

（2）在本轮投资后的某个时间期限内（比如 1 年）融资时才适用。

（3）企业家要争取"继续参与"（pay-to-play）条款。这个条款要求，优先股股东要想获得转换价格调整的好处，前提是他必须参与后续的降价融资，并购买等比例的股份。如果某优先股股东不愿意参与，他的优先股将失去防稀释权利，其转换价格将不会根据后续降价融资进行调整。

（4）列举例外事项。通常，在某些特殊情况下，低价发行的股份也不应该引发防稀释调整，我们称这些情况为例外事项（exceptions）。显然，这对公司或企业家而言，例外事项越多越好，所以这通常是双方谈判的焦点。比如，公司期权池为员工预留的期权在发行时不该引发反稀释调整。

（5）要求公司在达到设定的经营目标时，去掉防稀释条款或对防稀释条款引起的股份稀释进行补偿。

尽管完全棘轮条款曾经很流行，但在真格和 YC 的文件里，反稀释条款都是非常温和的，基本就是要求投资人在后续融资的时候可以跟投，保持自己的股份水平就可以了。所以在这两份文件里，这个条款的名字直接就叫"跟投权"或者"参与权"。

真格基金的跟投权条款如下：

跟投权： 如公司未来进行增资（向员工发行的期权和股份除外），投资者有权按其届时的持股比例以同等条件和价格购买该等股份。

YC 的参与权条款如下：

Participation Rights: Major investors will have a right to purchase its *pro rata* share of any offering of new securities by the Company, subject to customary exceptions. The *pro rata* share will be based on the ratio of (x) the number of shares of Preferred held by such holder (on an as-converted basis) to (y) the Company's fully-diluted capitalization (on an as-converted and as-exercised basis). This right will terminate upon the Company's initial public offering or an acquisition of the Company. Such rights shall be assignable to affiliated entities, partners, members, successors and commonly controlled funds.

7. 董事会结构

投资人在投资时，通常会关注两个方面：一是价值，包括投资时的价格和投资后的回报；二是控制，即投资后如何保障投资人自己的利益和监管公司的运营。因此，投资人给企业家的投资协议条款清单（Term Sheet）中的条款也就相应地有两个维度的功能：一个维度是"价值功能"；另一个维度是"控制功能"。有些条款主要是"价值功能"，比如，投资额、估值、清算优先权等，有些条款主要是"控制功能"，比如，保护性条款、董事会等。

对企业家而言，组建董事会在 A 轮融资时的重要性甚至超过企业的估值部分，因为估值的损失是一时的，而董事会控制权会影响到整个企业的生命期。但很多企业家常常没有意识到这一点，而把眼光主要放在企业估值等条款上。设想一下，如果融资完成后，企业的董事会批准了以下某个决议，企业家或创始人是否还会后悔把主要精力放在企业估值的谈判上，比如：开除创始人管理团队，并使其失去了尚未承兑（unvested）的股票；拒绝其他投资人的投资意向，直到公司几乎现金短缺，然后强迫公司以低估值从当前投资人那里募集 B 轮融资；将公司廉价卖给公司投资人投资过的其他公司，等等。

在 A 轮融资之前，大部分私营公司的创始人或 CEO 是老板，但融资之后，新组建的董事会将成为公司的新老板。一个好的董事会标准应该是：即使在你不同意他们作出的决策的时候，你仍然信赖它。

根据中国《公司法》规定，有限责任公司至少要有 3 名董事，而股份制公司则需要 5 名董事，但这并不是世界范围内通行的版本。在开曼群岛（Cayman Islands）、英属维尔京群岛（BVI）以及美国的许多州（如特拉华州），其法律允许公司只设 1 名董事。通常来说，董事会席位设置为单数，但并没有法律规定不允许为双数。对 A 轮融资的公司来说，考虑到董事会的效率及后续融资会带来董事会的扩容，理想的董事人数为 3～5 人。

董事会代表公司的所有者来为公司挑选其管理者，最主要的就是 CEO 并确保这位 CEO 对公司的所有者尽职尽责。当然，糟糕的 CEO 自然会被淘汰出局。董事会的设立应该反映出公司的所有权关系，比如，已经公开发行股票的上市公司，其董事会构成就是如此。理论上，所有的董事会成员都应服务于公司的利益，而不是仅仅服务于他们自己持有的某种类型的股权。

通常在 A 轮融资完成以后，普通股股东（创始人）还拥有公司的绝大部分所有权，因此，普通股股东就应该占有大部分的董事会席位。假设在 A 轮融资完成以后，普通股股东持有公司大约 60% 的股份，如果 A 轮是两个投资人的话，董事会的构成就应该是：

3 个普通股股东 +2 个投资人 =5 个董事会成员

如果只有 1 个投资人，那么董事会的构成就应该是：

2 个普通股股东 +1 个投资人 =3 个董事会成员

不管是以上哪一种情况，普通股股东都应该按简单多数的方式选举出他们的董事。不过在董事会的构成中有两个关键参与方会影响董事会的权利结构，一个是 CEO；另一个是独立董事。在融资谈判中，创始人需要清晰认识到，随着公司成长，CEO 可能不再是自己担任，而一旦是从外部聘请职业经理人，他更可能与投资人结盟。因此，对于 CEO 在董事会里的席位，创始人不可以过于乐观地认为一定是自己的一致行动方。另外，独立董事一旦是投资人推荐，这是大概率事件，毕竟投资人的人脉圈更为广泛，独立董事也会更倾向于维护投资人的利益。于是，一个很危险的境地是，两轮融资之后投资人就在事实上接管了董事会。因此，为了避免这种情形，公司创始人对 CEO 和独立董事的选择必须掌握主导权。

创业者在融资时关注"董事会"条款，并不是说通过董事会能创造伟大的公司，而是防止组建一个糟糕的董事会，使创始人失去对企业运营的控制权。要知道一个好的董事会不一定能拯救公司，但一个坏的董事会一定会毁掉公司。一个合理的董事会应该是保持投资人、企业、创始人及外部独立董事之间合理的权力制衡，为企业的所有股东创造财富。

在创业早期，由于创始人团队基本是大股东，所以董事会一般也是创始人方占多数，而投资人只是起到一个参与、观察和监督的作用。但到了公司发展后期，创始团队很可能就不占多数股份了，而是投资人联合的团体在董事会里占多数席位。这在同福客栈的案例中体现得非常明显，一开始投资方占的股权比例比较小（钱老板的16.67%），而多轮融资之后，同福客栈的所有权已经更多地转移到了投资人的手里（合计55.3%）。

在真格的文件里可以看到，在"公司治理"那一栏，投资人是有权力委派董事会成员或者董事会观察员的。

真格基金的董事会成员设置条款如下：

公司治理： 真格基金有权委派一位公司董事和/或董事会观察员。

真格的文件里的相关条款十分简单，但是，前有苹果公司创始人乔布斯被苹果董事会驱逐，今有优步公司创始人卡拉尼克被优步董事会赶出局。因此，对公司董事会结构的重视很有必要。不是每一个出局的人都可以王者归来。

8. 股份兑现

VC在决定是否投资一个公司时，通常最看重的是管理团队：一方面是管理团队的背景和经验；另一方面是保持团队的稳定和持续性。对于背景和经验，可以通过前期的尽职调查得到核实，而兑现条款（Vesting）则是一个保证团队稳定性的有效手段。

创始人股份分期成熟机制是创业中一个非常常见的重要概念，真格的文件里就可以看到"创始人股份限制"。实际上这不只是限制创始人的，在发放员工期权的时候也会经常用到。它的英文叫作"vesting"，没有很好的中文翻译，我们来看看文件里描述的细节就能明白了。

真格基金的创始人股份限制条款如下：

创始人股份限制： 各创始人25%的股份将于交割后一年时悉数归属，各创始人其余75%的股份将在之后三年内等额分期归属。

YC的创始人股份限制条款如下：

Employee Options: All employee options to vest as follows: 25% after one year, with remaining vesting monthly over next 36 months. All founders equity shall be subject to a repurchase right which also reflects a standard 4 year vesting schedule.

各创始人 25% 的股份将于交割后一年时悉数归属，各创始人其余 75% 的股份将在之后三年内等额分期归属。

为什么要这样设计条款？其中的道理其实很好理解，我们举个例子来解读：公司发行 5 000 000 股，创始人甲、乙两人各持有 2 000 000 股，VC 持有 1 000 000 股，股权比例分别为 40%、40%、20%。其中，两位创始人股份的 20%（400 000 股）在公司设立时就兑现，并且公司以后不能回购，剩下 80%（1 600 000 股），分四年按月兑现（每年 20%，400 000 股）。

在 VC 投资后的第一年期间，尽管甲、乙两位创始人已兑现的股份只有 400 000 股，但仍然拥有全部股份（公司的 40% 的股份比例和 2 000 000 股）的投票权。

如果甲在一年后离开的话，他会拿到 1 年兑现的 20%，即 400 000 股，加上创始时拿到的 400 000 股，共 800 000 股。甲剩下未兑现的 1 200 000 股被公司以象征性价格回购注销。公司总股份量变为 3 800 000 股。甲占有 800 000/3 800 000=21%；乙占有 2 000 000/3 800 000=53%。VC 占有 1 000 000/3 800 000=26%。

如果没有兑现条款约束的话，甲离开时会与乙及 VC 有很大的争执。甲会要求拿到自己全部 2 000 000 股，而乙和 VC 当然会反对，他们当然不愿意为甲打工。另外，如果一年以后，乙的贡献或重要性比甲多，而最初甲、乙的股份分配是相同的，公司可以召开董事会，VC、甲、乙一起商量，把甲、乙双方还没有兑现的股份重新分配。甲、乙都会比较容易接受，因为已经兑现的股份不变，而且如果一方不接受的话，即使他离开公司，也会有一个明确公平的已经兑现的股份。

因此，在创业圈内一个比较通行的做法就是这个"vesting"，也就是，你理应获得的股份不是一下给你的，而是分期给你。

真格文件里面就是一个非常典型的四年分期，第一年给你自己那部分的 25%，然后剩下三年里每年都再给你 25%，四年之后你就可以拿到全额了。这里面有两个小细节值得注意一下：

（1）所谓的"各创始人 25% 的股份将于交割后一年时悉数归属"的意思其实是说，哪怕你干了 11 个月离开，这个股份也是没有的，必须要做满 12 个月。这个在硅谷叫作"cliff"，直接翻译就是"悬崖"，说的其实就是到了 12 个月一下就兑现，但是 11 个月 29 天都不行；

（2）这个所谓的"分期付股权"具体怎么付也是有很多变化空间的。比如有的公司是，一年的"cliff"——和真格的文件里说的一样，满一年之后一次给25%——然后后三年的时候是每个季度兑现，也就是说每个季度，你都能拿到25%的四分之一，这样如果你干了18个月走人，最后面干的6个月也不是没有收获的。

同样，有些公司在兑现日程上也会更严格一些，比如亚马逊这样的公司，第四年的兑现部分是比第一年多的，甚至有的公司兑现日程是：第一年10%，第二年20%，第三年30%，第四年40%。实际上这就是鼓励员工尽量长时间地留在公司，当然这个兑现方式是有点苛刻的，作为创始人或者员工愿不愿意接受，就是他们自己的选择了。

很多创业者不理解：为什么原来属于我的股份，VC一旦投资进来，这些股份就需要几年时间才能拿回来。对于兑现条款，创业者要了解以下几点：

（1）你的股份一直都是你的，在行使股东投票表决的时候，你可以按照所有股份都已兑现的数量投票。比如，投资交割时创始人的股权比例是70%（1 000万股），则在你离开公司之前的任何时候，都有1 000万股股票的投票权。

（2）你在公司工作满4年之前，可以自由处置（如出售）的股份数量不是全部，而是按照上述兑现条款约定已经兑现的数量。比如，上述的1 000万股，创始人在投资交割后1年半的时候，可以自由处置的股票数量是375万股。

（3）兑现条款在VC投资之后，VC可以通过董事会修改，以应对公司出现的不同情况。

（4）拒绝兑现条款会让投资人非常担心你会随时离开公司，而这对于他们决定是否投资非常重要。

（5）兑现条款对VC有好处，对创始人也有好处。如果公司有多个创始人，VC投资后某个创始人要求离开，如果没有股份兑现条款，那么离开的创始人将拿走他自己全部股份，而VC和留下来的创始人将要为他打工；如果有股份兑现条款，所有创始人都会努力工作以拿到属于自己的股份。同样的道理，员工的股权激励也需要通过兑现条款的方式逐步获得。

创始人要明白一个事实，随着时间的推移，你对公司的贡献会相对越来越少，但是你每月兑现的股份数量却相对比较大。创始人通常在公司早期对公司的贡献最大,但是股份兑现在三四年内都是平均的。一旦你对公司的贡献相对减小,公司的任何人都有让你离开的动机,同时取消你尚未兑现的股份。因此,一旦 VC 发觉你在公司存在的价值与你尚未兑现的股份不匹配的时候,你就麻烦了。例如,VC 在第 2 年发现你对于公司而言,没有太多价值了,而你还有超过 50% 的股份尚未兑现,那 VC 最理性的做法就是:开除你,回购你的股份。所以,创始人要对此有所准备。

(6)公司回购未兑现的股份会被注销,这样的反向稀释会让创始人、员工和 VC 按比例受益。创始人可以要求公司不注销回购的股份,而将这些股份在创始人和员工之间按持股比例分配。这样要求的原因是离开公司的创始人所持有的尚未兑现股份是 VC 投资之前创造的,应该分配给创造这些价值的创始人和员工,而不是 VC。当然,也可以将回购的股份放入期权池作为下一位继任者的期权。

(7)争取最短的兑现期。考虑到创始人已经在公司工作了 1 年或更长时间,这些工作时间可以要求投资人给予适当的补偿。比如,创始人可以要求在投资交割时,就获得其 1 年的兑现股份(25%),在未来 3 年兑现剩余股份。

(8)创始人要争取在特定事件下有加速兑现的权利。比如,公司达到某个经营里程碑指标时,自己获得额外的股份兑现;或你被董事会解职时,自己获得额外的股份兑现。额外兑现的股份数量通常是原定 1 年的兑现量,有时甚至是全部尚未兑现的股份。比如,在经过两年,由于公司达到业绩目标,按事先的约定,你有权获得 1 年额外的股份兑现。

(9)如果公司在被投资之后,股份兑现期还没有结束就 IPO 了,那创始人自然拿到全部股份,这样也是 VC 所期望的。但是在目前的市场环境下,典型的早期公司需要 5~7 年才可能实现 IPO 退出,大部分的退出方式还是被并购。通常来说,创始人在面临公司被并购时,会要求加速兑现股份。

创始人当然希望在企业并购交易时加速拿到全部股份,因为对方可能是长期的竞争对手,在新公司再工作几年来兑现所有股份可不是件愉快的事情。而 VC 则不希望加速兑现影响交易的进行,因为并购方通常也希望对创始人、团队、员工保持某些持续的激励,因此他们有时候不愿意让所有股份兑现,或者他们会重新设置新的股份兑现计划作为交易的一部分。

尽管股份兑现条款常常是创始人和 VC 谈判的热门话题,但这个条款其实对于双方都是有某种程度的好处。它是一个很公平的方法,因为创业是一个艰苦的长期过程，没有一个团队是永远在一起的，创始人应当将兑现条款视为一个对 VC、共同创始人、早期员工以及后续员工的整体协调工具。

9. 赎回权

如果你细心观察一下真格的那份投资文件，会发现最后一行小字写的是——未纳入本条款摘要的有利于投资者的典型条款有：优先清算权、赎回权、强制随售权、反稀释保护、详尽的保护性规定。

真格基金的投资文件如下：

> 未纳入本条款摘要的有利于投资者的典型条款：优先清算权、赎回权、强制随售权、反稀释保护、详尽的保护性规定。

其实，里面有几个条款我们已经拓展讲过了。比如，"优先清算权"在真格的文件里面只是"清算权"，等于把优先股的权益放弃了；同样，"反稀释保护"也被弱化成了简单的"跟投权"；另外，保护性规定也列得不多。两个没讲到的是"赎回权"和"强制随售权"，下面我们就来讲讲这两个概念。

所谓的"赎回权"（redemption right）一般的表述方法是这样的：如果公司未能在投资完成后 N 年内实现合格 IPO 并上市，投资人有权要求公司赎回全部或部分股份。赎回价格为投资金额加上每年 $x\%$ 的收益率。

通俗来讲就是：如果创业者不能在规定年限内让公司完成上市而且市值达到一定门槛的话，投资人有权要求公司连本带利地还钱。

很难说这个条款是不是合理，因为商业很多时候没有对与错，而是双方博弈之后达成的共识。风险投资最终一定要实现对投资项目的退出，并尽力获得理想的资本套现，以便能给风险投资基金的投资人要求的回报。通常而言，风险投资的退出渠道一般有五种：（1）首次公开发行（IPO）；（2）公司被并购（acquisition）；（3）股份出售（trade sale）；（4）股份回购（redemption）；（5）公司清算（liquidation）。

公司并购、股份出售及公司清算都应该算作是变现事件（liquidation event），在这些情况下，VC 通过清算优先权（liquidation preference）条款来约定退出回报的方式。除此之外，如果公司发展的波澜不惊，没有发生变现事件，那 VC 如何实现退出，这就需要股份回购条款了，也就是执行赎回权。

尽管股份回购权是投资协议中很重要的一个条款，但在实际操作中，股份回购权几乎很难被执行，但即使是这样，股份回购权仍然有其存在的道理，并且对投资人有很大帮助的原因如下：

首先，投资人会担心被投资的公司发展到"活死人"（walking dead）状态，就是能够产生一定的收入，维持公司运营，但是却无法成长到让其他公司产生收购的兴趣，或是一直达不到上市标准。在这种情况下，投资人通过股份回购权，将会获得一条有保障的退出渠道。但是，通常而言，如果公司既达不到上市的标准，又没有被并购的吸引力，公司也不会留存足够的现金来回购股份。

其次，风险投资基金有生命周期，通常的基金运作周期是 10 年左右，而它们大部分的投资是在前 4 年进行的，所以，VC 通常要求在投资后 5~7 年变现，这样他们的投资项目才能在基金生命周期内回收资金，对基金经理来说，要求股份回购权才能保障基金在清盘时有变现渠道。

最后，通过这个条款，让被投资企业的经营者有更多的责任和压力，会让他们考虑如何善用投资和经营企业。一旦投资人要求公司回购其股份时，公司没有足够的支付资金，回购权对投资人而言虽然不是一个可行的变现手段，但在这种情况下，投资人可能会要求获得额外的董事会席位，导致资方获得董事会控制权，从而调整公司运营方向或直接出售公司。

企业家与资方进行谈判时，最好的结果当然是取消股份回购条款了。但通常情况下，投资人是会要求股份回购权的，但是企业家一方需要争取以下几点：

（1）行使回购权利的时间。投资人需要给予公司足够长的时间发展以达到业绩目标。

（2）回购及支付方式。通常由于企业的支付能力有限，资方会接受分期回购的方式。当然期限越长对企业的压力越小，一般来说 3 年或 4 年是比较合适的。回购权可以允许部分投资人选择不要求公司回购或者要求所有股份都必须被回购。另外，不同阶段的投资人，其股份的回购次序不应有先后之分。

（3）回购价格。回购价格通常是初始购买价格加上未支付的股利，如果投资人比较强势，可能会要求一定的投资回报率，比如 10% 的年回报率，或者是初始购买价格的两倍。

（4）回购权激发方式。回购权通常由多数（>50%）或大多数（>2/3）投资人投票同意时才实施，也可以约定在某个时间点自动生效。当然，需要越多的投资人同意时才能在公司回购股份这一要求对创始人更有利。

通常认为股份回购条款是对风险投资方有利，对创始人不利的条款。前面讲到的都是在企业发展无法达到预期，由资方预设时间，自动或强制要求企业回购其股份的模式，此时企业处于被动状态。相应地，如果创始人对企业经营有良好预期的话，也可以约定在适当时间企业（创始人）有权强制回购投资方的股权。这种要求主动回购股份的模式，很多商业计划书里有提及，但在实际的投资条款里很难见到。另外，创始人也可以约定在某种特定的情况下，企业（创始人）有权回购投资人的股份。比如，投资人又投资了企业的竞争对手、投资人被竞争对手收购等。当年微软（Microsoft）欲收购雅虎就是一例。雅虎公司在2005年9月以10亿美元加上其中国子公司——"雅虎中国"收购阿里巴巴39%的股权，在购买协议中就约定，如果雅虎被其他企业收购并导致雅虎持有的阿里巴巴股权的控制权将发生转移，阿里巴巴就拥有对雅虎持有股份的回购权。这是因为阿里巴巴管理层担心，一家规模更大的公司（比如微软），一旦收购雅虎可能会插手阿里巴巴的经营管理，而马云等创始团队管理层认为，保持独立性和控制权对于阿里巴巴非常重要。

10. 强制随售权

强制随售权是从英文"Drag-along Right"翻译而来的，有时也称作"领售权"。它的意思就是说：如果有第三方投资者发出一个"offer"，要收购你的投资人的股票，那么投资人有权要求创业者和自己一起向该第三方转让股权。也就是说，如果有这个条款，而且有人想收购你的公司，只要你的老投资人同意了，你就基本上不得不同意了。这个条款显然也是有利于投资人权益的。

领售权条款的设计有如下几个目的：

首先，如果一个公司的绝大多数股东决定出售公司，几个小股东不应该阻止这桩交易。有些公司初创时有很多创始人、天使投资人，过了几年在公司可以被出售的时候，要想把所有的这些原始股东聚集在一起不是一件容易的事，当然也可能有些在公司经营过程中与公司产生矛盾的小股东故意不出席，阻挠和要挟公司，这个时候，领售权就可以起作用了。只要大多数股东同意将公司出售，这些小股东是不可以，也没有办法阻止这桩交易的。

其次，通常在收购企业时，收购方会购买目标公司全部或大多数的股权，如果股权比例太低，就失去收购的价值了。所以，如果有合适的并购方出现，这样的小股东手中持有的股份比例是不够的。当然可以由董事会来通过出售公司的决议，但这是没有保障的，董事会上小股东的投票权往往没有决定性。

最后，依据"清算优先权"（liquidation preference）条款，公司如果出现出售或清算等事件，投资人要按照设定方式获得优先分配资金（优先分配额）。如果投资人发起的公司出售交易金额低于投资者的优先分配额，创始人和管理团队一定会反对的，因为他们什么也得不到。即使是交易金额超出优先分配额，创始人和管理团队也可能会不满意被分配的资金，从而反对此交易。

以上几点决定了，如果投资人想通过出售公司实现退出，领售权就是很好的底牌。领售权如果被设计得对他们有利，则会给小股东投资人一个极大的权力，而把创始人（通常是大股东）拖进一个可能不利的交易中，因为一旦回购权条款叠加领售权条款的"精心"设计得以实现，就会促发优先清算权，这是一个很可怕的逻辑：当占少数的投资人要求公司回购其股权，而公司却无力支付的时候，投资人会启动领售权，这可能会成为一个清算事件，而优先清算权的倍数可能让公司创始团队在交易之后所获甚微。

因此，公司经营方在领售权谈判时需要关注以下几点：

（1）领售权激发的条件。通常 VC 要求的激发条件是有某个特定比例的股东要求（比如 50% 或 2/3 的 A 类优先股，或某特定类别优先股）。但这对创始人而言就不公平了，因为优先股的多数对公司整体而言，还是少数，所以，创始人也可要求在领售权激发时还需要满足另外一个条件，就是董事会通过，这样对公司所有股东而言就公平了。当然，要求通过的比例越高越好，这样优先股股东的多数意见才能得到考虑，而创始人团队则不会太被动。

（2）出售的最低价格。根据清算优先权，有些股东（尤其是普通股和低级优先股）在公司被收购的时候什么也拿不到，强迫这些股东投票同意这种交易显然非常困难。所以，有些股东就需要在谈判时要求一个最低的价格之上才适用领售权。比如，如果 VC 在"清算优先权"条款中要求的是"参与清算优先权、两倍回报、三倍上限"时，那普通股股东会认为：第一，只有出售时公司估值高于 VC 投资额的两倍，普通股股东才有剩余；第二，只有每股价格达到 VC 投资价格的三倍，VC 才会转换成普通股，大家按股份比例分配，股东间的利益才能保持相对一致。

（3）支付手段。当然，现金是最好的支付方式，另外，上市公司的可自由交易的股票也可以接受。如果并购方是非上市公司，以自己的股份或其他非上市公司股份作为支付手段，那就需要创始人好好斟酌了。

（4）收购方的确认。为了防止利益冲突，创始人最好能够预先确定哪些方面的收购方不在领售权的有效范围之内，如竞争对手、本轮 VC 投资过的其他公司、VC 的关联公司等。

（5）股东购买。如果有创始人不愿意出售公司，而 VC 一定要出售的话，那么还有一条解决办法就是由创始人以同样的价格和条件将 VC 的股份买下。这其实就是股份回购，但是现实的残酷性就在于创始人很难有这样的资金实力。

（6）时间。最好能要求给予公司足够的成长时间，通常四五年之后，如果 VC 仍然看不到 IPO 退出的机会，才允许激发领售权，通过出售公司实现退出。

由于受领售权制约的是普通股股东，一般情况下，VC 希望持有公司大部分股份的普通股股东签领售权，领投的 VC 通常也希望其他跟投的 VC 也签署，这样才能保证 VC 不会遇到原始股东和投资人内部对交易产生障碍。因此，公司很多持股比例很少的普通股股东（创始人、天使、团队等）会跟所有股东签署领售权协议。综上所述，领售权条款比较合理的谈判结果如下：

在本轮融资交割结束 4 年后，如果超过 2/3 的 A 类优先股股东和董事会同意出售全部或部分股份给一个真实的第三方，并且每股收购价格不低于本轮融资股价的 3 倍，则此优先股股东有权要求其他股东，其他股东也有义务按照相同的条款和条件出售他们的股份（全部或按相同比例），如果有股东不愿意出售，那么这些股东应该以不低于第三方的价格和条款购买其他股东的股份。

另外，与"领售权"（drag-along right）对应的还有一个概念是"随受权"（tag-along right），这个条款的争议一般比较小，它说的是：如果大股东和第三方达成了协议，决定出售自己的股份，那么小股东是有权利跟着一起把自己的股票卖给对应第三方。这本质上是保护小股东的利益。假设在一个公司中你占 80% 的股份，投资人占 20% 的股份，有一天你想把公司卖了然后退休，与一个第三方已经谈好价格，那么原来的投资人肯定也要想一想，自己是继续持有这 20% 的股份，还是一起卖掉，这个条款就是给他们这个选择的权利。

三、公司价值与融资策略

我们已经充分了解了公司估值的方法，也对投资协议的条款进行了重点解读，那么接下来的问题就是："融多少"和"怎么融"，前者涉及融资规模的控制，后者涉及融资节奏的把握。

（一）公司融资规模的确定

企业在融资的时候需要明确一点，企业家是在跟投资人讨论公司的股份可以卖多少钱，而不是值多少钱。

资方在投钱的时候，往往只关心两个问题：价值因素和控制因素。因为价值因素更为直接，且与眼前利益相关，所以绝大部分企业家或创业者在融资的时候更关注估值的高低，而控制因素则涉及董事会构成等治理结构问题，这是可以暂时递延的纠结。

既然企业是通过出让公司一部分股权的方式融资，那么就会涉及几个问题：

（1）公司的估值是多少？

（2）企业需要融资的数额是多少？

（3）企业增发的股权比例是多少？

价值因素重点涉及公司估值和融资额所占的股比，这通常是企业家最为看重，也是最难以谈判的条款。估值原理在前期内容已经做了详尽介绍，但是，企业家需要理解公司价值和股权价格的现实差异。

通常而言的公司估值是指"公平市场价值"，即根据市场情况和公司实际状况，理应拥有的市场价值，所以"估值"是对公司内在价值的一种计算。而投资人给予公司的实际上是"价格"，是投资人主观上对公司的一种价值认可，是投资人为得到公司股份所愿意支付的价钱。人们常说的"有价无市"指的就是："价值"得不到"价格"确认。

因此，公司价值是根据一个虚构的市场条件计算得到的，而价格是真实交易的。价格会受投资人和创业者双方在信息、谈判力量、资金压力和时间压力上的影响。市场中可能有很多有投资意愿的人，但实际上愿意投资的可能很少。

所以企业家要记住这一点：融资时是在跟投资人讨论公司的股份可以卖多少钱，而不是值多少钱。但是我们往往在实践中是将这两者模糊统一的，在公司估值（价格）确定之后，企业家应该出让给投资人的股权比例就按以下公式确定：

出让股权比例＝融资数额/公司融资后估值＝融资数额/（公司融资前估值＋融资数额）

我们在同福客栈的案例中看到，钱老板在投资前对客栈的估值是4 000两银，所以在投资1 000两银之后，同福客栈创始人团队要出让的股权比例就是20%。

但是在现实的场景中，企业向投资人到底融多少钱合适呢？这并不是一个容易计算的问题，在确定一个合理的融资数额时需要考虑以下因素。

1. 避免生存危机

首先，公司的发展可能遇到没有预料到的挫折，如产品开发延误、质量问题、某重要客户破产、新竞争者出现、公司因知识产权被起诉、核心员工离职等。

其次，融资窗口在公司需要资金的时候不一定能顺利打开。不同的时期，投资人对不同类型的行业、不同阶段的公司感兴趣的程度存在差别。如果他们不感兴趣，融资窗口就会关闭，创业者很难说服他们，因为投资也是有跟风效应的。

最后，有些完全不可预期的灾难会发生。比如，国家政策变化、经济危机、地震等，可能会导致公司融资窗口长期关闭。

以上这些因素会让创业者尝试尽量多融一些资金，以保证公司会有充足的资金运作。如果公司遇到意外的情况，也不至于账上没钱。

2. 达到下个里程碑

创业者要融到足够1年使用的资金，或者能够满足公司发展到下一个重要里程碑之后6个月的资金。对于不同的公司而言，里程碑不同，可能是推出新产品，也可能是产生收入，这个时间长度是考虑到创业者要给自己足够的时间来使用这笔资金，并且做出一定的业绩，为后续融资到位预留一定的时间窗口。因为融资过程比较复杂，要应对不同的投资人、各种会议、尽职调查等环节，会消耗创业者大量的时间和精力，所以创业者没有必要在第一轮融资刚结束后就迅速开始第二轮融资。

3. 减少股权稀释

第一轮融资可以少一点，少稀释一些股权。在后续轮融资时，如果公司的估值提高，这样多轮融资可使公司的平均估值提高，那么创业者的股份也会稀释少一些。

举个简单的例子：假设公司总共需要2 000万美元就可以实现不错的退出，创业者可以选择如表5-10所示的两种融资节奏：

方案一：按投资前估值1 000万美元，融资2 000万美元，创始人出让2/3的股份。

方案二：分三轮融资，具体内容如下。

第一轮按投资前估值1 000万美元，融资500万美元，创始人出让股份1/3，剩余股份2/3；

第二轮按投资前估值2 500万美元，融资500万美元，创始人出让股份1/9（2/3×5/30），剩余5/9；

第三轮按投资前估值5 000万美元，融资1 000万美元，创始人出让股份5/54（5/9×10/60），剩余25/54。

表5-10 融资方案对照表

	方 案 一	方 案 二
A轮	投资前估值1 000万美元，融资2 000万美元 创始人出让股份：2 000/（1 000+2 000）=66.67%	投资前估值1 000万美元，融资500万美元 创始人出让股份：500/（1 000+500）=33.3%
B轮	无	投资前估值2 500万美元，融资500万美元 公司出让股份：500/（2 500+500）=16.7% 创始人出让股份：（1-33.3%）16.7%=11.1%
C轮	无	投资前估值5 000万美元，融资1 000万美元 公司出让股份：1 000/（5 000+1 000）=16.7% 创始人出让股份：（1-33.3%-11.1%）×16.7%=9.3%
结果	融资总额：2 000万美元 创始人出让股份：66.67%	融资总额：2 000万美元 创始人出让股份：53.7%（33.33%+11.1%+9.3%）

4. 警惕优先清算权

如果VC投资后，公司被收购，那么VC当初融资额越多，创业者就需要以越高的价格出售，否则投资人拿走其一定倍数优先清算的额度之后，就很难给创业者和员工留下什么了。换句话说，创业者向VC融资太多的话，会让公司在并购机会来临时，难以以较低的价格成交。如果创业者认为公司将来非常有可能被收购，而且收购价格不会太高，那么从自身回报的角度看，融资数额少一些是个好方案。

5. 避免未来降价融资

创业者融资的时候总是希望能够获得更高的估值，这样他们就可以在出让最少股份的情况下获得更多的资金。但是，公司估值太高，后续融资愿意跟进的投资人就会很少。如果下轮估值上升，跟进的投资人就更少，这样就会迫使当前投资人继续追加投资或公司可能要降价融资。

降价融资对创业者来说是非常痛苦的，因为他们会损失大量的股份。这是因为大部分投资人都会要求防稀释条款。投资人这样做的目的就是防止创业者对公司经营不善，或者公司当前价值被高估。有这个条款的存在，创业者就会选择合适的估值，并保证公司后续的估值不断上升。

（二）公司融资节奏的安排

前面我们谈了确定融资额需要考虑的因素，也即"融多少"的问题，接下来我们谈谈"怎么融"？

有些投资人会让企业家给自己的公司估值，如果企业家或创业者真的就大谈、特谈各种估值方法，如贴现现金流法、可比公司法等，并最后得出一个数字，那你就太天真了。企业家应该明白，在金融专业知识上，投资人应该比你强，最佳的做法是：一方面告诉资方，最重要的不是估值，而是找到正确的投资人；另一方面反问资方，根据你们的经验，我的公司的估值应该在什么价格区间。

跟其他有意向的投资人沟通时，可重复这两点。

这样的策略不会让创业者在谈判中陷入尴尬，而且这样会对自己公司在市场上的价格（估值）有个更为充分的认识。对于公司的估值，没有一个通用的估值方法。不同的投资人有不同的方法，对于不同阶段的公司也有不同的方法。对于早期公司而言，现金流贴现模型就不太适用，因为早期公司的未来现金流预测太不确定了。对于发展期、成熟期的公司，投资人通常采用P/E倍数的方法估值，以投资后一个年度利润为计算基础，P/E通常是 $5 \sim 10$ 倍，对于不同发展阶段和不同行业的公司，P/E倍数是不同的。

这些估值方法我们在前面的理论部分都已经讲述过了。但在现实世界，我们还必须悟透以下几点。

1. 全力进入融资状态也要尽快结束融资过程

很多企业家在经历过融资之后都会发现，融资这件事其实是非常消耗心力的，一旦公司进入融资状态了，很多其他事情就都顾不上了，比如产品开发、业务拓展、招聘等，尤其是在早期人手不足的情况下更为突出。

经营是资产负债表"左边"的事情（资产运营），而融资是资产负债表"右边"的事情（资本运营）。创业公司早期的增长主要就是靠创始人的全力运营，一旦经营者的心思跑到了别的地方（从资产负债表的"左边"跑到"右边"），公司的增长就会出问题。而公司增长出了问题，投资人也会更加犹豫要不要进行投资，最终这就变成了一个死亡循环。

因此，当开始融资的时候，就应让整个公司进入融资模式，如准备好融资需要的各种材料，把该记下来的数字烂熟于心，明确不同融资数额下的资金使用计划，清楚不同融资方案的差异，创建出几个合理的公司发展情形，供投资人选择。

有时安排投资机构在一个比较集中的时间段统一见面，"创造一种集中的竞争性融资环境"是很有必要的，甚至公司还可以安排一两个人专门处理融资的事情。融资最重要的目的不是证明你的公司有多值钱，而是应"赶快结束这个过程，把钱拿到，然后回去干活"。因此，最忌讳的就是，无意义的与投资人过于频繁的沟通。实际上很多时候这也许只是投资人做市场调研的一种方法而已。当然，有一些投资人好友还是非常必要的，你们可以互通有无，相互给对方一些意见。但是不要受别人诱导，不明不白地就开始融资。一旦决定要融资，就应开足马力进入融资模式，否则的话就踏实做事。

2. 白纸黑字的投资协议才算数

想要尽早获得第一个"offer"，规划好流程和优先级是很重要的。只要投资人没有提供一个书面的投资文件，那么他们说的任何话都可以不算数。不管投资人是说"我觉得你们这个项目很好，我们回去讨论一下"，还是谈"把数据发过来，我们看完就确定了"，甚至是谈"没问题，我们出多少钱占你多少股份，这个事就定了"，这都和没说一样。除非他们把所有投资条款白纸黑字地写下来让你签字，否则所有的承诺都是无效的。

3. 理解公司价值但别太在意股权价格

别太在意估值，拿到钱最重要。对于一次成功的早期融资，最重要的就是先拿到第一个投资意向书。我们基本可以把它理解成毕业生找工作的"offer"。可以设想这样一个竞争性场景：

（1）假设你没拿到这笔钱，公司没坚持下去；

（2）你拿到了这笔钱，本来要占40%的股份，结果上市时只占了35%。

这两种情况相比，肯定是没拿到钱对你的未来影响更大。企业可以给一个投资人设立两个评价维度：第一个评价维度是其投资你后的市场美誉度；第二个评价维度是其投资给你的程序复杂度。

1999年，马云和蔡崇信来到硅谷融资时，据说一周内见了几十个投资人，但是却没有一个看好他们。结果，在最不被看好的时候阿里巴巴的团队创造了奇迹，在当年10月，他们获得了一笔500万美元的融资，领投的是著名的投资银行高盛，其他参与的机构还有蔡崇信的老东家瑞典的Investor AB。这笔融资是蔡崇信和高盛的一个熟人接触以后促成的，虽然500万美元在如今看起来不多，但是高盛的加入让阿里巴巴有了一个非常好的开端：全世界最好的投资银行看好阿里巴巴这家成立刚刚不到一年的公司，这是一种坚定的背书，阿里巴巴的市场美誉度瞬间飙升。

这笔融资还带来了一个未曾预见的附带效应。1999年10月31日，马云第一次与投资人孙正义会面。当时马云仅用六七分钟介绍了自己的业务后，孙正义就决定投资阿里巴巴，这个简化的程序相当传奇。孙正义的第一次出价是4 000万美元，要求占股49%。当时马云听完以后心潮澎湃，觉得应该就是他了。但是蔡崇信却说了"No"，因为出让49%的股份实在太多，对以后团队的增长也不利。另外，由于阿里刚刚融资了500万美元，还没有怎么花这笔钱，心里面的底气还是比较足的。孙正义最后调整到2 000万美元，这让出来的20%多的股份，也为后面阿里的发展奠定了重要的基础。这其实就是我们前面提到过的分期融资以避免过度稀释股权。

企业在融资的时候对一个投资人的期待其实就是这两个评价维度权衡比较的结果。融资对一家企业而言，既靠实力也靠运气。这就像你进超市想买的东西和你出超市时真正买下来的东西差别很大一样。

另外，有时不一定非要接受给你估值最高的那家投资机构的融资。今天的高估值万一赶上后续的资本寒冬，融资将会变得很困难，高估值就会变成一种巨大的枷锁。就像公司制订经营预算，明年的预算指标定得越高，经营压力就越大，考核就越难过关。不要让融资所带来的资本的贪婪扰乱了实业生长的合理节奏。

本章彩蛋

公司创新管理全局图

我们这本书讲到这里就要接近尾声了。大家也许是碎片化的选读，也可能是从头到尾的通读，但我想，您只要能翻开这本书就是对我莫大的恩宠，毕竟现代人最稀缺的就是时间和注意力资源。这本书是我这些年商业思考的积累，全书的架构也是多次打磨，但就如同我的商业课程，无论花多少时间，一定要呈现给学员最严谨科学的内容体系。

本书核心内容的整合框架如图5-6所示。可视化、结构化和模块化是减轻现代人注意力负担的重要方法。这也是我用这样一幅结构化和模块化的框架图来提升本书内容的可视化原因。

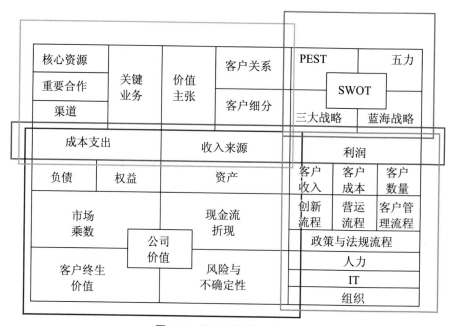

图5-6 公司创新管理全局

公司创新的逻辑就是如何将一个好的"idea"塑造成一家伟大的公司。"idea"的出现存在各种不同的情形，但是其必须经过检验。

图5-6的右上角部分，给出了公司战略分析的基本思路（对应本书第二章的战略定位版块），其实就是对"idea"进行不同维度的拷问。PEST模型讨论的是项目是否处在趋势和风口上，而迈克波特的五力模型则讨论的是行

业竞争状态,这两个模型分析了企业的外部竞争环境;迈克波特的三大战略包括低成本、差异化或者聚焦,这三个方面拷问企业自身的竞争优劣势,当然,蓝海战略可以进一步探索低成本和差异化是否可以兼得;最后,中心的SWOT矩阵则是对整体战略分析的一个梳理,目的就是辨别企业是否能够运用新的创意和想法来利用优势、把握机会、找到位置。

这张结构图的左上角部分,给出了公司商业模式分析的9要素模板(对应本书第二章系统设计版块),这里的逻辑是:一旦公司通过战略分析锤炼了"idea",选择了细分市场,就应该提炼价值主张满足客户的"痛点"和"痒点"并制造"爽点",这就需要连接核心资源和重要合作(连接的对象、连接的效率和连接的渠道的差异化,其底层思想对应本书第一章开篇版块),设计关键业务,借助渠道路径传递价值主张给细分客户群体,形成动态且有黏度的客户关系。商业模式需要一个精益实施的策略,先小规模试错,再大规模投放(对应本书第二章精益实施版块)。

这张结构图的右下角部分,通过一个经典的利润换算逻辑"利润=收入-成本费用=(客户收入-客户成本)*客户数量",将商业模式的9要素模型与平衡计分卡的4层次模板紧密衔接,它也是管理模式的流程基础(对应本书第三章管理流程版块)。当然,本书第三章还阐述了公司治理结构和激励机制的相关问题,治理结构是公司的顶层设计,它决定了一个企业到底能够走多远,而激励机制则是企业的动力基础,它决定了一个企业到底能够跑多快,而平衡计分卡给出的流程框架则决定了企业到底能够走多稳。一个好的"idea"需要商业模式从0到1的价值塑造,也需要管理模式从1到n的价值规模化。

这张结构图的左下角部分,首先对商业模式的9要素模板进行了拓展,添加了三个公司经营要素:资产、负债和所有者权益。这三个要素是公司价值创造的基础,再好的"idea"也必须有资本来支撑。公司对资产的经营创造了实业价值(对应本书第四章财务结构版块),与此同时也为投资人带来了未来预期,这就可以通过金融来变现未来(对应本书第四章金融结构版块),并带来不同的增长结构(对应本书第四章成长结构版块)。

当一个好的"idea"出现后,首先要从战略分析切入,来检验它的适用性,随后的商业模式设计、管理模式支撑和资本模式助推则不断创造商业价值。本书全面介绍了现金流、市场乘数和客户终生价值三种基本的估值思路(对应本书第五章估值的技术和艺术版块），也详细阐述了投资协议最重要的一些条款（对应本书第五章投资协议条款解读版块），并讨论了如何把价值估算落地到交易价格（对应本书第五章融资价格版块）。

当然，公司价值的创造始终面临着不确定的风险，从文明进化和商业创新的大视角来看（对应本书第一章开篇版块），一个伟大企业的特征就是：历经"黑天鹅"和"灰犀牛"事件之后还能跨越不连续性并继续存在且不断迭代，这其实就叫"反脆弱"，在动荡中变得强大。伟大的企业往往起始于一个不起眼甚至愚蠢的"idea"，然后用低成本的破坏性创新，创造出可行的、崭新的提供形式。这种形式可以不是发明创造，但必须从长期来看拥有回报，它也可能并非全新，但需要超越产品层面来进行思考，实现"点—线—面—体"的跨越。

这就是创新的逻辑：一个将"idea"塑造成伟大的企业的清晰路径。

本章思考

1. 你是否理解了公司估值的基本原理？
2. 你是否熟悉了投资协议中基本条款的内涵？
3. 你是否可以根据公司创新管理的全局图来全面地解读一家公司创新的逻辑？

主要参考文献

[1] 伊恩·莫里斯. 西方将主宰多久——从历史的发展模式看世界的未来 [M]. 钱锋, 译. 北京：中信出版社, 2013.

[2] 贾雷德·戴蒙德. 枪炮、病菌与钢铁：人类社会的命运 [M]. 谢延光, 译. 上海：上海译文出版社, 2016.

[3] 尤瓦尔·赫拉利. 人类简史——从动物到上帝 [M]. 林俊宏, 译. 北京：中信出版社, 2017.

[4] 尤瓦尔·赫拉利. 未来简史 [M]. 林俊宏, 译. 北京：中信出版社, 2017.

[5] 克莱顿·克里斯坦森. 创新者的窘境 [M]. 胡建桥, 译. 北京：中信出版社, 2014.

[6] 克莱顿·克里斯坦森. 创新者的基因 [M]. 曾佳宁, 译. 北京：中信出版社, 2013.

[7] 克莱顿·克里斯坦森. 创新者的解答 [M]. 林伟, 译. 北京：中信出版社, 2013.

[8] 拉里·基利. 创新十型 [M]. 余锋, 译. 北京：机械工业出版社, 2014.

[9] W.钱·金. 蓝海战略——超越产业竞争, 开创全新市场 [M]. 吉宓, 译. 北京：商务印书馆, 2016.

[10] 亨利·明茨伯格. 战略历程：纵览战略管理学派 [M]. 刘瑞红, 译. 北京：机械工业出版社, 2006.

[11] 魏炜, 朱武祥. 发现商业模式 [M]. 北京：机械工业出版社, 2009.

[12] 亚历山大·奥斯特瓦德. 商业模式新生代 [M]. 王帅, 译. 北京：机械工业出版社, 2011.

[13] 埃里克·莱斯. 精益创业：新创企业的成长思维 [M]. 吴彤, 译. 北京：中信出版社, 2012.

[14] 迈克·莫耶. 切蛋糕：创业公司动态股权分配全案 [M]. 王闻, 译. 北京：民主与建设出版社, 2016.

[15] 刘圻. 资金陡增与决策陷阱 [J]. 财务与会计, 2012（8）：42-45.

[16] 罗伯特·卡普兰. 平衡计分卡：化战略为行动 [M]. 刘俊勇，译. 广州：广东经济出版社，2013.

[17] 简·麦戈尼格尔. 游戏改变世界 [M]. 闾佳，译. 北京：北京联合出版公司，2016.

[18] 沃尔特·基希勒三世. 战略管理简史 [M]. 慎思行，译. 北京：社会科学文献出版社，2017.

[19] 刘圻. 论企业财务秩序的自发性 [J]. 管理世界，2008（07）：182-183.

[20] 刘圻. 企业财务秩序提升的程序理性框架研究 [J]. 管理世界，2009（11）：180-181.

[21] 刘圻，雷雪勤，杨惠元，陈俊霖. 企业竞争力与现金流战略管理关系研究——基于五力模型框架下的问卷数据分析 [J]. 宏观经济研究，2015（10）：120-128.

[22] 刘圻，杨惠元，雷雪琴. 平衡计分卡视角下企业价值链管理研究——基于问卷数据的实证分析 [J]. 财务与金融，2015（03）：65-69.